建设用地续期的理论和方法

欧阳亦梵　靳相木　著

ZHEJIANG UNIVERSITY PRESS
浙江大学出版社
·杭州·

图书在版编目（CIP）数据

建设用地续期的理论和方法 / 欧阳亦梵,靳相木著
. --杭州：浙江大学出版社,2023.6
ISBN 978-7-308-23898-4

Ⅰ.①建… Ⅱ.①欧… ②靳… Ⅲ.①城乡建设－土
地利用－土地使用权－研究－中国 Ⅳ.①D922.364

中国国家版本馆 CIP 数据核字(2023)第 105336 号

建设用地续期的理论和方法

欧阳亦梵 靳相木 著

责任编辑	傅百荣	
责任校对	徐素君	
封面设计	周 灵	
出版发行	浙江大学出版社	
	（杭州市天目山路 148 号 邮政编码 310007）	
	（网址：http://www.zjupress.com）	
排 版	杭州隆盛图文制作有限公司	
印 刷	广东虎彩云印刷有限公司绍兴分公司	
开 本	710mm×1000mm 1/16	
印 张	14.5	
字 数	268 千	
版 印 次	2023 年 6 月第 1 版 2023 年 6 月第 1 次印刷	
书 号	ISBN 978-7-308-23898-4	
定 价	68.00 元	

序

一

我国实行土地公有制。在公有土地之上,无论是国有土地,还是集体土地,自然人、法人或非法人组织需要使用土地的,所取得的土地使用权都是有期限的,此即公有土地的所有权与使用权的"两权分离"。

借鉴农村土地家庭承包制改革的经验,我国在 20 世纪 80 年代拉开了城市土地有偿使用制度改革的帷幕。1987 年 12 月,深圳发扬敢闯敢试的精神,敲响了新中国的土地拍卖"第一槌",开了土地使用权有偿出让的先河。之后,国内其他一些地方也开始探索土地使用权的有偿出让。在总结试点经验的基础上,我国逐步形成了中国特色的国有土地的所有权与使用权"两权分离"的制度结构。1990 年 5 月,国务院发布 55 号令《城镇国有建设用地使用权出让和转让暂行条例》(以下简称《暂行条例》),对国有土地使用权出让制度作出了系统的构建。《暂行条例》第 2、3、4 条规定:国家按照所有权与使用权分离的原则,实行城镇国有建设用地使用权出让、转让制度;取得建设用地使用权的土地使用者,其使用权在使用年限内可以转让、出租、抵押或者用于其他经济活动。另外,《暂行条例》第 12 条还明确了各类用地使用权出让的最高年限:居住用地 70 年;工业用地 50 年;教育、科技、文化、卫生、体育用地 50 年;商业、旅游、娱乐用地 40 年;综合或者其他用地 50 年。由此,我国城市土地使用制度发生了根本性的变化,计划经济时期国有土地无偿、无期、无流动使用的状况被打破,土地有偿、有期限的使用原则逐步得以确立。

《暂行条例》对国有土地使用权到期后的续期问题,作出了申请续期的制度安排,即:土地使用权期满,土地使用权及其地上建筑物、其他附着物的所有权由国家无偿取得;土地使用者有意继续使用土地的,可以向国家提出申请,经同意续期的,应当重新签订合同,重新支付土地出让金。《暂行条例》确立的申请续期制度,为土地使用权期限届满后的续期安排提供了一个明确的制度路径。1994年7月,全国人大通过的《城市房地产管理法》确认了《暂行条例》规定的申请续期制度,并进行了细化,提出土地使用者需要继续使用土地的,应当至迟于期限届满前一年申请续期,除根据社会公共利益需要收回该幅土地的,应当予以批准。

20世纪90年代正处于计划经济体制向市场经济体制急剧转型的历史阶段。《暂行条例》确立的申请续期制度,其内在逻辑符合当时社会大众对续期问题的生活化认知。土地使用权的期限届满了,自然要重新签合同,重新支付出让金,这是国有土地有偿使用制度的本质要求。有偿且有期限地使用国有土地,是国有土地的所有权与使用权"两权分离"的核心要求。如果国有土地使用权到期之后,土地还可以继续免费使用,那就等于否定了土地使用权的有期性,无异于个人永久买断了国有土地。因此,期限届满后的续期,需要重新签合同、重新支付费用的制度安排,是国有土地有偿使用制度的必然要求,在当时并没有引起社会大众的关注、质疑和讨论。

从法律关系的角度来看,土地使用权出让是国家在国有土地之上为自然人、法人或非法人组织设立用益物权的行为,土地使用权出让合同是设立土地用益物权的合同,土地使用权出让及其期间届满续期在接受物权法调整的同时,也应受合同法的规范。依合同法原理,土地使用权期间届满,则土地出让合同自动失效;需要续期的,经原使用者申请后,双方自然要再一次达成合意,签订一个新期间的土地出让合同,支付一个新期间的土地使用费,才能设立一个新期间的土地使用权。这是契约精神的天经地义,是合同法的必然要求,甚至可以认为是土地公有制的本质规定性使然。

1998年下半年我国停止了计划经济体制时期长期实行的实物福利分房制度,全面启动城镇住房商品化社会化改革,城镇房地产市场开始建立和发展,越来越多的家庭购买了具有70年土地使用权的商品住房。1990年《暂行条例》确立的申请续期制度,其逻辑上看似简单,但实施起来涉及的细节则困难重重。首先,国家作为土地所有权人,同一宗住宅用地上的业主数量众多,每一栋建筑都有数十、数百甚至千位业主,众人诉求难调,很难形成统一的续期意愿。业主为地上房产的所有权人,若同一宗住宅用地上,有业主选择续期,有的则可能选择不续期。而对于选择不续期的业主,国家也很难因土地使用权期限届满而褫夺其房屋所有权,若不褫夺其房屋所有权,那以什么样的价格给予补偿,又是天大的难题。在这样的情况下,国家无法与同宗土地上的业主一一谈判,这将使申请续期在实务中根本无法实施。其次,申请续期若须重新缴纳土地有偿使用费,同一栋建筑物中的每套住房在楼层、结构、朝向等因素上存在差异,各个业主购买其房产的原始价格也不同,故而对各业主应缴纳的续期费用,双方协商也很难谈出一个合理的价格。再次,小区中的公共区域建筑物共有部分的产权到期后如何续期,也同样是一个棘手的难题。

二

时光荏苒,物是人非。进入 21 世纪后,随着改革开放向纵深发展和国民财富的不断积累,人民的财产权观念逐渐强化,各界对土地使用权期限届满续期的认知也因此发生了重大变化,土地使用权到期后的续期问题成为一个广受争论的话题,动辄引发社会舆论的激烈交锋,掀起海量民意的涌动。在公有土地"两权分离"的框架下,土地之上的建筑物所有权是个人私有的。伴随着时间的流逝,土地使用者在观念上逐渐把其手中的土地使用权也开始视为自己的财产。在当今的基层民意中,"两权分离"架构下的土地使用权期限届满后的续期问题已经从最初的"使用国有土地"转化为个人对土地财产权的诉求问题。

基层民意对公有土地"两权分离"的认知焦点从单纯的"使用"到"财产权"的重大转变,特别是广大普通百姓对商品住宅 70 年到期后续期问题的新的磅礴民意的涌动,在《2007 年中华人民共和国物权法》(以下简称《物权法》)立法前后得以集中表达和释放。为回应社会期待,《物权法(征求意见稿)》的前后几个版本对土地使用权续期是否收费、程序如何规定几经反复,最后正式通过的《物权法》在《暂行条例》和《城市房地产管理法》建构的申请续期制度的基础上,创立了双轨制的续期制度,即:将国有建设用地分为住宅建设用地与非住宅建设用地,对两者分别采用不同的续期安排,非住宅建设用地继续采用申请续期制度,住宅建设用地则实行自动续期。

然而,2007 年《物权法》提出的双轨制续期并没有起到稳定民意预期的作用,社会上有关续期问题的争议仍一波未平一波又起。在国有土地有偿使用制度改革探索初期,1990 年之前以及 20 世纪 90 年代之初,一些地方出让的建设用地使用权的期限通常为二三十年。目前,各地已经接连出现了这一类住宅建设用地使用权到期的案例,有关自动续期的舆情也随之升温和喧嚣。2016 年 12 月,国土资源部对浙江省国土资源厅《关于如何处理少数住宅用地使用权到期问题的请示》作出回复(以下简称为《复函》),《复函》针对当时浙江温州出现的部分早期住宅建设用地使用权到期后的自动续期诉求,提出了"两不一正常"的解决办法,即:不需要提出申请,不收取费用,正常办理交易和登记手续,但涉及"土地使用期限"仍填写该住宅建设用地使用权的原起始日期和到期日期。《复函》得到了一些媒体的热议和肯定,如有媒体称"温州一小步,中国一大步",还有媒体甚至将《复函》比之为传递春天信息的最早一缕暖风。

鉴于《复函》不具备反复的、普遍的适用性,充其量只能算作续期制度安排的未来取向。既然交易和登记中所涉的"土地使用期限"仍填写该住宅建设用地使用权的原起始日期和到期日期,那完全可以认为,《复函》只是提供了一种没有续期的续期解决办法,是将矛盾先压下去,暂时不触碰,而留待以后解决的策略性安排而已。再考虑到,《复函》所指示的"不收费",也只是明示当下先不收费,而没有否定日后再补交费用的可能性。《复函》这样一种把问题先遮蔽起来的策略性安排,看似回应了基层民意,但也很有可能为日后正式出台有关续期的法律制度安排埋下隐患。民意有隐性和显性之分,舆论往往容易迁就少数民众的强烈偏好,有能力掌握与运用表达诉求的人群,其意愿通常会上升为显性民意。显性民意更容易被决策者与立法者所听见,并常常被误认为普遍民意。针对温州续期事件的《复函》,明显是对媒体广泛报道的显性民意的妥协。按照《复函》的指示,对于那些早期出让的住房建设用地,其使用者只要缴纳二三十年的土地使用费,就可以与那些缴纳 70 年土地使用费的业主享有同等的"正常办理交易和登记手续"的待遇,这显然是对社会公正原则的背离。这样来看,《复函》不仅不是传递春天信息的一缕暖风,反而是丽日晴空的一抹阴云,是公共政策跟着舆论走的典型一例。

2007 年《物权法》提出的住宅用地自动续期制度,仅限于制度改革取向的层次,缺乏实施层面的安排。因此,《复函》之所以不惜以牺牲社会公正为代价而将续期问题搁置起来,也实属无奈之举,不宜苛责之。

三

《暂行条例》规定,住宅建设用地使用权的法定最高期间是 70 年,工业、教育、综合等用地 50 年,商业、旅游等用地 40 年。这意味着,从 1990 年算起,大规模的住宅建设用地使用权将于 2060 年陆续期间届满,工业、教育、综合等用地则到 2040 年陆续届满,而商业、旅游等用地到 2030 年即将到期。单就国有住宅建设用地而言,2060 年距今还有很长一段时间,其续期问题的紧迫性似乎不强,但必须强调的是,住宅建设用地的续期问题不是孤立的,而应当与非住宅建设用地的续期制度紧密关联、系统设计。已经进入《民法典》的国有建设用地使用权续期的双轨制度,其具体法律制度安排必须作为一个整体进行体系化设计,而不能将住宅和非住宅孤立地分开设计。从系统性设计我国建设用地使用权续期制度的角度看,既然商业、旅游等用地到 2030 年即将大规模到期,届时我国的整体性续期制度就应当出笼,从现在算起,大概还有七八年时间了,我国建设用地使用权续期问题已然是一个迫在眉睫的重大理论和实践课题,已无时间再让我们蹉跎。

那么,与 20 世纪 90 年代相比,进入新时代后的建设用地使用权续期问题究竟发生了怎样的重大变化? 顺应人民群众对公有土地"两权分离"的社会认知焦点从"使用"向"财产权"转变的发展趋势,2016 年 11 月,中共中央、国务院《关于完善产权保护制度依法保护产权的意见》提出,要"研究住宅建设用地等土地使用权到期后续期的法律安排,推动形成全社会对公民财产长久受保护的良好和稳定预期"。这表明,经过 40 多年改革开放,不论是在基层民意中,还是中央决策层,都已经认识到,新时代的建设用地使用权续期问题已然不再是 20 世纪 90 年代合同法语境下的一个续签合同的单纯法律问题,也不再是一个合同到期后要不要续签以及如何续签的问题,而是如何继续深化公有土地之上赋权于民的改革问题。更具体地讲,当今包括住宅建设用地自动续期在内的各类建设用地使用权期间届满后的续期问题,本质上是在新时代如何对现行国有土地有偿使用制度进行重大改革的问题,甚至可能是一个要打破现行国有土地有偿使用制度框架,切实保护自然人、法人或非法人组织在公有土地之上的财产权,实现"人民与土地的关系的再造"的重大经济、政治及社会改革问题。

"有恒产,斯有恒心",通过土地使用权续期制度的探索和创新,给人民以稳定的土地财产权预期,是开启全面建设社会主义现代化强国第二个百年奋斗新征程,实现国家长治久安的基础性制度之一。将土地使用权续期问题提升到这样一个重大政治、社会工程的高度来认识,才可能突破单纯的由法律学说及法理逻辑推演的窠臼,而立足我国土地公有制在改革开放前 30 年和改革开放后 40 多年正反两方面的生动、丰富实践,探索形成新时代中国特色的土地使用权续期的法律解决方案。

四

土地使用权续期制度安排是公有土地的所有权与使用权"两权分离"制度的关键节点,事关中国特色土地财产权体系改革与建设的发展方向。我从 1990 年代起,就开始观察和思考土地使用权续期问题,特别是 2007 年《物权法》立法提出续期双轨制后,住宅建设用地自动续期问题遂成为我的重要学术研究方向。

经过反复的思考和沉淀,对于如何落实当今《民法典》规定的住宅建设用地自动续期制度,我给出的方案是:所谓自动续期,即土地使用者无须申请,亦无须与原土地使用权出让人达成一个包括续期费用在内的新的合意,当期间届满时,只要土地使用者愿意,便可持原不动产权证书,到不动产登记机关更换一个新的70年产权证书,不动产登记机关应当无条件予以办理;当新的不动产权证书更换完毕,一个新的70年期的建设用地使用权即告生效。否则,如果要求土地使用者提出申请,那当使用者不申请的话,则不予以续期,这显然背离"自动"一词的基本语义;如果要求土地使用者缴费后方予以续期,对不缴费的,则不予续期,那与"自动"的语义学内涵更是背道而驰。

在续期生效后的新的70年内,土地使用者是否当然无偿使用国有土地?答案是否定的。土地正义是社会公正的基础所在,缴了第一个70年的土地使用费,就在国有土地之上取得了一个永久的土地使用权,单这一点就已经违背了土地正义原则。再考虑到房产占有的不均情形,有的家庭租房居住,有的家庭有1套住房,有的有多套,甚至上百套,有人住经济适用房,有的家庭是商品房,还有人住别墅,如果第二个70年不论何种情形而一概不收费,这当然属于显失公平的制度安排。特别是,这种做法实质上也是对土地公有制的根本否定,是对国有土地有偿使用制度的颠覆。在扎实推动共同富裕的历史阶段上,第二个70年不收费的住宅建用地所有权续期制度也必然是对社会主义本质要求的背离。

概括起来,我给出的自动续期方案,包括对立统一的两个环节,即:在续期环节,土地使用者无须申请,无须缴费;但在续期生效后,则须依法缴纳有偿使用费。我国房地产税迟早是要开征的。至于如何依法缴纳有偿使用费,从降低征缴成本的角度计,则应当与房地产税征缴方式一并设计,按房地产税的一定比例,以房地产税附加的形式征收第二个70年的土地有偿使用费。除此,恐别无它途。

欧阳亦梵君于2014年从浙江大学土地资源管理专业本科毕业后,就直接攻读博士学位。在2014—2020年期间,在我的指导下,欧阳亦梵博士不惜力气、专心致志地开展建设用地使用权续期问题研究。2018年,她还专门赴荷兰访学,考察研究欧洲等国家的土地使用权续期制度的经验。本书就是在她的博士学位论文的基础上进一步修订、提升而成。

建设用地使用权续期对于我国土地产权制度改革来说,有牵一发而动全身之效。本书将建设用地使用权续期制度嵌入我国公有土地产权制度总体框架内,在对公有地权体系的基本结构演进规律进行总结和分析的基础上,结合域外经验的比较和借鉴,提出了新时代我国建设用地使用权续期制度研究设计的分析维度和应当坚持的基本逻辑原则,揭示了公有地权体系结构的基本规定性对续期制度的塑造机制,挖掘了民意表象背后的经验逻辑,探讨了续期问题的分类及理论方法,对国有住宅建设用地、国有非住宅建设用地以及集体经营性建设用地等三类建设用地的续期制度设计要素进行了较为具体的探索。本书的立意并非在于探讨续期制度的具体程序和细节,而是着重于续期的理论、方法以及续期制度改革方案设计的基本要素,以为中国特色的土地使用权续期制度改革与建设提供目标导向及方法论的借鉴参考。

长江后浪推前浪,欧阳亦梵博士在她的研究领域内已经取得了令人瞩目的成就,祝愿欧阳博士在今后的学术征途上不断进入新阶段,不断攀登新境界。作为她的指导老师,对于本书存在的不足和缺点,我当负主要责任,期待学界和实际部门的同仁不吝批评指正。

是为序。

靳相木

2023 年 6 月于浙大紫金港

C ONTENTS 目 录

第1章　绪　论

1.1　研究缘起

1.1.1　研究背景

建设用地使用权期间届满后的续期问题,是事关中国土地产权制度体系进一步改革与发展的重大理论和实践问题,特别是住宅建设用地期间届满后的自动续期问题更是社会各界一直关注的热点焦点问题。随着改革开放以来公民对国有建设用地使用权的分享,人民的市场意识与土地财产权观念逐渐强化,对于在公有土地之上的财产权的关注度和期待也随之提高,逐步认识到公民财产权作为一项基本权利的重要性,在潜意识中把已经取得的建设用地使用权开始视为自己的财产,建设用地使用权出让制度的重心在人民的心目中也开始从"使用"向"产权"倾斜。在此背景下,建设用地使用权期间届满续期问题带有极强的社会效应,受到社会各界的广泛关注,动辄引发海量民意涌动。2016年4月,温州出现20年产权住宅到期的案件,引发了各界的广泛关注,甚至在全社会形成了建设用地使用权续期问题的大讨论。《温州日报》于2016年4月12日刊发《土地使用权70年,你真的懂么?》的报道,由此拉开部分媒体长达8个半月的连续追踪报道,在社会上掀起了轩然大波。媒体上甚至广为流传着以"需要缴纳几十万续期费用"为标题的报道,形成了巨大的社会舆论压力。然而遭遇产权到期问题的业主不只出现在温州,早在21世纪初,青岛与深圳都曾出现过建设用地使用权到期面临续期的问题,同样引发了广泛的社会舆论关注。

然而,我国建设用地使用权的续期制度仍处于不断探索与演变之中。有关我国建设用地使用权期间届满后如何续期的法律制度最早可以追溯到20世纪

90 年代,即我国建设用地使用权制度建立之初。随着改革的深化和法治建设的推进,我国建设用地使用权的续期制度也一直处于演变之中。1990 年《城镇国有土地使用权出让和转让暂行条例》(以下称为《暂行条例》)颁布实施,标志着城镇国有土地使用权出让制度框架的初步形成,对国有土地使用权到期后的续期安排也有所规范。针对所有类型的国有土地使用权[①],《暂行条例》提出了国有土地使用权申请续期的制度方向,即土地使用人在土地使用权期间届满之后,土地及地上物由国家无偿收回;但土地使用人有意继续使用土地的可以向政府申请续期,通过重新签订合同、支付土地使用权出让金的方式实现续期[②]。基于此,《暂行条例》在国有土地之上建立起了一个土地使用权申请续期的制度框架,为土地使用权期间届满后的制度安排提供了一个明确的思路。

1994 年《中华人民共和国城市房地产管理法》(以下简称《城市房地产管理法》)在《暂行条例》提出的国有土地使用权申请续期制度框架的基础上,对续期制度内容进行细化和补充,明确了"国有土地使用权期间届满,土地使用者应当至迟于届满前一年申请续期,除根据社会公共利益需要收回该幅土地的,应当予以批准"等规定。但同时《城市房地产管理法》回避了未续期情况下的地上物处理问题。1996 年,国家土地管理局在关于执行《城市房地产管理法》和《暂行条例》有关问题的批复(即国地批〔1996〕89 号)中规定:《城市房地产管理法》施行后,《暂行条例》继续有效,《暂行条例》的规定与《城市房地产管理法》的规定相一致的,应结合起来执行;《城市房地产管理法》没有规定而《暂行条例》已有明确规定的,应按《暂行条例》执行。根据这一规定,国有土地使用权期限届满且未续期时,地上物的处理仍按照《暂行条例》的规定由国家无偿取得。

2007 年《中华人民共和国物权法》(以下简称《物权法》)的颁布是我国建设用地使用权续期制度建设的一个重大转折点。《物权法》采用了国有建设用地使用权的概念,并且将国有建设用地划分为住宅建设用地与非住宅建设用地,对两者分别实施不同的续期安排。其中,非住宅建设用地的续期制度仍然维持《暂行条例》和《城市房地产管理法》所构建的申请续期的逻辑,在制度内容上并未作出进一步的突破,仅在地上物处理的问题上,增加了"依照双方约定处理"的可能

---

① 　1990 年《暂行条例》颁布时,我国还未建立国有建设用地使用权的概念,当时国有建设用地使用权称为国有土地使用权。直至 2007 年《物权法》出台,国有土地使用权才改称为建设用地使用权。

② 　1990 年《暂行条例》第 40 条规定:"土地使用权期满,土地使用权及其地上建筑物、其他附着物所有权由国家无偿取得。土地使用者应当交还土地使用证,并依照规定办理注销登记。"第 41 条规定:"土地使用权期满,土地使用者可以申请续期。需要续期的,应当依照本条例第二章的规定重新签订合同,支付土地使用权出让金,并办理登记。"

性,但在未有约定的情况下,地上物的处理仍遵循《暂行条例》的规定;而住宅建设用地则跳脱出了原有的申请续期的路径,"另辟蹊径"地提出了自动续期的制度方向。总体来说,以 2007 年《物权法》为分界点,我国国有建设用地使用权续期制度由单轨的申请续期制度,转变成为自动续期与申请续期并存的双轨续期制度。

　　21 世纪初以来,我国陆续出现了少数期限短于法定最高年限的国有建设用地使用权到期面临续期的案例,其中以住宅建设用地为主。这些提前到期的住宅建设用地源于 20 世纪 80 至 90 年代,当时土地有偿使用制度正处于探索时期,部分地方在探索土地使用权出让时所设定的土地使用权期限短于《暂行条例》规定的 70 年最高出让年限,其中以 20～40 年的期限为主。

　　例如作为改革开放前沿阵地的深圳市,在国内率先探索国有土地使用权出让,从而也就率先面临了少数建设用地使用权提前届满的续期难题。为了妥善解决这一问题,深圳市于 2004 年 4 月颁布了《深圳市到期房地产续期若干规定》(深府〔2004〕73 号),对土地使用权续期进行了探索。该规定针对早期行政划拨性质房地产以及原行政划拨地补交地价后转为出让用地但原年期未重新调整而土地使用年期已届满的房地产,按有偿使用土地的原则,将未达到法定最高年限的土地使用权补足剩余年限(剩余年限为法定最高年限减去已使用年限),一次性补交地价,金额为相应用途公告基准地价的 35%,并按约定年期修正。①

　　2016 年 4 月,温州出现了 20 年产权的住宅建设用地到期的案例,涉及房产约 600 多套。② 该案例在社会上掀起了轩然大波,引发了各界的广泛讨论。面对这一舆论状况,政府相关部门迅速回应,2016 年 12 月 8 日,原国土资源部对浙江省国土资源厅《关于如何处理少数住宅用地使用权到期问题的请示》(〔2016〕1712 号)作出回复(以下简称为《复函》)。《复函》针对温州的住宅建设用地的续期问题提出了"两不一正常"的续期办法,即:"不需要提出申请,不收取费用,正常办理交易和登记手续。"

　　通过上文对我国建设用地使用权续期制度建设的回顾,可以发现,现有的土

---

　　① 深圳市人大常委会 2008 年修改了《深圳经济特区土地使用权出让条例》,对到期房地产的续期问题作出了更加明确的安排,规定土地使用权年限到期后土地使用者需继续使用该宗土地的,应当提前 6 个月向土地管理部门提出申请,土地使用者应自接到土地管理部门批准文件之日起 15 日内与土地管理部门重新签订出让合同,支付土地使用权出让金和土地开发与市政配套设施金,并办理登记手续。目前,深圳市土地使用权已到期以及尚未到期但使用期限不足法定最高年限的,业主提出延长使用年限申请的,国土部门均依据上述两个规定延长其期限。

　　② 人民网:《温州 20 年住宅用地使用权到期案例:是否有偿续期引争议——物权法暂未明确》,http://house.people.cn/n1/2016/0417/c164220-28281850.html,2016-4-17,〔2019-9-01〕。

地使用权期间届满后的续期制度安排都集中在国有建设用地之上，并且呈现出
"旧制度尚未退场、新制度虽有方向但还没成型"（靳相木、欧阳亦梵，2017）的局
面，在诸多悬而未决的问题上都采取了模糊和规避态度，对出现的提前到期的建
设用地也采取了暂时搁置的办法，故而近年来建设用地使用权的续期问题不断
产生新的争议。未来，当更大规模的国有建设用地期间届满时，其续期安排是维
持旧的制度，还是遵循新的续期方向，抑或再次"另辟蹊径"，实现续期制度的突
破与创新，仍然是一项悬而未决的问题。建设用地使用权到期续期问题是中国
土地公有制背景下的一个涉及国计民生的重大现实问题，目前所出现的提前到
期的住宅建设用地续期的案例，动辄引发社会舆论的激烈交锋，掀起海量民意的
涌动，这说明我国建设用地的续期问题带有极强的社会效应，涉及土地使用权制
度的良性运转与国家财政收入的可持续性，犹如悬在政府和房屋业主头上的达
摩克利斯之剑，处理不当将会危害到国有土地使用制度、公民的土地财产权益，
造成政府利益和公民利益之间的激烈冲突。

2016 年 11 月 27 日，中共中央、国务院《关于完善产权保护制度依法保护产
权的意见》指出，要"研究住宅建设用地等土地使用权到期后续期的法律安排，推
动形成全社会对公民财产长久受保护的良好和稳定预期"，该意见从国家层面为
我国建设用地使用权续期制度的下一步建设提出了总体方向和价值目标。要实
现这一目标，我们必须要基于我国公有地权制度整体框架，站在赋权于民这一更
根本、更高层次的角度上，对我国建设用地使用权续期问题进行研究。

当前，我国国有住宅建设用地使用权法定最高期间是 70 年，工业、教育、综
合等用地是 50 年，商业、旅游等用地是 40 年。这意味着，从 1990 年算起，大规
模的住宅建设用地使用权期间于 2060 年开始陆续届满，工业、教育、综合等用地
到 2040 年陆续届满，而商业、旅游等用地到 2030 年即将到期。单就国有住宅建
设用地而言，2060 年距今还有很长一段时间，其续期紧迫性似乎不强，但必须强
调的是，住宅建设用地的续期问题不是孤立的，而是与非住宅建设用地的续期制
度紧密关联在一起的。国有住宅建设用地和非住宅建设用地的续期制度作为我
国国有建设用地使用权续期制度的双轨，必须作为一个整体进行全局性设计。
因此，我们必须以商业、旅游等用地的使用权届满时间 2030 年为参考线来看待
国有建设用地使用权续期问题。以此观之，从现在算起，距离该问题的"摊牌"之
日只有不足 10 年的时间了。因而对国有建设用地使用权续期制度进行整体研
究和设计已然是一个迫在眉睫的重大理论和实践课题，立法不应对此采取回避
的态度。

1.1.2　研究意义

本书的研究意义可以分为理论意义与实践意义。

在理论意义方面,在中国特色社会主义公有地权结构下,建立起建设用地使用权续期制度形成的理论逻辑,对我国建设用地使用权制度改革的理论研究有所补充和拓展;对我国公有地权体系在40余年改革过程中所形成的独特理论构造展开探索与解释,贯彻历史与逻辑相统一的方法,从我国改革过程中已经形成的客观事实中抽象出土地产权改革演变的逻辑脉络和理论经验,有助于完善我国公有产权制度的理论成果;揭示国有住宅建设用地、国有非住宅建设用地、集体经营性建设用地等不同类型建设用地在续期安排上存在的分异规律,有助于对当前我国各类土地产权制度改革的理论建设有所补充和完善。

在实践意义上,为建设用地使用权续期制度的完善、落地及立法提供建议和支撑,推动构建起符合中国特殊国情、又与国外土地产权体系与法理原则相吻合的当代中国土地使用权续期制度。续期制度需要建立在真实民意的基础上,因而需要深度挖掘潜在民意,测度不同社会群体对其土地财产权稳定性的认知、响应及其影响因素。现有的国有土地上住宅和非住宅建设用地续期"双轨制"需要进一步再分类与细化,形成建设用地使用权续期制度的体系化方案。

1.2　研究对象

在我国土地管理制度中,按照用途的不同,土地分为建设用地、农业用地和未利用地。其中,建设用地是指用于建造建筑物、构筑物等人类活动场所的土地。本书所研究的续期问题仅针对建设用地,不涉及农用地。农用地因其流通性差、社会化程度低、地域性强以及封闭性强等特征,在续期问题上具有独立性和复杂性。为避免研究范围过于宽泛,本书仅限以建设用地为研究对象,研究我国各类建设用地的续期制度,具体包括:国有住宅建设用地、国有非住宅建设用地以及集体经营性建设用地这三类建设用地到期后的续期制度。在我国建设用地续期制度研究的范畴之内,这三类建设用地能够较为全面地代表目前最具有续期问题研究意义的建设用地,能够为我国建设用地续期制度研究提供一个较为全面的展开思路。

同时,建设用地使用权续期制度的研究,最后必定要上升为法律方案,不论是何种类型的建设用地,在续期制度内容上都可具体展开为续期的条件、法定程序、续期期限、权利与义务等问题。其中,续期条件是指续期发生的要义,这决定了土地使用人续期权利的内容,具体包括:是否以申请、合意、建筑物存在与否或交付对价为续期实现的必要条件,如若续期条件不满足,续期是否还能实现。

法定程序是保障建设用地使用权续期时,土地管理秩序稳定的必然要求,不论续期是否需要双方当事人的合意,接受私法还是公法的调整,续期的法定程序都是由法律规范规定的、当事双方必须遵守的流程。

续期期限是建设用地使用权续期制度中最重要的内容之一,是建设用地使用权续期后所形成的新建设用地使用权能够存续的时间长短。一方面,期限是民事法律关系发生、变更和终止的时间,是重要的法律事实,决定着权利取得和消灭的区间(张玉敏,2007,p.160)。一段续期关系的展开,需要首先对续期关系开始与消灭的时间予以确认,这是土地产权能够长久稳定存续的基础。另一方面,在建设用地使用权续期年限的设置上,既应考虑到用益物权的一般法理原则,也同时要将权利人长期投资收益的需要、土地利用活动的经营、收益回报情况、国家产业政策、土地利用的规模等现实因素纳入考量范围。

就续期的权利与义务来说,建设用地使用权的续期作为一种民事法律关系,在意思自治的原则下,续期主体双方之权利与义务的确定,是当事人个人行为的结果,体现为约定的权利和义务。但续期中当事人之间相互权利、义务的确定,也受到国家法律的强有力的干预。故而,续期制度中双方的权利义务,如土地使用者是否拥有续期优先权、补偿请求权等权利,或土地使用者在新的期间内是否承担缴纳使用土地对价的义务,根据权利义务类型、现实需求的不同,可能是由法律直接规定的,抑或是由双方在合同中约定而形成的。

综上所述,建设用地使用权续期制度的研究,将依续期的条件、法定程序、续期期间、权利与义务的逻辑展开,将建设用地使用权续期制度拆分成若干个关键性问题,以构成全面的建设用地使用权续期制度研究体系。

1.3　研究内容与方法

1.3.1　研究内容

本书共分 10 章。

第 1 章　研究缘起。本章主要介绍了本书的选题背景及意义。近年随着人们的市场意识与土地产权观念逐渐强化,对于在公有土地之上的财产权的关注度和期待也随之提高,在此背景下,建设用地使用权期间届满续期问题带有极强社会效应,受到社会各界的广泛关注。建设用地使用权续期制度的所呈现出的模糊性,反映出我国当前建设用地使用权续期制度理论与机制上存在问题,需要从理论逻辑、基本机制与民意测度三个层面展开续期问题解决方案的探索。因此,本章认为:必须将建设用地使用权续期制度嵌入我国公有地权体系结构之中进行分析,厘清建设用地使用权续期制度的法理与政治逻辑,探索中国特色建设用地使用权续期制度建设的基本理论,并针对不同类型建设用地的续期制度方案展开分类研究。本章从我国改革过程中已经形成的客观事实中抽象出土地产权改革演变的逻辑脉络和理论经验,有助于完善我国公有产权制度的理论成果;同时,本章对现有的国有土地上住宅和非住宅建设用地续期"双轨制"进行再分类与细化,形成建设用地使用权续期制度的体系化方案,并对续期有偿性问题展开分类研究,提出方案建议并测算价值区间,为建设用地使用权续期制度的完善、落地及立法提供建议和支持。

第 2 章　建设用地使用权续期问题的理论综述。目前我国学界对建设用地使用权续期制度的研究,主要集中于国有住宅建设用地与国有非住宅建设用地。在这其中,有不少研究做得非常深入,很有启发性。因此,本章将对我国建设用地使用权续期制度的已有相关研究进行全面的总结和分析,以期在为本书提供讨论平台和经验借鉴的同时,确保本书的前瞻性与独创性。由于本书最终要落脚到制度方案层面,所以,这里主要对国有住宅与非住宅建设用地使用权续期制度的各项要素进行拆分,即对续期的内涵、续期期限、有偿性、续期程序、地上建筑物的处理等问题进行总结归纳。同时,本章也对国内外学者对域外土地使用权续期制度的研究、借鉴与反思展开一个全面的综述。

第 3 章　建设用地使用权续期制度研究的理论逻辑。本章回顾并总结我国40 余年土地产权制度改革的发展脉络及基本内容,分别从城乡土地所有权分立、公有土地所有和使用"两权分离"、土地使用权"物债二分"以及土地所有权"公私二重性"这四个方面,梳理公有地权体系的四项基本制度结构及其所形成的理论。在此基础上探究我国土地产权制度对建设用地使用权续期制度建设之间的因果反馈关系,分析我国公有地权体系对建设用地使用权续期制度的决定、约束和塑造作用,以及建设用地使用权续期制度对我国公有地权体系的表达、再现与创新,从而综合形成我国建设用地使用权续期制度研究的分析框架与总体逻辑。

第 4 章　土地产权续期制度的域外经验与借鉴。我国与其他国家和地区在所有制上存在有本质差异,这使得我国公有土地之上的个人土地使用权的续期问题具有特殊性。但传统英美法系与大陆法系下的土地制度历经百年发展,已经形成了相对成熟完善的管理体系,其相关法律制度经验仍然能够给予我们一定启发。我国建设用地使用权属于典型的大陆法系用益物权,我们要在遵循大陆法系财产权的基本范式与逻辑的基础上,在一定程度上吸收英美法系下的土地产权续期制度的有益经验。基于这一理念,本部分分别研究大陆法系下的地上权制度和英美法系下的租赁地产权的基本产权范式、产权体系及其到期后续期的相关立法例,总结两大法系下土地产权续期的共同规律与各自的特征,从续期的法律关系、续期机制、续期期限、续期有偿性、地上物处理等五个方面进行比较与总结,探求域外土地使用权续期的经验对我国建设用地续期之道的借鉴与启发。

第5章 建设用地使用权续期模式的特征及分异规律分析。对于建设用地使用权续期制度的分类研究首先要建立在建设用地分类的基础之上。我国目前土地管理制度中存在着多类建设用地,各类型建设用地在不同的社会经济领域承担着不同的功能与用途,承载着多样化的土地利用活动,其使用权也被赋予了相异的法律性质及权利内容。相对应的,续期制度研究自然也需要"因地制宜"为不同类型建设用地匹配差异化的续期制度,充分发挥与利用各类建设用地的特殊性与其优势,满足其个性化的现实需求,形成完善的建设用地续期制度体系。由此,本书以建设用地的类型化为主要线索贯穿始终。本章将展开建设用地续期制度的分类研究,探索国有住宅建设用地、国有非住宅建设用地以及集体经营性建设用地这三类建设用地在土地利用属性、社会功能、市场需求等多个方面存在的特征及特殊性,揭示不同类型建设用地使用权续期在续期权界定、续期主体法律关系、价值取向等方面的差异,归纳总结不同类型建设用地使用权续期模式存在的分异规律,并探索不同类型建设用地使用权续期制度构建的制度逻辑。

第6章 建设用地使用权有偿续期的市场预期与响应。针对住宅建设用地续期有偿与否的问题,本研究通过实证研究挖掘国有住宅建设用地续期问题目前的市场动向,考察住宅二手房市场对住宅建设用地到期及续期有偿性问题的反应与预期,为下文住宅建设用地自动续期制度的方案设计,尤其是续期费用制度提供民意导向与实证基础。住宅建设用地续期有偿与否的问题一直都是续期制度中最具争议性的话题,住宅建设用地使用权续期有偿性的相关制度必将要回应民意的诉求,因此,挖掘出隐藏的真实民意是一项至关重要的工作。市场动向是民意的反映、表达和实现。本研究引入特征价格模型,以杭州市二手房市场交易数据为基础,通过回归分析方法,考察住宅二手房市场中住宅建设用地剩余年限与住宅价格的关系,去探究市场对剩余年限究竟有着怎么样的预期,剩余年限对房价有着怎么样的影响,以此为基础分析杭州市住宅二手房市场对住宅建设用地到期及续期问题的反应与预期。

第 7 章 国有住宅建设用地使用权自动续期制度。本章主要针对国有住宅建设用地,探讨其期间届满后的自动续期制度。住宅建设用地的续期问题最后还要上升为法律方案,因此,基于第五章所形成的制度背景、制度逻辑与制度需求,本部分最后将形成住宅建设用地自动续期的法定制度方案。在借鉴域外土地产权不同自动续期模式的基础上,确定我国国有住宅建设用地的自动续期方案,并明确自动续期的法定义务、法定权利、法定条件、法定期限以及法定程序等内容。

第 8 章 国有非住宅建设用地使用权申请续期制度。本章针对国有非住宅建设用地,探讨其期间届满后的申请续期制度。现行法虽然已经构建了非住宅建设用地到期后的申请续期制度的总体框架,但该框架仅限于原则性规定,不仅在关键性制度内容上存在着空白,同时在地上物处理方式、续期合意空间等方面也存在不合理之处。可以说,现行非住宅建设用地的申请续期仍然是一项未落地的制度,是一项未竟的事业。基于此,本部分在法律层面探讨申请续期之"合意续期"本质的基础上,结合两大法系其他国家和地区土地使用权合意续期的经验,以反映非住宅建设用地利用的多样化需求、体现非住宅建设用地使用权人地位的相对优越性为基本逻辑和价值取向,形成非住宅建设用地申请续期的合意续期制度方案。同时,本书针对国有非住宅建设用地之上存在有大量分散的区分建筑物所有权人的特殊情况下的续期进行了创新性探索。

第 9 章 集体经营性建设用地使用权申请续期制度。本章针对集体经营性建设用地,探讨其期间届满后的续期制度。集体土地所有权与国有土地所有权具有差异性,本章基于农村"熟人社会"下集体土地产权的非正式制度安排的特征,探讨集体土地所有权对竖立其上的用益物权的特殊要求,进而明确集体经营性建设用地使用权的续期问题的特殊性和要义:与国家土地所有权相比,集体具有私法主体的特征,并且集体建设用地呈现出地域性、经营性以及高风险性的特征,故而集体经营性建设用地使用权的续期问题更具复杂性和独立性。基于此,本章认为集体经营性建设用地使用权的续期应采用申请续期的方式,同时,应更加侧重续期双方法律地位的对等性以及利益的平衡性,为续期双方提供更加充分的合意空间,在更大范围内、更高程度上实现续期双方的私法自治。以此为逻辑,本章最终形成了集体经营性建设用地申请续期的具体制度方案。

第 10 章 研究结论和展望。鉴于建设用地使用权的续期问题在实践中的多样性、复杂性、动态性,此项研究将会是一项需要长期进行,并依据各个地方实践经验和社会经济发展的需要不断积累和深化的研究课题。因此,本章在对全书研究内容进行总结的基础上,提出了该问题未来需要进一步研究的问题与方向。

1.3.2　研究方法

（1）历史分析法

历史分析是本书重要的研究方法。不论是对改革开放以来我国土地产权制度发展进程和主线的研究,还是对大陆法系及英美法系土地财产权不同范式及特征的研究,都必须参阅大量的史料来进行求证。本书将立足于客观现实,力求在特殊性中发现普遍性原理,为我国建设用地使用权续期制度的设计提供重要且全面的史实支持,并为后续理论分析提供前提和依据。

（2）案例分析法

在文献梳理和实地调研的基础上,一方面,本书将探讨国内已到期的建设用地使用权的续期案例,以期从现实角度出发,观察中国建设用地使用权续期的实践逻辑,探讨我国建设用地使用权续期问题在实践中存在哪些问题、提供了哪些启发,以了解我国当前建设用地使用权续期问题的现状与进展,从而避免对建设用地使用权的研究脱离实际,流于理论;另一方面,本书在对大陆法系与英美法系国家和地区土地产权续期经验进行总结与借鉴时,将对大量实践案例进行分析,以求更加清晰、深刻地认识到其续期制度背后的规律性。

（3）计量回归分析法

定性研究法侧重对已有现象做主观分析,而计量研究法更注重客观描述与总结。要科学合理地制定续期制度与相关政策,需要考察市场动向,挖掘真实民意,为理论分析与总结提供实证基础。对此,本书引入特征价格模型,基于杭州市二手房成交数据,通过回归分析法对杭州市住宅二手房价格进行分析,测算影响二手房价格的各项潜在影响因素,并重点考察二手房价格与住宅建设用地剩余期限之间的关系及影响程度,以此为基础分析住宅二手房市场对住宅建设用地到期及续期问题的反应与预期,挖掘国有住宅建设用地续期问题目前的市场动向,为下文住宅建设用地自动续期制度的方案设计尤其是续期费用制度提供民意导向与实证基础。

（4）政策及法律规范分析法

对我国公有地产制度历史进程及现状的研究,离不开对相关法律政策文件的概念解释和内容分析,只有这样才能真正探得立法者及其政策文件的原意。同时,建设用地使用权续期制度的设计也需要通过这种规范分析方法来确定续期相关主体间的权利和义务分配。

(5)多学科综合集成

本书涉及我国土地产权制度运行的各个环节,综合运用了经济学、法学、政治学和社会学的方法,对我国建设用地使用权制度改革的经济、社会、政治和法学逻辑展开综合分析。

第 2 章

相关研究评述

当前我国学界对建设用地使用权续期制度的研究,主要集中于国有住宅建设用地与国有非住宅建设用地。在这其中,有不少研究做得非常深入,很有启发性。因此,本章将对我国建设用地使用权续期制度的已有相关研究进行全面的总结和分析,以期在为本研究提供讨论平台和经验借鉴的同时,确保本研究的前瞻性与独创性。由于本研究最终要落脚到制度方案层面,所以,这里主要对国有住宅与非住宅建设用地使用权续期制度的各项要素进行拆分,即对续期的内涵、续期期限、有偿性、续期程序、地上建筑物的处理等问题进行总结归纳。同时,本章也对国内外学者对域外土地使用权续期制度的研究、借鉴与反思展开一个全面的综述。

2.1 住宅建设用地续期问题

《物权法》第 149 条中有关我国建设用地使用权到期后续期的相关规定在学界产生了争议,其中最大的争论在于对"住宅建设用地使用权期限届满后自动续期"这一规定的解读,争议主要集中于自动续期的含义、法律性质、续期期限、次数以及续期是否有偿等方面。

2.1.1 自动续期的内涵

关于住宅建设用地使用权自动续期的含义,国内学界有不同观点。

第一种观点认为,自动续期是指"无需申请续期这一程序",即免除地上权人与土地所有人间的重新协商过程(林炳锋、介鸽,2013)。例如以朱广新为代表的学者提出,自动续期是指住宅建设用地使用权期限届满,土地使用者续期时,既不需要向有关部门提出申请,也不需要经有关部门批准,自期间届满之日起,原合同所约定的土地使用期间自然顺延(朱广新,2012;陈本寒、陈超然,2017)。可见,"自动"的重点是不需要申请、审批等程序,由法律直接赋予效力(林依标、陈权,2017)。至于续期其他方面的理解,如续期期限、是否还需要缴纳土地出让金等,还需要其他解释方法予以确定(余贵林,2017)。

另一种观点则更进一步,认为自动续期即为无条件续期。如孙宪忠认为,所谓自动续期,即无条件的续期,民众不必补交费用,也不用再次办理不动产登记手续,即可自动地、继续合法使用土地(孙宪忠,2015)。同样,史尚宽(2000)及全国人大常委会法工委民法室扈纪华巡视员[①]亦认为,"自动"续期,意为建设用地使用权人根本不需要采取任何行为(包括支付土地使用费行为)。

但也有学者认为,自动续期并不代表着对"申请"这一行为的排除,如王利明提出,"续期"之"自动"是指住宅建设用地使用权人在期限届满之前就提出续期申请,使用权便自动延续,无需土地主管部门的批准,虽然王利明认为土地使用权人仍需要提出续期申请,但只要提出申请就自动延续使用权,也可以理解为是一种无条件自动续期(王利明,2017b)。

2.1.2 自动续期的期限

关于住宅建设用地使用权自动续期的期限问题,我国学界主要存在"无期限论""固定期限论""自由期限论"三种讨论方案。

(1)无期限论

以孙宪忠、杨立新、赵秀池、崔永亮等为代表的学者提出了"无期限论",认为住宅建设用地使用权的自动续期应无期限的限制。如孙宪忠表示,住宅建设用地使用权应当无条件地续期,自然不须设置续期的期限(孙宪忠,2016)。杨立新(2016;2017)进一步论证了,住宅建设用地使用权经过自动续期成为永久性用益物权,与国有土地所有权毫不冲突,并针对住宅建设用地使用权续期提出了"一次取得,永久使用"的续期路径[②]。吕妍则提出了住宅可以由子嗣无期限地继承

---

① 整理自住宅建设用地使用权期满自动续期法律问题研讨会上扈纪华的讲话,参考焦清扬(2016)。

② 杨立新(2016)在《住宅建设用地使用权期满自动续期的核心价值》一文中详细解释了"一次取得,永久使用"的内涵:一次取得,意味着业主一次钱购买住宅建设用地使用权,之后永远不再需要缴纳出让金,不必续签建设用地使用权出让合同;永久使用,意味着无论是权利人还是其继承人,永久地享有该用益物权,依法在该土地上行使权利,土地进行充分的利用,如对于建筑物,可以在法律规定的范围进行改建、翻建,该用益物权范围内的土地得到永续利用。

的观点,若地上建筑物无法继续使用,可以推倒重建(吕妍、李淑杰,2010)。

(2)固定期限论

王利明、宋炳华、房绍坤等学者则认为住宅建设用地使用权自动续期应当是有期限的。原因主要在于:第一,建筑物所有权有可能会因为各种原因灭失(宋炳华,2011);其次,永久续期意味着使用权人拥有了永久的使用权,使用权将变为事实上的所有权,这是对所有权与使用权内涵和性质的混淆,也是对现行法所确立的我国经济体制的违背(王利明,2017a);第三,永久产权在事实上削弱了我国城市建设用地的国有制(华鹏,2017);第四,从社会后果来看,永久续期会在一定程度上导致资源分配的失衡,凭借永久续期制度,某些特定的使用权人将事实上无限期地占有相应的建设用地,这将导致国家对土地资源调控能力的减弱,并终将导致土地、房屋资源集中于少数人手中(王利明,2017a;苟正金,2015)。浩然批驳"永久续期论"其实是一种财产权幻想,事实上,住房者作为继受他人权利的主体,权利不可能大于其前手(浩然,2016)。

对于住宅建设用地使用权自动续期期限应当如何认定,目前争议较大,国内学界主要有以下几个观点。

一是以建筑物使用寿命或者安全使用年限作为续期期限的标准(崔健远,2014,pp. 320-322;何汉全,2004;王崇敏,2017;李婧怡,2012)。该观点认为建设用地使用权设立的重要目的在于阻断土地所有权对地上物的吸附,土地使用者拥有地上房屋的所有权,而如若房屋因达到最长使用寿命或因超过安全使用年限而毁灭,建设用地使用权也就完成了历史使命,理应"功成身退"(崔健远,2014,p.322)。支持"建筑物寿命说"的学者认为,这种以房屋寿命为建设用地使用权期限的认定方法有利于保护公民的私有财产所有权,可以防止因建设用地使用权续期失败而导致公民地上物所有权遭受损害(陈本寒、陈超然,2017;李宇嘉,2016;苟正金,2015)。

宋炳华(2011)则认为,住宅建设用地使用权自动续期的期限应当与法律所规定的最长期限一致,即最长70年。高圣平、杨璇(2011)则进一步提出在最高法定年限的基础上,再综合考虑土地收益率、土地还原利率、土地估价误差、房屋的结构与耐用年限和土地用途等因素,对于住宅而言,尤其应当重点考虑到其房屋的结构与耐用年限。

另外,也有少数学者提出了其他续期年限的观点,如孙毅等(2007)提出了续期期限为20年的建议,当事人另有约定的依约定,期满可以再次续期;张力(2016)等学者也提出了住宅建设用地使用权单次续期的最短期限20年的观点;陈晓筠(2004)则提出了30年的固定期限。

（3）自由期限论

"自由期限论"是处在有期限与无期限之间的一种折中观点。一种方法是基于当事人的意愿来确定续期的期限，即应先赋予当事人自由协商之权利，保证当事人的意思自治，在不超过法律规定的最长土地使用年限范围内，建设用地使用权人可依其需求自由选择续期的期限；在双方当事人没有约定选择的情况下，可引入第三方评估机构，由其以房屋结构为基本参考对房屋的存续期限进行评估，房屋的续期期限应直至评估结果所确认的其丧失使用价值之时为止（王林清，2016；张磊，2010）。另一种方法是采取续费即续期的方式，如严金明、陈昊（2016）提出的只要使用权人按时足额交纳续期费用，对地上建筑物的更新等行为符合国家规划及相关法律法规要求且付出了相应合理成本，就无须对续期的次数和期限作出强制性规定。

2.1.3　自动续期的次数

当前学界对住宅建设用地使用权续期次数问题的讨论较为欠缺和笼统，多数研究仅在探讨续期期限时顺带表达了对续期次数的观点。这一问题目前存在限一次续期和多次续期两种不同观点。分歧的焦点在于，若多次续期，则就是变相地将土地所有权让渡土地使用者；若只能一次续期，则再次到期后又产生了续期问题（王林清，2016）。

王利明（2017a）认为，为了公民住宅财产长久受保护的良好稳定预期之形成和维持，当尽量减轻使用权人续期的负担及减少续期的不确定性，因此，王利明建议应避免采用多次续期的办法，而应尽量通过一次性续期的办法来确定续期的期限。也有学者提出续期的次数应当视续期方法而定，针对续期当事人通过约定方式确定续期期限的情况，当允许使用权人再次续约。对于由政府委托评估机构对房屋进行综合考量后确定续期期间的情况，由于第一次续期期满时地上建筑物的使用价值已发挥完毕，所以应规定续期次数只有一次（高圣平、杨旋，2011）。

2.1.4　自动续期有偿无偿的争论

住宅建设用地使用权续期是否收费以及如何收费的问题是当前讨论中最为激烈的，也是研究的重中之重。回顾《物权法》的制定过程，可以发现，收费问题在物权法制定过程中就存在争议。^① 对此,立法者的解释是:"考虑到住宅建设用地使用权续期后是否支付土地使用费是关系到广大群众切身利益的问题。绝大多数住宅建设用地使用权的期限为70年,如何科学地规定建设用地使用权人届时应当承担的义务,目前还缺少足够的科学依据"(全国人大常委会法制工作委员会民法室,2007,p.275;王胜明,2007,p.324)。

那么,围绕着关于住宅建设用地的自动续期制度是否应是有偿的相关分析与探讨是相关文献中涉及最多的研究话题,当前国内主要存在有偿论、无偿论及中立说这三个主流观点。

2.1.4.1　续期有偿说

(1)有偿的必要性

有偿说,即认为住宅建设用地使用权期间届满后应缴费续期,如持该观点的学者有王利明、宋炳华、高富平、高圣平等。总体来说,主要理由如下:从用益物权性质的角度出发,建设用地使用权作为在他人之物上所设定的权利负担,期间届满续期,建设用地使用权人自应支付土地所有权人在一定期限内放弃土地所有权的使用权能而取得的对价——土地使用费(高圣平、杨旋,2011);从维护社会公平的角度看,住宅建设用地使用权有偿续期能够有效地防止我国出现土地资源占用不均的问题,防止土地资源性收益日益向社会少数阶层集中(王利明,2017a;宋炳华,2011;叶剑平、成立,2016)。从经济角度来看,一刀切地采用免费的自动续期将有损于我国土地市场的流通机制,尤其是对用于公民基本生存居住需求之外的其他类型的建设用地,国家作为所有权人将很难再获取该土地在市场流通利用中所产生的经济收益(王利明,2017a;高圣平、刘守英,2009;陈美西,2012);从比较法的角度出发,渠涛(2017)根据历史上的纵向比较以及与国外其他地区的横向比较,提出不论什么时期,绝大多数国家和地区对于自然资源的利用都不是"免费"的,或者说不是"免税"的,而应当是有偿的;从法律文义角度来看,林依标(2017)等认为,"续期"不是简单的、无条件的续期,而是在坚持市场公平和土地使用权有偿取得的基本原则基础上进行的法律性安排。

当前,要求无偿无期限续期的呼声很高,针对这一现象,有学者(靳相木、欧

---

　　① 首先,《物权法》草案第一次审议稿对土地使用权续期时是否需要收费的问题未作明确规定;其后的二次及三次审议稿对该问题作出了明确规定,即续期时应当支付土地出让金;但随后的四审稿、五审稿则规定,建设用地使用权续期后,建设用地使用权人应当支付土地使用费,续期的期限、土地使用费支付的标准和方法,应由国务院规定。鉴于这一问题的争议过大,未能形成共识和定论,六审稿删除了续期应当支付土地出让金或土地使用费的规定,采取了模糊处理方式(全国人大常委会法制工作委员会民法室,2007,pp.37-65)。

阳亦梵,2016)指出,这种声音未必能代表社会各阶层的潜在民意。这种无偿续期的社会情绪是多房群体为了维护自身利益往往会打着维护公共利益或公众利益的旗号在舆论场中进行误导而产生的金喇叭效应(刘太刚,2016)。针对一些学者提出的"有恒产者有恒心"的观点,浩然(2016)认为,这里的"恒产"并不等同于对财产的永久性无偿占有或利用,主要是指一种稳定的财产权预期。

还有论者,从反面论证了无偿续期可能带来的社会负面效应,提出无偿的自动续期将导致变相的"土地私有化"、加剧房地产市场的不稳定性、违反宪法对合法私有财产的平等保护原则(袁志锋,2013;孙煜华,2016;胡博,2014)。如果采取无偿续期,一方面有损于无房群体的利益,另一方面,也会导致政府收入减少,这也意味着全民的公有财产的减少(陈本寒、陈超然,2017)。

也有学者通过《物权法》制定过程来论证有偿的必要性,四审稿和五审稿在明确提出住宅建设用地使用权自动续期的同时,也对续期费用作出了规定,而第六次审议稿之所以删除费用支付的相关表述,并非因为费用支付问题与自动续期问题相矛盾,而是因为对费用支付问题还需要做进一步研究。将自动续期解释为"无偿续期",无疑违反了立法原意(张力、庞伟伟,2016)。

(2)缴费标准

就土地使用费的标准而言,学者们从法律、经济、社会等不同角度各抒己见,目前较为主流的方案包括:收取土地出让金、费改税以及附条件的税制等。

① 土地出让金

对于住宅建设用地使用权自动续期是否要支付土地出让金问题的讨论,首先要明确土地使用费的性质。建设用地使用权出让金属于建设用地使用权的市场价格,是取得建设用地使用权的对价,相当于各国和地区民法中地上权的地租。对于建设用地使用权出让金的性质,我国学者普遍认为是一种债的关系,属于建设用地使用权出让合同的内容(房绍坤,2007;温世扬、廖焕国,2005;梁慧星,1998,pp.660-620)。渠涛(2017)提出,我国当前土地制度中的土地出让金共包含了两项内容:一是土地使用者使用该土地的许可费用,该费用属于固定费用;二是使用年限的费用,该费用属于需要根据年限长短调整的浮动费用。两项费用均有其时效性,易言之,都需要根据使用权设定时点的地价进行评估。

对于如何评定住宅建设用地使用权续期价格,已有研究普遍认同"续期支付的出让金理应低于同区位新出让土地的价格"这一观点,这是由于:第一,从估价的角度来看,以"招拍挂"出让方式的建设用地为例,续期支付的出让金理应低于同区位新出让土地的价格,这是由于在初次取得土地使用权时,原土地使用者已支付全部地价款或已进行补偿,而相较于新出让的土地,续期时,土地的征地费用或开发费用无需由国家再次投入,所以续期时缴纳的土地出让金应当等同于成本法中的政府增值收益(王泽利、张学延、马琳,2017;沈博,2008);第二,从社会经济角度看,续期的住宅建设用地使用权显然也不同于首次出让土地,土地首次出让时,政府作为单一土地供给者具有垄断地位,易言之,土地出让可视为完全的卖方市场;而土地使用权的续期则是特定当事双方之间的合同延续行为,此时的土地出让是当事双方可以进行平等协商议价的双方市场,而非卖方市场,这种情况下的土地出让价格理应区别于初次出让时的价格形成机制(林依标、陈权,2017)。针对缴纳续期土地出让金的具体标准,宋炳华(2011)提出,可以参照国家对公有住房和经济适用住房上市如何补交土地出让金的相关规定①。

② 费改税

当前学界也有声音要求通过征税(财产税、房地产税等)方式解决住宅建设用地使用权的续期问题,如靳相木、王崇敏、渠涛等。

王崇敏(2017)认为,土地出让金通常由地方政府一次性收取,且一般在短期内使用掉,这其实是对未来土地收益的一种"透支"行为,不利于政府长期财政收入的稳定。相比之下,财政税收的形式,能更好地适应"无偿自动续期"的要求,尤其是税收的法定性、从量或从价征收方式的规范性及税收利用的公共性能够更好解决无偿自动续期自身的一些制度弊端。有学者认为,土地的纯收益应由国家享有,就这种享有方式而言,税收措施优于缴纳续费。② 对于不动产续期的税制,渠涛提出,可以引进累进税制,而其前提是建立一套公正客观的不动产价值评估机制:首先,需要确定的是对不动产予以免税的基数,该基数以保障一般人的基本生活为基准;其次,需要根据家庭人均住房面积的情况,确定具体的累进税率,这也有利用调整社会贫富差距(渠涛,2017)。

靳相木则在房地产税的基础上提出了"房地产税附加"的方案,即在房地产

---

① 一是借鉴 1999 年《财政部国土资源部建设部关于印发〈已购公有住房和经济适用住房上市出售土地出让金和收益分配管理的若干规定〉的通知》(财综字〔1999〕113 号)的有关规定。按照这一规定,已购公有住房和经济适用住房上市出售时,购买者须缴纳土地出让金或相当于土地出让金的价款。缴纳标准按不低于购买的已购公有住房或经济适用住房坐落位置的标定地价的10%确定。参照这一标准,住宅建设用地使用权期限届满后续期时,国家可以规定按照房屋位置的标定地价的一定比例补缴土地出让金。二是可以借鉴国务院机关事务管理局《关于印发中央在京单位已购公有住房上市出售管理办法》(国管房改〔2003〕165 号)和《北京市已购公有住房上市出售实施办法》的有关规定。这两个办法都是要求上市出售的已购公房按当年房改成本价的 1‰补交土地出让金。参考这一标准,住宅建设用地使用权期限届满后续期时,可以规定按照原来购买房屋价格的一定比例收取土地出让金。

② 整理自住宅建设用地使用权期满自动续期法律问题研讨会上王崇敏的讲话,参考焦清扬(2016)。

保有税的基础上,针对自动续期后的房地产额外计征房地产保有税附加。通过设置合理的房地产保有税附加税率,对期间届满续期后的不同价值的房地产"钉"住其房地产保有税而征缴数额不同的年金,这种方式通过搭上未来房地产保有税评估及征收体系的便车,大大节省了制度实施成本(靳相木、欧阳亦梵,2016)。

③ 附条件税制

当前我国学界讨论最多的方案就是在税制的基础上,按照一定标准、附有条件的有偿自动续期。当前讨论较多的标准包括按照居住面积、套数以及功能标准进行分类。

按照居住面积标准划分缴费标准是指,给予每个家庭一定的最低居住面积,该面积范围内的住宅土地使用权期满可以免费自动续期(刘太刚,2016)或者低价自动续期(王利明,2017a);对超出最低居住面积的部分,仿照个人所得税的累进税制,分等级累进计算缴费金额(刘太刚,2016)。这里的最低居住面积设计分为居住总面积(牛立夫,2012)和人均免费自动续期面积(孙良国,2016)两种形式。王利明(2017a)建议,最低居住面积约为 30m²,在这个居住面积以下的,可以象征性地收取一些续期费用;王太刚(2016)则认为,最低家庭总面积应为 100m² 左右,人均免费自动续期面积应为 35m² 左右,现实操作中土地使用权利人可自主在这两种形式中对任一形式进行选择,以表达个人意愿。

针对房屋功能分类的标准,有学者(陈越鹏,2016)提出对用于自住的普通商品房,其续期应当以无偿或低价的方式实现;对于一户多房、高档型住宅等情况,政府应适当收取费用。全国人大常委会法工委原民法室主任姚红认为,这种通过对住宅与非住宅、商行为与非商行为进行分类来决定收费还是免费的续期收费标准有利于平衡经济发展与保护民生。[①]

也有学者将不同区分标准相结合,提出了"双重区分"规则,首先区分居民居住面积达标住宅的建设用地使用权的续期问题和居民居住面积超标住宅的建设用地使用权续期,其次再按照住房面积进行区分,由国务院定期公布各地的合理住宅面积(张力、庞伟伟,2016)。叶剑平(2016)提出缴费标准上可以按住房面积和套数进行区间分档,如 90m² 以下首套住房建设用地可以免缴一次续期费用;90~120m² 的首套住房建设用地可以少缴或政府补贴续期费用,120m² 以上的首套住房建设用地和二套及以上住房建设用地则应严格按标准缴纳续期费用。

持附加条件有偿续期观点的学者认为,这种有偿续期方式的最大优势在于

---

① 整理自住宅建设用地使用权期满自动续期法律问题研讨会上姚红的讲话,参考:焦清扬(2016)。

具有兼顾性,附条件续期论综合了有偿续期的经济性与法理性以及无偿续期的社会性、政治性,既减轻了低收入人群的负担,保证了其基本居住权,又可防止高收入人群利用房屋投机所带来的房屋闲置和资源浪费(牛立夫,2012),最大程度地兼顾了社会公正与土地资源的有效配置(王崇敏,2017)。

(3)缴费方式

针对自动续期的缴费方式,为了增强政策的可操作性,宋炳华(2011)提出借鉴公有住房和经济适用住房上市补缴土地出让金的缴费方式[①],以此类推,在住宅建设用地使用权期间届满后,可以暂时不要求自住的房主缴费续期,在其转让或者抵押、出租房屋时,要求其补缴土地使用权出让金后才能办理相应的登记手续。

对于有些学者所提出的年租制框架下的租金缴纳,李开国(2008)提出参照英国的一般做法,采取按年缴纳的方式,并按照房屋租金的 5% 左右确定地基的租金。严金明(2016)则提出可以实行分年度缴纳或一次性缴纳多年费用等多种灵活方式,且到期后土地出让金的续缴可随房地产税一体缴纳。

(4)不缴纳费用的后果

对于不缴续期费的法律后果,多数学者从保障公民居住权的角度,认为自动续期费用的拖欠行为,只针对土地使用权的民事流转进行限制,并不会对民事权利产生法律影响,换言之是可以保留其居住权,但须限制其在转让抵押方面的权利(金辉,2016;焦清扬,2016)。

张力、庞伟(2016)等进一步解释认为,根据我国法律对于"私人的合法财产受法律保护"的原则,住宅建设用地使用权人不缴纳续期费用不应当对居民的房屋所有权产生任何影响,最多只是使未缴费的居民负担了一项对国家的债务。除非基于公共利益的需要,即便是国家也不应拥有无偿收回公民的房屋的权力。

2.1.4.2　续期无偿说

同样有诸多学者支持无偿论的观点,认为住宅建设用地使用权期间届满后自动续期,不应支付土地使用费,代表学者有孙宪忠、张千帆、房绍坤、杨立新、崔健远等。

孙宪忠(2015)、房绍坤(2007)、崔健远(2014,pp.320-322)等都认为,住宅建设用地使用权自动续期时不应当支付任何费用,其主要是从社会主义国家土地

---

① 根据财政部国土资源部建设部印发的财综字〔1999〕113 号通知,已购公有住房和经济适用住房上市出售时,房者缴纳土地出让金或相当于土地出让金的价款后按出让土地使用权的商品住宅办理产权登记。

所有权建立的法理基础出发,提出国家土地所有权建立的初衷是为了社会主义
"均享地利"的目标,即让社会大众直接地、普遍地享有土地的利益,而并非要让
政府从人民身上取得类似于地租的收入。因此,让政府通过续期制度从而能够
不断地取得土地出让金的观点和做法,不符合我国建立土地公有制之初时的社
会主义理想。从保障民生的角度来看,学界及社会上都有广泛的声音,认为普通
购房者倾其一生积蓄购置房产,70 年后要求其再支付昂贵的土地出让费,无疑
过于加重民众经济负担(马天柱,2008;瞿方业,2009),无偿续期能够使几亿人安
其居而乐其业,保障有恒产者有恒心;张千帆(2009)提出,无偿续期本来是一种
简单而明确的制度安排,一旦采取有偿续期,续期费用、期限等细节的确定会带
来诸多不可准确预料的情况,政府必须拿出正当理由说服人民。全国人大代表
宗庆后(2011)建议,为了让百姓拥有真正的恒产,提升人民福利,应以无偿自动
续期为原则。而从法律文意解释,自动续期应意味着住宅建设用地使用权人具
有自动、无偿、无期限的优势(朱广新,2012;崔永亮,2007)。

值得注意的是,杨立新、程雪阳等学者表示,其所说的无偿续期是指在续期
时无需缴纳土地出让金,并不意味着国家就不能再对该国有土地使用权收取任
何费用。住宅建设用地使用权自动续期后成为一个永久性的用益物权,其权利
人应当对土地所有权人尽到相应的义务。国家应制定永久性住宅建设用地使用
权的依法纳税制度,住宅建设用地使用权人按照该法律依法纳税(杨立新,
2016)。从经济角度,土地出让金和不动产税在性质上是不一样的,这是两种不
同的问题(程雪阳,2016)。

对于有偿论学者所认为的住宅建设用地实现无偿自动续期之后会与土地国
家所有制相冲突,会导致土地的私有化这一论断,王崇敏、程雪阳(2016)等学者
对此作出反驳,认为土地国家所有主要是一种宪法上的权利,国有土地除了属于
国家所有之外,同时也属于全民所有。而我国住宅建设用地使用权作为一种典
型的用益物权,公民只能享有使用权,并以向国家支付土地出让金的方式获得使
用权,这两种权利关系是派生关系,相互并不冲突。另一方面,政府同样可以通
过土地用途管制、土地规划管制以及征收等手段对土地进行管制,住宅建设用地
使用权人也必须按照土地出让合同的要求使用土地,由此可见我国国有住宅建
设用地使用权若要实现无偿自动续期,也并不会改变土地国家所有权与住宅建
设用地使用权各自内容(王崇敏,2017)。

2.1.4.3 折中说

不同于绝对的"有偿说"与"无偿说",陈本寒、陈超然(2017)提出了"以无偿

续期为原则,以有偿续期为例外"的折中观点,具体是指对城市居民的安居需求所涉及的住宅用地使用权应当无偿、自动续期,对于超出安居需求的住宅用地,应采用有偿、申请续期的方式,这类住宅用地主要包括城市中的豪宅用地、一户多宅用地等。另一种折中观点认为,住宅建设用地期间届满后无偿续期一次,期限为70年,若其重新购买了一套新的住宅类国有建设用地使用权,那就应该通过缴纳相应的土地出让金来获得相关权利,不能再无偿(程雪阳,2016)。

总体来说,坚持有偿论者一方面强调用益物权的有偿性,另一方面是从土地资源配置的有效性与资源稀缺性出发,认为无偿续期会造成土地资源无法得到最有效的利用。可见,有偿论者基本上是从物权法角度出发、在经济法理的框架内进行论证,未考虑到住宅建设用地使用权的历史发展逻辑和政治逻辑。无偿论者往往从住宅建设用地保障制度的本身与政治逻辑出发,认为通过无偿的方式实现续期才符合社会主义本质,也符合住宅建设用地使用权制度设计的初衷。但是,这一论点忽视了资源的有效利用,对社会正义也会造成损害。

2.1.5　自动续期的程序

宋炳华(2011)认为,住宅建设用地与非住宅建设用地的续期必然要在程序和方式上有所区隔。依照"举重以明轻"的法律解释规则,较之非住宅建设用地使用权的续期方式,自动续期无论在程序上还是方式上均应从简、从轻。另外,高富平(2010,p.52)认为,出于便于实际操作的目的,房屋所有人在续期时无需与国家重新签订土地出让合同。

以上不同主张的分歧,根源在于方法论的差异。坚持无偿无期限续期的论者,很大程度上遵循的是政治逻辑,即将住宅建设用地自动续期问题作为一个政治议题来对待,突出住房的社会性与保障性,强调民意的反映和表达。而坚持有偿有期限续期的论者,则大都在法学的框架内,从现行土地出让制度的法理逻辑角度,对续期方案进行论证与设计。坚持待条件成熟再作决定的论者,其论述隐含的也是政治逻辑,认为目前在政治上没有迫切性或尚不具备条件对续期方案做出决定。

2.1.6　自动续期的立法安排

对于国有建设用地使用权续期未来的立法安排,我国学界主要存在以下几个不同的观点:

一部分学者坚持唯全国人大立法的观点,以梁慧星、孙宪忠、杨立新、江平、孙毅、孙煜华等为代表的学者认为,我国建设用地使用权续期未来的法律安排需要由全国人大来对此进行详细立法。其中,梁慧星(2016a)认为,物权法释义中提出的"根据实际情况再作慎重研究"的研究主体是立法机关(全国人大常委会),而不是指国务院或者其他机关。孙毅(2007)也提出,作为政府的代表——国务院不宜作出"地上物归属制度",这一制度应当由法律来规定,否则政府将扮演矛盾的角色。江平则提出了解决住宅建设用地续期问题的总体解决方针,即对于该问题应当由法工委进行统一立法解释,而不是由政府的某个其他部门进行回应或作出法律解释,更毋论地方政府及其部门。[①] 从社会民生的角度来看,住宅建设用地的续期问题涉及千家万户,其续期制度方案的确定必须充分汲取民意,才能形成一个比较公平合理的方案,续期方案应由作为民意机关的全国人大及其常委会通过立法或立法解释的方式决定,而不能由行政机关或司法机关制定(孙煜华,2016)。

以渠涛(2017)、胡康生(2007,pp. 332-333)为代表的学者认为,我国国有建设用地使用权续期办法应当由国务院作出相应的规定。法工委释义坚持认为:"物权法不作规定,也不影响国务院根据实际情况作出相关的规定。"[②]渠涛认为,在我国,具体行使国家所有权的是政府,而不是全国人大,住宅建设用地使用权续期是否缴费,不属于住宅建设用地使用权自身的内容,应当不属于《物权法》所规定范围内的内容。

最后,也有学者提出了"司法解释说",即"应该推动在法律层面或者司法解释上明确土地使用权的续期是否有偿以及续期年限"(余燕明,2016)。

2.2　非住宅建设用地续期问题

非住宅建设用地使用权的续期,由于《暂行条例》、《城市房地产管理法》以及《物权法》等法律中的相关规定较于住宅建设用地使用权的规定更加明确,加之非住宅建设用地涉及公民个体范围较小,这一议题在学界与社会上受到的关注与讨论也相对较少,鲜有专门研究非住宅建设用地使用权续期的论著,通常是在

---

①　整理自住宅建设用地使用权期满自动续期法律问题研讨会上江平教授的讲话,参考焦清扬(2016)。

②　2006 年 10 月 27 日,十届全国人大常委会第二十四次会议上提交的《关于物权法(草案)修改情况的汇报》中提到:"五次审议中,常委会组成人员对自动续期的规定,普遍表示赞成。同时,有的委员提出,续期付费是否合适,建议进一步研究。……续期后是否支付土地使用费问题,关系广大群众切身利益,需要慎重对待,目前本法以不作规定为宜。届时,可以根据实际情况再作慎重研究。"

讨论住宅建设用地使用权自动续期问题时顺带附加予以说明。

非住宅建设用地的续期路径,国内学者普遍认为其应当遵循《物权法》颁布之前,由《暂行条例》《城市房地产管理法》和《土地管理法》所构成的建设用地使用权续期规则[①],除了申请续期与自动续期的区别之外,其他续期规则与住宅建设用地使用权的规则相同(孙毅,2007)。

针对非住宅建设用地使用权续期期限,多数学者认为应当由当事人自由协商,以充分保证当事人的意思自治,只要不超过法律规定的最长的土地使用年限即可。如胡康生(2007,p. 333)认为,由于非住宅建设用地在现实中的特殊需求,非住宅建设用地使用权人常常只是在特定期限内对土地进行利用,在一定的期限后可能不再有利用该建设用地的需要,因而,非住宅建设用地使用权续期后的期限问题,应当作为由利用主体自主决定的内容。另有学者提出,若土地使用权人未作出约定,政府可以委托专业评估机构综合考虑建筑结构、使用年限以及土地还原利用率等因素判断地上建筑物的使用寿命情况,国家可以综合考虑土地的用途分别规定其续期年限(毛璐、汪应宏、申宝钢,2007)。这种做法,既考虑了一般性的情况,又结合评估结果考虑了特殊情况,充分体现了地上建筑物物尽其用原则,也是对土地使用权人的房屋财产的保护。

对于非住宅建设用地使用权续期的实践层面,有论者提到关于"公共利益"界定的问题,鉴于社会公共利益的概念不清晰,过于宽泛和模糊,故而建设用地使用权人能否续期具有很高的不确定性。因此,王林清(2016)提出,应当将非住宅建设用地申请续期方式中社会公共利益限制性条件具体化和程序化。具体来说,建设用地使用权人提出续期申请后,只有在建设用地使用权人续期与国家已公布的有效土地用途规划相冲突的情况下,建设用地使用权人关于续期的申请才能够被拒绝。

关于非住宅建设用使用权续期时需要再次缴费这一情况,国内已有研究基本无争议,相关话题与研究成果较少,杨立新(2016)、王林清(2016)等学者有论及非住宅用地缴费标准,可以参照我国香港地区批租制度的收费规定,地价标准综合考虑土地所处地区、地段、发展限制等因素,不应采用统一标准,根据土地使用权人的财力状况的不同,地价可采取一次缴纳或按年分期缴纳。

非住宅建设用地使用权续期问题中存在最大争议的是商住两用房建设用地使用权的缴费问题,随着实际生活中住宅用地和非住宅用地的混合情形越来越

---

① 即建设用地使用权的期间届满,建设用地使用权人需要继续使用土地的,应当在期间届满前一年以上申请续期,除因公共利益需要收回该土地之外,出让人原则上应予同意。

常见,这个问题也得到了学者的重视。商住一体用房面临的主要困境是在同一块土地上存在着不同性质的房屋,关于商住两种建设用地使用权应当如何定性,商住两用房建设用地使用权的性质需要以城市规划和出让合同为基础,不能单纯考虑建筑物的实际用途(朱广新,2012),商住两用房的建设用地使用权续期是否应当缴费,一般来说,要根据其所依附土地在城市规划和土地出让时的性质进行确定(王林清,2016)。

　　除了商住一体的情况,现实中还存在着住改商的特殊问题。目前,法律对于住改商的现象并不是完全禁止的,虽然我国法律禁止住改商[①],但现实中仍然存在这些情况(杨兴林、黄艳,2014)。我国学界认为,部分住户拥有多套住房,利用多套住房进行商用并且收获了较多收益的,如果仍放任其利用住宅用地的续期优惠,必会对其他按照商用地缴纳续期费用的商户带来不公,引起社会矛盾(崔艳蕾、邵达民,2008)。因此,住改商应当经过行政部门的批准,进行变更登记(王林清,2016),这些住改商的土地,其自动续期的福利已经失去了,不应再享有自动续期,理应与非住宅建设用地同样依法律法规申请续期(朱广新,2012)。

　　由上可见,针对我国学界关于非住宅建设用地使用权续期问题的研究,所研究的内容和范围还存在诸多不足。这一议题不如住宅建设用地使用权自动续期问题具有极大的社会效应,但是在非住宅建设用地使用权范围中,也有许多容易被忽视的议题,如住改商和住宅商业一体的土地使用权问题仍然讨论得不够充分,有关划拨土地使用权以及租赁土地使用权的续期问题,目前学界的讨论少之又少。从1990年《暂行条例》算起,到40年后即2030年,距现在只有7年的时间,全国范围内将迎来商业、旅游、娱乐用地使用权陆续到期的大潮,非住宅建设用地使用权续期的问题比住宅建设用使用权自动续期问题在时间上更加紧迫,如何从理论以及现实操作层面解决这一问题应当得到更多的重视与讨论。

2.3　地上建筑物续期的法律后果

　　续期后地上建筑物的问题也是建设用地使用权续期问题中颇具纷争性的重要议题,为了解决建设用地使用权消灭而其建筑物、构筑物及附属设施的所有权不消灭的矛盾,国内学者的研究主要涉及两个方面:一是土地与建筑物的关系,

---

　　① 《物权法》第 77 条规定:"业主不得违反法律、法规以及管理规约,住宅改变为经营性用房。业主将住宅改变为经营性用房的,遵守法律、法规以及管理规约外,当经有利害关系的业主同意。"

二是地上建筑物如何续期。

对于我国当前住房所有权与土地使用权之间的关系问题,我国法律上没有明确规定,已有的研究也比较简单(孙宪忠,2001),仍然以大陆法系国家地上权制度中土地和地上物关系的理念与经验为主要研究内容。针对我国现行立法中土地与地上物的法律关系,王利明(1995)认为,我国采取的是土地和建筑物不分离的观点,即将土地和房屋视为一个整体对待;中国社会科学院法学研究所物权法研究课题组在《制定中国物权法的基本思路》中提出,我国现行法是将土地和建筑物分别作为独立的财产(中国社会科学院法学研究所物权法研究课题组,1995);而持折中观点的学者,如李显冬(2005)认为,我国目前立法中对土地和建筑物的权利采用的是权利独立的办法①,建筑物与土地由不同主体所有,但是须着眼于土地使用权与建筑物所有权的一体化的原则②,也就是两个权利虽然独立但却必须归属同一主体。徐定辉(2006)、浩然(2016)等学者通过比较研究发现德、日两国对土地和地上物关系的理念完全不同,德国坚持一元主义,德国民法典继受罗马法传统,认为附着于土地上建筑物是土地的重要成分(德国民法典第94条);与德国不同,日本民法坚持二元主义,建筑物与土地相独立,就算土地所有人在其土地上拥有建筑物,土地和建筑物也是两个不同物权的客体。

对于住宅建设用地使用权届满后地上建筑物的处理,《物权法》并无明确规定,依《暂行条例》的相关规定,建设用地使用权期限届满,土地使用权人未申请续期,或申请续期未获批准的,地上物的所有权将由国家无偿获得。对于我国现有的将房屋收归国有的规定,该规定的不合理性至为明显,亦为多数学者所诟病,很多学者批评此规定违反了房屋所有权保护无期限限制这一举世公认的原则(浩然,2016),且不利于物尽其用(王利明,1998,p.625)。

建设用地使用权续期后地上建筑物应当如何处理,需要分类看待:对于住宅建设用地使用权来说,其到期后自然自动续期,土地使用权人继续使用该土地,不存在房屋的权属问题,目前学界对此问题的看法较为一致,但现实也中存在因主客观因素而无法自动续期的可能。对于非住宅建设用地使用权来说,自然会产生土地使用权的期限性规定与房屋所有权的恒久性之间的冲突。对此问题,

---

①   我国现有法律是承认土地所有权和建筑物、其他附着物所有权的可分性的,表现在《宪法》第10条、13条分别规定土地的国家、集体所有和房屋的公民个人所有,在法律禁止土地买卖的情况下,房屋买卖却并未受限制。

②   建设部2001年《城市房屋权属登记管理办法》第6条规定:房屋权属登记应当遵循房屋的所有权和该房屋占用范围内的土地使用权权利主体一致的原则。

国内学者主要以借鉴国外法律制度经验为主,通常以研究德国、日本等大陆法系国家地上权与地上物关系以及以英国为代表的英美法系土地租赁制(leasehold)(李显冬,2005;徐定辉,2006;杨立新,2016;刘正山、戚名琛,2006)的经验为主流。以高圣平、徐定辉、王林清为代表的学者,提出借鉴日本等国家或地区的模式处理地上建筑物问题,如参考日本《借地借房法》的规定,赋予地上权人续期请求权和购买请求权,如若地上权人于地上权期限届满后没有申请续期或其续期的请求因公共利益方面的原因被拒绝,地上权人可以请求土地所有人以市场价格购买建筑物或其他附着物。高圣平也参照德国、日本及其他地区地上权制度,认为地上权续期期间届满且未实现续期的,土地所有人并不当然获得地上建筑物所有权,并且建设用地使用权人享有对地上物的取回,并承担恢复土地原状的义务;如未能在一定期间内取回地上物的,土地所有权人无偿取得地上物的所有权。借鉴我国台湾地区模式:除当事人另有约定的情况,建设用地使用权人有权优先选择行使建筑物取回请求权和补偿请求权(徐定辉,2006;浩然,2016;高圣平、杨旋,2011)。也有论者提出可以借鉴德国模式,赋予土地所有人延期请求权,若土地所有人主观上不愿意或者不具有提供经济补偿能力的,土地所有人可通过延长地上权的期限用以代替补偿(王林清,2016)。在大陆法系地上权续期经验的基础上,房绍坤(2007,p.170)提出,我国法律应当为土地使用权人设置续期请求权,为土地使用权人提供选择是否续期的自由,以求保障土地使用权人的建筑物、构筑物及其他设施的所有权物尽其用。梁慧星(2001,P.501)、张扬(2005)等则认为,若因主观因素即土地使用权人拒绝续期的,对地上物不给予补偿;若因客观因素如公共利益而无法续期的,土地所有人应作价补偿。

对于地上建筑物的价值补偿问题,目前我国学界也存在不同的观点,一种观点认为地上建筑物应当按照市场价值补偿(浩然,2016),还有观点认为可以适当延长土地使用权期限来满足对地上建筑物的价值补偿(高圣平、杨璇,2011)。

地上建筑物的问题不仅仅是建筑物与土地使用权关系的处理,更是整个土地权利体系中的重要一支,影响着公民土地之上财产权的稳定性与公民对该稳定性的预期。然而,总体来看,现有关于我国建设用地使用权续期后地上建筑物处理的法律规则仍然不完善,相关研究更多的是停留在对其他国家或地区经验的借鉴上,这也是未来土地使用权制度改革中有待进一步探究的重要问题。

2.4　评论与展望

　　针对我国建设用地使用权续期问题,学界已从多类型、多角度对其法理逻辑、社会效应、期限、程序以及相应的续期费用、地上建筑物处理等问题进行了广泛的探索,虽未形成较为统一的观点,但是围绕着建设用地使用权续期所开展的相关研究已取得了一系列丰富的成果,也为本书奠定了较为深厚的研究基础。同时,已有研究也存在一些局限性。

　　(1)在研究范围上,当前建设用地使用权续期问题研究范围不够全面,已有研究过于集中在住宅建设用地使用权续期的问题上,而非住宅建设用地使用权续期问题的研究就相对薄弱,尤其是非住宅建设用地存在着多种类型,商业、工业等不同土地利用活动对续期制度也存在着显著的影响。不可否认,住宅建设用地使用权的续期问题更具社会意义,但非住宅建设用地作为我国土地产权体系中的重要组成部分,需要协同住宅建设用地使用权续期一起进行一体化制度设计,以构建完整的、多样化的建设用地使用权续期制度体系。

　　另外,2015年至今,集体经营性建设用地入市改革已取得重要制度成果,但当前国内研究主要关注国有建设用地的续期问题,各界对集体经营性建设用地入市流转后到期时的续期问题缺乏关注和研究。事实上,国有与集体土地所有权的差异性导致集体土地所有权对竖立其上的用益物权的特殊要求,使得集体经营性建设用地使用权的续期问题更具特殊性与复杂性。另外,非住宅建设用地续期的研究中仍存在诸多容易被忽视的议题,如住改商和住宅商业一体的土地使用权续期、划拨土地使用权以及租赁土地使用权的续期问题等,其相关研究有待进一步补充。

　　(2)在研究思路上,部分研究只是孤立地探讨土地续期制度,片段式地讨论与比较建设用地使用权续期中的某个节点,而没有把建设用地使用权续期制度放在整个土地产权制度发展演变的整体结构中来看,容易陷入就续期而论续期的误区。续期问题是建设用地使用权制度运行机制中的一项环节,不同的续期方案,不仅仅是续期方式的选择,其本质是不同土地使用权制度模式的选择,关系到我国土地使用权制度改革的方向,涉及土地使用权的存续期间、性质、价格、设立方式、消灭以及权利人之间关系,涵盖了土地使用权制度的方方面面。因此,对建设用地使用权续期的研究应当具有整体性、发展性的视野,将其放入整个土地产权制度改革的大框架中进行联动分析。

　　综上,建设用地使用权续期问题是一个关系到我国现行国有建设用地使用权出让制度何去何从的重大改革问题,本书将建设用地使用权续期问题视为对现行国有土地出让制度的一项重大制度变革,以新的视野和理念全面分析建设用地使用权续期对我国土地使用权设立方式,乃至人民与国家土地的权利义务关系产生的重大影响,从而避免在续期问题上出现盲人摸象式的误区。在研究范围上,本书不仅讨论住宅与非住宅国有建设用地使用权的续期问题,还探析集体建设用地使用权的续期问题,在续期类型化研究的基础上抽象出其共有的特征与规律,以弥补已有研究中不同类型建设用地使用权续期研究的空白。

　　目前国际上鲜有单独研究土地产权续期的文章,国外土地产权的续期规则通常散见于土地产权制度的讨论中,更多的是国内学者对于国际经验的比较研究。已有研究通过对大陆法系地上权及英美法系土地保有权的深入研究与归纳,对我国的土地使用权制度进行了反思。总体来说,不论是国际学者还是国内学者的研究都为我国建设用地使用权续期研究提供了良好的基础,前者可以使我们对不同法律特征下的土地产权制度有一个更加整体性与坐标性的了解,后者则为我们在中国语境下探讨土地使用权的续期规则提供了一个良好的平台,现有研究需要强化的是两者之间的融会贯通。域外土地产权续期制度经验在土地使用权流转、地租、地上建筑物处理等一般性、普遍性的问题上有着更多的历史积累,但不一定能够适用于中国土地公有制的制度基础,而国内研究往往只停留在国际经验的归纳与总结的阶段,鲜有研究能够结合国外法律与政治制度的特征,抽象出更为一般的规律,难以将土地续期制度有机地纳入土地使用权体系,这也导致有关土地使用权续期的研究陷入众说纷纭的境地。因此,对续期制度的研究一方面要充分结合我国土地公有制这一制度背景,另一方面要将建设用地使用权的续期制度放到一个更大的时空视野中,比较域外土地产权制度演变及发展路径,探索不同类型土地权利续期的客观规律,以此对我国建设用地使用权及其续期制度的未来走向进行一个客观的解读与判断。

　　(3)在研究方法上,现有续期制度研究中定量分析研究相对较少,一些研究基于个人经验或是价值观进行判断或论述,这种情感式的判断往往容易走入误区,使得研究结果缺少理论与方法的支撑从而成为宣传口号式的观点。尤其是在信息量巨大的今天,建设用地使用权续期问题具有极强的社会效应,类似口号式的论断很容易引起媒体和舆论的关注,但可能会使研究结果成为宣传口号式的观点,缺乏定量研究的实证依据和民意基础。当今,公民在国有土地之上的财产权意识和诉求不断强化,我国建设用地使用权续期制度必将回应民意在土地之上的财产权的诉求,因此,克服价值观因素以及社会舆论带来的影响,挖掘出隐藏的真实民意,是一项至关重要但在目前的研究中常常被忽略的工作。

　　经过40余年的改革和探索,我国沿着"两权分离"的逻辑路线,找到了一条公有制框架下赋权于民的道路,在坚持国家或集体持有土地所有权所承担的稳定性、保障性作用的同时,在"两权分离"的框架下,借由用益物权制度,在公有土地之上为公民设立土地用益物权制度,为公民提供了公有土地的利用和处分机制。土地制度如何解决好公民之间、公民与政府之间以及政府之间围绕土地资源配置和再配置的利益分配和公平(周其仁,2013,pp.163-166),如何协调社会各阶层之间土地资源分配、市场化不断发展推进的历史力量以及社会追求平等之间的冲突,如何平衡坚持土地公有制与形成全社会对公民土地房屋财产长久受保护的良好稳定预期之间的关系,不仅仅是建设用地使用权续期制度所需要考虑的,也是我国土地制度改革必然面临的重要问题,更加关系到我国土地财产权制度改革的大方向,也是本研究需要时刻谨记的前提与追求。

第 3 章

分析维度和理论逻辑

改革开放至今已 40 年有余,在土地领域,借改革开放之风而开展的我国土地公有产权制度改革经过多年不断探索形成了现有的社会主义特色的土地公有地权体系结构。这套公有地权体系不仅受到 20 世纪 50 年代至 70 年代社会制度的影响,更受到 20 世纪 80 年代以来我国经济体制改革和社会进步的深刻影响,可以说是历史发展和传统积淀的产物,有着深刻历史和文化背景。经过 40 余年的改革,我国公有地权体系发展出四项基本制度结构,即"城乡土地所有权二元分立"、"土地所有权公私二重性"、"土地所有与使用两权分离"以及"土地使用权物债二分",这四项基本结构发展与演变的过程所形成的改革逻辑和理论经验是这 40 余年改革的最大成果,不管是过去、现在还是未来,都能够对我国公有地权体系下各项土地产权制度的改革与建设起到根本性和全局性的指导作用。

而就我国建设用地使用权的续期问题来说,它不是独立于已经形成的公有地权体系而存在的,而是整个公有地权体系中与生俱有的、不可缺少的一项安排。甚至可以说,建设用地使用权的续期问题之于我国公有地权体系,是牵一发而动全身的存在。一方面,我国公有地权体系决定、塑造了建设用地使用权续期制度的方向、内核与逻辑;另一方面,续期制度的发展与改革也势必会引起公有地权体系结构内各层次间的连锁反应。

3.1 续期问题的分析维度

在续期制度的已有研究中,部分研究脱离了我国公有地权体系而孤立地探讨续期问题,片段式地讨论与比较建设用地使用权续期中的某个节点,从而陷入就续期而论续期的误区。但事实上,我国建设用地使用权续期制度不是"飞来峰"，更不是独立存在的，而是嵌入我国公有地权制度体系中的一个重要构成部件。换言之，我国公有地权体系的大厦已经建成，不能推倒重来，只能添砖加瓦，建设用地使用权续期制度的探索，要求我们既要避免"只见树木不见森林"，也要避免"只见森林不见树木"。故而，我国建设用地使用权续期制度的研究与探索必须放入我国公有地权体系的大框架之内，以我国已经初步建立起的公有地权体系的基本结构和理论构造为法权基础和逻辑起点。本书的全部逻辑展开，即以这个判断作为基本出发点。

基于这一认识，本书构建了一个嵌入中国特色公有地权体系结构的建设用地使用权续期制度分析框架(图3.1)。在这一分析框架下，中国公有地权体系与其续期制度之间存在着一个因果反馈关系结构：

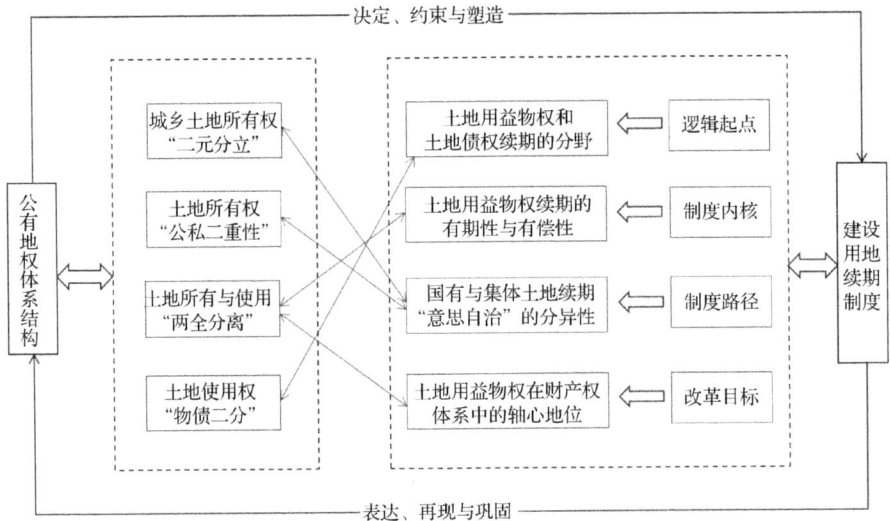

图3.1　嵌入公有地权体系的续期因果反馈图

首先，两者之间的"因果环"表现为我国公有地权体系结构的内在规定性对其建设用地使用权续期制度的发展和形成起着决定、约束和塑造的作用，建设用地使用权续期制度是公有地权体系的理论逻辑开展的结果。一者，我国公有地权体系决定了续期制度的逻辑起点与目标，在我国财产权物债二分结构下，我国建设用地使用权续期制度以土地用益物权的续期为出发点，以强化土地用益物权在财产权体系中的轴心地位、顺应民意对财产权的期待为价值目标；二者，公有地权体系对续期制度提出了明确的制度约束，要求续期制度不能偏离公有制的基本路线；三者，公有地权体系塑造形成了我国建设用地使用权续期的两条制度路径,即针对国有与集体土地使用权续期制度,分别设立不同程度的"意思自治"机制。

其次,"反馈环"表现为建设用地使用权续期制度必然是对中国公有地权体系的表达,公有地权体系的内核也将通过续期制度得到再现和巩固,同时续期制度的改革与发展又势必推动着中国公有地权体系结构的创新发展。

我国公有地权体系与建设用地使用权续期制度之间的"因果环"与"反馈环"共同构成了我国建设用地使用权续期制度的分析维度。基于这一维度,本书将首先对中国公有地权体系在 40 余年改革过程中所形成的独特理论构造展开分析与总结,由此来形成我国建设用地使用权续期制度研究的理论基础,并进一步探索构建我国建设用地使用权续期制度研究的总体逻辑。

3.2　中国特色公有地权体系的逻辑结构

经过 40 余年的改革和探索,中国公有地权体系形成了独特的理论构造,探索建立了"城乡土地所有权二元分立""土地所有与使用两权分离""土地使用权物债二分""公有土地所有权公私二重性"这四项基本制度。但是,我国公有地权体系所形成的理论并不是发端于先验的理论体系,也绝非是对传统大陆法系下的土地产权结构与理论的完全继受。我国土地改革的发生和发展是问题导向的,是根据时代发展的现实需求,是"摸着石头过河"不断地在实践中一步步改革探索而来的。改革的每一阶段都有着其特定的现实问题和目标,以此为导向形成相应的改革逻辑和思想认知。因此,我们难以直接采用私有产权制度下既有的先验理论对我国公有地权体系进行充分、完整的解释与总结,而是应当贯彻历史与逻辑相统一的方法,从我国改革过程中已经形成的客观事实中抽象出土地改革演变的逻辑脉络和理论经验,以得出既符合历史事实又具有逻辑自洽性的判断和结论。

建设用地使用权续期制度是公有地权体系的理论逻辑展开的结果,基于此,本节从本然的角度,对我国公有地权体系下这四项制度结构的基本内容进行理论概括与提炼,以为我国建设用地使用权续期制度的研究提供必要的理论基础。

3.2.1　城乡土地所有权二元分立

所有权是一种确定财产之归属关系的制度,是指所有权人在法律限制的范围内,对于其所有之物进行全面支配的权利(梁慧星、陈华彬,2007,P. 115),这种支配性权利具有永久性期限,不罹于时效而消灭,也不存在所谓的存续期限,以永久存续为其本质。对于一个国家来说,所有权制度最重要的作用在于,对社会财产的归属关系加以调整,借以实现定纷止争。在不同的国家和地区,依所有权主体形式的不同,所有权存在着多种类型,如个人所有权、共同所有权、法人所有权等(梁慧星,1983)。在我国,针对土地财产归属关系,我国在新中国成立后逐步发展建立起一套以城乡二元分立为基本结构的土地所有权制度。

我国土地公有制在法律上表现为国家土地所有权与集体土地所有权两种形式,这两种所有权形式呈现出并存与对立的关系特征。我国城乡分立的土地所有权制度发轫于 20 世纪 50 年代农村开展的合作化运动。1955 年中央颁布《关于农业合作化问题决议》对建立合作社提出了初步建议。1956 年第一届人民代表大会第三次会议通过了《高级农业生产合作社示范章程》,形成合作社组织的基本规范。入社农民必须把私有的土地和耕畜、大型农具等主要生产资料转为合作社集体所有。这样,合作社的建立标志着土地私有向集体所有的转变,土地等重要生产资料归合作社(集体)所有的体制初步形成。1958 年"大跃进"运动和人民公社化运动之后,农民合作社逐渐合并为规模更大的人民公社,1958 年《关于人民公社若干问题的决议》规定:"人民公社是社会主义政权组织的基层单位"。人民公社的管理机构分为三级:公社管理委员会、生产大队和生产队。1959 年 2 月,中共中央在郑州举行了政治局扩大会议,提出了"在人民公社实行生产队的基本所有制"的构想。1962 年《农村人民公社工作条例修正草案》正式宣布:"人民公社社员的土地,都归生产队所有。生产队所有的土地,包括社员的自留地、自留山、宅基地等,一律不准出租和买卖。"由此,我国农村正式形成了"三级所有,队为基础"的集体土地所有制(高富平,2001,p.72;吴次芳、靳相木,2009,p.8),这一体制一直稳定运行到 1978 年。

相比较于农村,城市土地国有化的道路相对简单,在新中国成立之后,城市土地直接宣布为国家所有。1950 年政务院制定的《城市郊区土地改革条例》规定:"城市郊区所有没收和征收得来的农业土地,一律归国家所有,由市人民政府管理",由此确立了新中国成立后的城市土地国家所有权。1982 年《中华人民共和国宪法》正式宣布城市土地属于国家所有,农村土地属于集体所有,从而正式确立了中国城市土地的国家所有权和农村土地的集体所有权并存的土地公有制度。

国有土地所有权主体为国家,集体土地所有权主体为农村集体。无论是国家土地所有权,还是集体土地所有权,两者在本质上都属于公有形态的所有权,这是我国公有制下的土地所有权与私有产权制度下的个人所有权的最根本之区别。国家与集体所有权的公有形态,源于这两种所有权主体所具有的公共性。国家土地所有权与集体土地所有权的主体都代表着一个群体,而非个体,国家和集体代表内部全体成员行使所有权,享有对其土地占有、使用、收益和处分的权利;国家和集体土地所有权的享有和行使,都是以内部全体成员的公共意志为基础,以实现内部成员的共同利益为目标。在土地所有权制度的设计中,国家土地所有权与集体土地所有权被赋予了一种公益属性,两者的主要社会功能是界定土地利用活动的公共领域,并确立实现全体人民或特定社区群众公共利益的内外部机制(吴次芳、靳相木,2009,p.29)。

我国土地所有权制度的城乡二元分立是我国公有地权制度最基础的制度结构,分别对我国土地制度产生着深刻的、决定性的影响。我国土地所有权的这种城乡分立结构是在特定的历史条件下形成的,为推动当时社会经济的发展起到了巨大的制度优势,这一格局从形成到稳定至今已经有半个多世纪,是一段任何人都无法改变的历史。在未来可预期的时间内,我国土地所有权城乡二元分立的格局不仅不会消失,而且会长期存在。我们的宪法秩序、行政机制以及庞大的上层建筑牢固地竖立于土地公有制原则之上。我国土地产权制度建设与改革的每一步发展,都要正视中国未来百年内都要面临城乡土地所有权二元结构长期存在的基本事实,并以此为基本前提与逻辑主线进行制度建设。

近些年,国内要求打破城乡土地所有权二元结构的呼声高涨,认为国有土地所有权和集体土地所有权在法律地位上存在着不平等的关系,故而要求实现国有和集体土地所有权的一元化,尤其是许多学者对集体土地所有权是否还应存在提出质疑。针对于此,我们必须看到,国家与集体土地所有权分别在我国社会经济发展中被赋予了不同的功能定位,两者在新的时代发展中仍具有巨大的制度优势。不论是过去的特定历史阶段,还是目前高度城市化发展阶段,抑或是接下来一段较长时期内,国家和集体所有权的二元分立格局都是我们仍须坚持的社会主义基本制度,都仍将起到界定土地利用活动中的公共领域及维持和保障全社会或特定群众的正义和公共利益的基本作用。

事实上,城乡土地所有权分立格局设立的初衷之一就是在保障城市作为中国现代化的发展极、承担起发展现代化经济功能的同时,给予农民以特别的保护,保护农民基本生存权利和农村社会的稳定。就国有土地所有权而言,国家享有土地所有权,为国家组织大规模经济建设提供了前提,为城镇人民群众提供生活用地,更有效地解决住房用地及其他福利设施用地问题;同时,也为国家以较强的法律手段保护土地资源提供了法律依据。而农村土地集体所有权制度,不仅是我国 40 余年来改革形成的珍贵制度成果,也是我国当前农村土地制度改革的底线。当代中国农村的集体土地所有权虽然具有一定的封闭性与地域性,但其也存在着独特的优越性,它不仅是促进工业化、城市化快速发展的基石,同时也是维护农村社会公正的调节器,是农村的"社会保障"。集体土地所有权制度使得农民可以通过集体成员身份参与集体利益分配,也为无法完全进入城镇保障体系的农民留有重返集体的余地,进而维系了整个农村社会的稳定(靳相木,2002)。我们进行土地制度改革,并非否定集体所有权本身(韩松、廉高颇,2006),而是改革传统的集体所有制之下的土地权能的不平等地位,改变计划经济体制下形成的僵化的集体经济模式。无论改革步伐急缓如何,集体所有权仍须被坚持和强调,并应被视为一切中国农村制度改革的大前提所在(陈小君,2014)。

简言之,40余年的改革不仅没有取消国有土地所有权与集体土地所有权并存且二元对立的格局,反而在新的历史条件下,通过新时代的农村土地产权制度使我国土地所有权制度以新的方式得到发展和新生。经过半个多世纪的实践,今天土地公有制已经发展成为中国特色社会主义法治国家的一个基础性政治原则,国有和集体土地所有权二元分立的逻辑与理念已然深入到中国政治、经济、文化和社会生活的方方面面,若抽掉国有和集体土地所有权中的任何一个,攸关国家结构以及政治、经济、社会发展方式等的基本制度安排都将随之改变。

3.2.2　公有土地所有权"公私二重性"

公权与私权的划分是大陆法系国家通常的法律分类方法(黄美军,2016),虽然大多国家都没有明文立法规定"公权"或"私权"概念,但是现代法之公权私权区分仍属必要,是法律上的共识(张永志,1997)。一般来说,私权是平等主体之间享有的权利,遵循自愿、公平、诚信的原则;公权则是国家享有的专门权力,通常由公法予以规范,具有强制性。土地之上,既可成立私权,也存有公权,二者相辅相成。但是,对于如何判断一项权利是公权还是私权,并不存在天然的、先验的划分,公私权的划分需要植根于现实社会的基本社会关系,同样的一种权利应用于不同的社会关系与社会领域、由不同的法律规范调整,就成为不同属性的权利。

基于这个经验与认知,中国土地改革40年的历史过程,就是一个土地私权和土地公权分化、交织和成长的过程。新中国成立初,我们以土地公有制逐步取代土地私有制,从本质上来说就是将土地所有权从私人领域转移到了公共领域。土地公有制建立以后,国家土地所有权与集体土地所有权几乎完全置于了公共领域中,国家通过行政命令和计划机制强力主导土地资源配置。改革开放之后,国有与集体土地所有权下的土地利用关系又部分地回归到了私人领域,这要求我们必须要引入《物权法》,通过自物权制度对国有和集体土地所有权进行调整和规范,实质上就是通过《物权法》赋予国家和集体特殊的民事主体地位,并赋予国有与集体土地所有权以特殊的私权属性,使得国家和集体土地所有权可以同个人土地所有权一样以民事权利的形式出现在市场上,并通过遵守民法规定的市场交易法则来实现自己的权益(吴次芳、靳相木,2009,p. 28)。但另一方面,我国改革开放之后,土地利用关系并没有全部回归到私人领域,仍然有一部分被置于公共领域,受到公共权力的支配,如土地规划、土地税收、土地征收用、土地用途管制等。因此,在我国的土地法制建设中,我们在通过《物权法》调整国有和集体土地所有权的同时,还借由《土地管理法》《村民委员会组织法》《城市房地产管理法》《城乡规划法》等公法来进一步规范国家和集体土地,这又使得国家和集体土地所有权具有了公权属性,由此形成了国有与集体土地所有权的"公私二重性"特征。

梳理农村土地制度改革的历史过程,可以鲜明地观察到我国土地所有权的"公私二重性"发端、发展与形成的阶段性演进。新中国成立之后,农村经历了土改、互助组、合作社改革,形成了"政社合一"的人民公社体制,即国家的行政权力与土地集体所有权合二为一,此时的集体土地所有权为公权属性。改革开放伊始,在不改变人民公社体制的条件下,引入包产到户和包干到户,这就标志着国家的行政权力从土地集体所有权中有所"抽身",集体土地所有权部分地向农民手中回归(吴次芳、靳相木,2009,p. 24)。到1984年人民公社体制全面废止,代表着集体土地所有权下的土地利用关系大部分回归到了私人领域。《中共中央关于一九八四年农村工作的通知》中明确提出,土地承包期一般应在15年以上,而且在承包期内可以将承包地转包给他人。这样,在集体土地所有权下出现了作为具有排他性的、私人性质的土地利用关系。为回应此,2007年《物权法》将集体土地所有权定性为自物权。基于这样的历史事实及其演变过程,可以看出贯穿当代中国农村土地制度改革始终的"红线"就是集体土地所有权"公私属性"的二元化,即国家公权力部分地从集体土地利用关系中"抽离",集体土地所有权的民事权利属性逐步形成,但同时在集体成员关系调整、土地用途管制和耕地保护等公共领域仍然具有公权属性,维持着公法的管制。由此,形成了我国集体土地所有权关系的现状,即,一方面,集体制度作为由保留下来的国家行政公权力与村民意思自治相结合而维持的制度,保持集体的公有制特征;另一方面,集体土地所有权关系下产生了大量私人土地利用活动,使得集体土地所有权又具备了私人民事关系的特征。故而可以说,我国的集体所有权兼顾公权属性和私权属性,应受公法和私法的共同调整。

就国有土地所有权而言,国有土地所有权得以成为《物权法》上的所有权,同集体土地一样,也经历了从公共领域部分地回归私人领域的过程,即行政公权力与国家土地所有权实现了部分的分离,但又维持着部分的交融。在当前土地利用活动实务中,国有土地所有权的"公私二重性"特征充分地体现在国有建设用地使用权的出让关系中。就现行《国有建设用地使用权出让合同》(以下简称《出让合同》)来说,其性质之所以历来备受争议,根源正在于国有建设用地使用权的出让关系并非单纯地受公法或私法的调整,这从《出让合同》的性质之争议就可见一斑。以孙宪忠(1993,pp. 81-82)、屈茂辉(2005,p. 305)、王林清(2018)等为代表的民法学者认为,我国建设用地使用权出让合同属于典型的民事合同,依据的是《暂行条例》第 11 条规定:"土地使用权出让合同应当按照平等、自愿、有偿的原则,由市、县人民政府土地管理部门与土地使用者签订。"平等、自愿、有偿一直都是民事活动的基本原则,《出让合同》中约定的权利与义务是平等民事主体之间的权利义务关系。与此观点相对立的是"行政合同"说,持此观点的行政法学者主要从合同主体的公共性、目的的公务性、违约责任的行政性以及双方关系的不平等性几个方面予以考量(南路明、肖志岳,1991,p. 33;余凌云,2006,p. 33)。事实上,法学界各派学者所持观点其实都不无道理,《出让合同》性质的争论,正是因为《出让合同》中同时存在私法性质的条约和公法性质的行政条款,这导致我们无法对《出让合同》的性质进行纯化,不能简单地将《出让合同》认定为民事或行政的单一合同性质。如合同中有关土地开发的用途、容积率以及未按约定进行开发所需缴纳的违约金、无偿收回土地使用权等行政处罚的约定均属于这行政性质条款,这些限制性规范体现了公权力对出让行为的干涉与管制。又如《出让合同》中有关罚款的规定,这种罚款并不属于合同关系中的"违约金"的性质,而是一种对违背公共规范行为的惩罚,是国家站在主权者的角度行使公权力对违规行为的制裁,有关"收回土地使用权"的处罚措施也同样如此,带有鲜明的公法特征。而《出让合同》中有关土地出让金的缴付、双方主要权利义务的划分、违约责任和仲裁方式的条款则都具有明显的民事性质,是双方处在对等的关系中进行的约定,属于私法调整的范畴。

我国土地公有制下的这种土地所有权的"公私二重性"特征是我国土地制度建设中最基本、最主线的特征和原则之一,这要求我国土地法制建设,应当要充分地认识并坚持国有与集体土地所有权的这种"公私二重性",将一切土地利用关系都置于公法和私法相互交融地调整规范之中,尤其是要充分地意识到土地利用中的公法规范之时代必要性,仅依靠物权法是无法完全解决我国的建设用地使用权的利用、流转以及续期问题的,还必须打开公法的领域,不能让土地所有权完全地退出社会公共领域。同时,不同类型的土地利用制度规则也需要根据当前时代发展之现实需求而对公私法的关系和支配地位进行不同地把握、界定和调整。

3.2.3　公有土地所有与使用"两权分离"

土地公有制下国有与集体土地所有权解决了我国土地财产的归属问题,但是土地公有制无法解决个人对公有土地的支配和处分的问题。尤其是在我国社会主义市场经济新时期,国家必须正视的一个重大现实问题是,如何寻找一种能够使整个社会的土地资源得以流转的制度工具。而在土地公有制基础上的土地所有权与使用权"两权分离",就是我国在 40 余年改革过程中所找到的恰当解决方案,即在保留国家所有和集体所有的基础上,将土地的使用权从所有权中分离出来,借由土地使用权将土地分散到具体的民事主体手中,并通过创设可流转的土地使用权制度,实现土地资源的社会化和市场化配置,由此建立起个人对公有土地的利用机制。可以说,土地所有权与使用权的"两权分离"是市场经济下我国土地公有制的实现机制。

基于这个思路,1978 年以来我国农村与城市土地制度改革形成了两条"两权分离"的路径。

一是在集体土地之上,家庭承包责任制改革将集体所有的土地包产到户,使得农户拥有了土地的使用权。在这种制度安排下,农地的集体土地所有权与农户承包经营权开始发生分离[①],形成了两权分离的结构。2003 年 3 月,《中华人民共和国农村土地承包法》对土地承包经营权的转让、转包、出租、入股等作了规范,完善了农地流转市场。《中共中央关于一九八四年农村工作的通知》中明确提出,土地承包期一般应在 15 年以上,而且在承包期内可以将承包地转包给他人。这样,土地承包经营权作为一项具有私人性质的地权已经具备了雏形(靳相木,2002)。1993 年底,中共中央、国务院决定在原定的耕地承包期到期之后,承包期再延长 30 年不变,同时提倡"增人不增地,减人不减地",允许在坚持土地集体所有和不改变土地用途的情况下,经发包方同意,土地使用权可以依法转让。由此,在公有土地之上,集体土地承包经营权成长为一项可有偿、有期限流转的土地使用权。类似的,宅基地上也形成了宅基地集体所有权和农户使用权的"两

---

①　农户承包经营权是土地使用权的一种,在其他文献中也称"土地承包权""承包地使用权",《中华人民共和国农村土地承包法》颁布施行后稳定地使用"土地承包经营权"。

权分离"构造,我国现行《物权法》《土地管理法》等法律法规均明确规定宅基地属
于农民集体所有,农户享有宅基地使用权。这种不改变土地集体所有制的性质,
只改变土地经营制度的改革方式只经过短短几年就促成了集体土地产权结构的
重大变化,形成了集体土地"所有权归集体,土地承包经营权/宅基地使用权归农
户"的两权分离结构。

当前,我国又开始探索将从集体土地所有权中分离出来的土地使用权再一
次进行拆分,即土地承包权与经营权的分置,建立所有权、承包权与经营权"三权
分置"的农地权利体系(许中缘、夏沁,2017)。农地的"三权分置"并没有脱离土
地"两权分离"的逻辑路线,仍然是在我国土地"两权分离"结构下的进一步细化。
同样的,在宅基地领域,中央借鉴农村承包地"三权分置"经验,提出来探索宅基
地所有权、资格权、使用权"三权分置"。不论是集体土地承包地还是宅基地之上
的"三权分置"都没有脱离我国土地所有与使用"两权分离"的总体构架,从"两权
分离"到"三权分置"的演变其实是对从所有权中分离出的使用权的进一步分化
与延长(靳相木、王海燕,2019)。

二是在国有土地之上设立一种土地利用机制,在不改变国家所有权的条件
下实现对国有土地使用权的交易和流转。1988年修订的《中华人民共和国土地
管理法》提出国有土地和集体土地的使用权可以依法转让,并规定国家依法实行
国有土地有偿使用制度。1990年《暂行条例》规定:"国家按照所有权与使用权
分离的原则,实行城镇国有土地使用权出让和转让制度",正式创立了"国有土地
使用权"交易和流转的规则。依以上规定不难发现,国有土地的"两权分离"是借
由国有土地有偿出让制度而得以实现的,即国家作为国有土地的所有者,将一定
期限内的建设用地使用权通过招标、拍卖、协议等方式有偿出让给具体参与经济
活动的建设用地使用权人,并且允许建设用地使用权进一步流转。

纵览我国城乡土地"两权分离"结构,在不改变国家和集体土地所有权的条
件下实现对公有土地的使用权的交易和流转,国家和集体土地所有权人仍然保
持对土地的控制、处理、转让、收益征缴与分配等方面的权利,土地使用权人则拥
有了对土地的占有、使用、收益和部分的处分权能。这种权能分离的目的就在于
既承认非所有人利用所有人所拥有的财产的事实,也解决了我国公有土地的利
用、流通和激励的难题。基于我国的土地"两权分离"结构,我国土地使用权具有
以下特征。

(1)土地使用权是建立在土地所有权基础上的民事权利。城乡土地使用权
的行使受到国家和集体的限制,土地使用权人必须按照国家和集体所要求的用
途和方式使用土地,因此,土地使用权是从土地所有权中派生出来的一种民事权

利,但土地使用权在派生后,即土地承包经营权、宅基地使用权以及国有建设用地使用权设立之后,便成为一项独立的、排他的、私人的民事权利,而不是附属于土地所有权(孙宪忠,1993,p. 49)。

(2)有期限性。国有及集体建设用地使用权出让时便设立了其存续期限,其期间届满后,除非实现了续期,否则该建设用地使用权便由国家或集体收回。虽然划拨土地使用权以及宅基地使用权不具有固定期限,但因其具有保障性质和公共利益目的而不具有流通性,属于特殊类型权利,不能代表我国土地使用权的一般性特征。

(3)有偿性。在我国,公民和法人取得并享有国家或集体的土地财产,必须支付财产上的对价,即土地出让金。改革开放 40 余年以来,土地出让金不仅是为政府提供稳定的收入,还极大地助力了我国的快速城市化与工业化,也增强了国家的宏观调控能力,对我国社会经济发展来说有着极为重要的意义。

(4)设立方式的多样性。在我国,土地使用权一般通过出让、划拨、租赁等方式设立,不同形式的土地使用权拥有不同的法律赋权和法律特征,在我国社会经济发展中的功能与属性也不尽相同,其共同构成了我国“两权分离”结构下的土地使用权体系。

综上所述,“两权分离”的逻辑是我国 40 余年土地制度改革过程中一以贯之的改革路线,优先解决最迫切的土地使用制度问题,搁置所有权本身的改革,减少意识形态方面的阻力,使整个改革在“润物细无声”中不断取得进展,为我国土地制度的进一步改革积累了宝贵的制度成果与经验。

3.2.4　土地使用权“物债二分”

物权和债权是近代以来大陆法系民法上的两个基本概念,被称为大陆法系财产权的二元体系,它们共同组成民法中最基本的财产形式。沿着大陆法系的财产权制度传统,我国公有土地在“两权分离”的基础上逐渐形成了“物债二分”的土地产权结构。

在我国,土地使用权“物债二分”体系并不是一项与生俱来的、一直稳定存在的土地使用权分类体系。一直到 2007 年《物权法》颁布,我国民法领域才形成了清晰的“物债二分”结构。随着市场经济的发展,我国逐步建立起了较为明确的债权制度以及包括所有权、用益物权、担保物权的物权制度。2017 年制定的《民法总则》的第 114 条至第 122 条明确了我国财产权利的物债二分构造。其中,我国民法意义上的物权制度主要是通过 2007 年的《物权法》来构建的。除《物权法》以外,《宪法》《民法总则》《民法通则》《土地管理法》《城市房地产管理法》《土地管理法实施条例》《城镇国有土地使用权出让和转让暂行条例》《农村土地承包法》《矿产资源法》《草原法》《海域使用管理法》《水法》《担保法》等,也均有关于物权的规范。而就债法来说,目前我国尚未制定专门的债法。我国有关债权债务关系的法律规范,主要体现在《民法通则》《民法总则》《合同法》等民事法律中。我国财产权制度的物债二分的逻辑体系在事实上已经逐步形成了。虽然晚近以来,物权和债权的分野曾经出现过相对化的动向或各种"中间现象",但绝不能因此就改变二者区分的基准(铃木禄弥,1976,p.105),唯有维持"物权""债权"二者之楚河界限,才可稳定大陆法系民法的基本构造,才能不至于致使大陆法系民法的大厦陷于崩溃或解构。因此,任何一项土地权利都应纳入我国现行的物债二分的财产权体系中,不能独立于其而存在。

落脚到土地领域,我国债权性质的土地使用权的典型形式是土地租赁权。1999年,原国土资源部印发的《规范国有土地租赁若干意见》(国土资发〔1999〕222号文)曾对国有土地租赁权进行规范,将国有土地之上通过租赁方式设立的土地使用权称为承租土地使用权。我国的承租土地使用权具有以下特征:一是土地租赁权是一种对人权,它通常涉及的是当事人对方的利益(梁慧星、陈华彬,2007,p.27);二是土地租赁权的设立采取任意主义,在法律不禁止的情况下,依契约自由原则,经租赁双方当事人协商一致,可任意创设土地租赁权,且无须以公示为生效要件;三是土地租赁权的期限一般较短,我国《合同法》第214条对最长租赁期限有明确规定:"租赁期限不得超过20年。超过20年的,超过部分无效。"可以发现,土地租赁权具有设定形式灵活、程序简便的特点。故而,土地租赁权作为非公开的土地财产权,适用于满足经济活动主体的个性化、多样化需求。

而我国的土地物权体系则相对复杂。其中,国有和集体土地所有权是建立在自己土地之上的物权,是自物权;而设立在我国公有土地之上的、以使用公有土地、并以取得收益为目的土地使用权则为土地用益物权(也称他物权),是我国公民、法人以生产或生活为目的而取得的权利(孙宪忠,1993,p.62)。为了进一步界定公有土地之上的私人领域,依现行《物权法》,我国又区分了两种机制来探索土地用益物权制度:一是在集体土地上,基于成员权形成了宅基地使用权、土地承包经营权;二是在国有土地之上,探索以土地出让、划拨等方式形成了国有建设用地使用权。由此,在我国公有产权制度下,我们构建起了中国特色的土地用益物权制度,作为公民个人利用公有土地并实现其私人目的和利益的最有效的法律机制。综合来看,相比较于土地租赁权,我国的土地用益物权具有鲜明的物权特征,一是具有排他性和私人性;二是需要由《物权法》予以明示其用益物权性质,即物权法定主义;三是需要进行土地登记才可生效;四是期限相对较长,国有建设用地使用权的存续期限可长达 40 年、50 年或 70 年。相比较于土地租赁权,土地用益物权是一种统一规格的土地财产权,适用于满足社会活动对恒常性、统一性和交易安全性的需求。

需要注意的是,宅基地使用权、土地承包经营权以及国有建设用地使用权的用益物权性质,已由《物权法》所明示。但集体经营性建设用地使用权在现行法上的用益物权性质仍待明确。从"集体经营性建设用地使用权"的上位概念"集体建设用地使用权"来看,根据《物权法》第 135 条①可推定《物权法》中所谓的"建设用地使用权"仅指国有建设用地使用权,并不包括集体建设用地使用权。但 2019 年新修订的《土地管理法》正式确认了集体经营性建设用地使用权能够入市流转,赋予了其处分权能,使其成为一项能够直接流转、有明确期限、有偿使用的具有用益物权特征的建设用地使用权。② 孙宪忠(1999)提出,土地上的物权并非只能由物权法作出规定,除民法性质的物权法对土地物权制度作出规定之外,土地法同样也可以规定土地物权的基本制度。易言之,我国《土地管理法》对土地物权制度作出的规定,同样也满足物权法定原则。故而,集体经营性建设用地使用权被认定为用益物权,在法理上并无不妥。而其他类型的集体建设用地使用权,如乡(镇)村公共设施和公益事业建设用地使用权等,仍是一项权能不明确、期限不固定的土地权利,暂不能确认其用益物权性质。

用益物权是传统大陆法系民法的基本概念,在国际上,用益物权的法律特征与法律逻辑已经具备成熟的体系,为我国的土地用益物权的发展提供了大量的有益经验和理论基础。然而,我国土地用益物权制度又与传统的大陆法系民法中用益物权制度有所不同。在传统大陆法民法中,所有权处于最核心的地位,整个大陆法系民法都围绕着财产的归属问题。在西方大陆法国家的市场经济体制下,所有权已经保障了个体在其个人财产上的充分自治,而用益物权所要解决的是非所有人对他人之物的利用问题。这是由于传统大陆法的所有权制度已经明确了个人对物的全面支配关系,没有必要再赋予用益物权以处分权能,故而传统民法中的土地用益物权一般不包括处分权。但这种产权安排并不适合我国土地

---

① 《物权法》第 135 条规定:"建设用地使用权人依法对国家所有的土地享有占有、使用和收益的权利。"

② 2019 年修改的《土地管理法》删除了原来土地管理法第 43 条所作的任何单位或个人需要使用土地的必须使用国有土地的规定。增加规定农村集体建设用地在符合规划、依法登记,并经 2/3 以上集体经济组织成员同意的情况下,可以通过出让、出租等方式交由农村集体经济组织以外的单位或个人直接使用,同时使用者在取得农村集体建设用地之后还可以通过转让、互换、抵押的方式进行再次转让。

公有产权制度,在我国的公有产权制度下,土地所有权制度无法实现个体对公有财产的处分,那么只能借由用益物权制度来实现公有财产的支配和处分,那就必须赋予用益物权以处分的权能,强化用益物权,并将其作为我国公有地权体系的核心地位。

需要说明的是,建立和完善土地用益物权制度绝非是对所有权的否定,坚持"两权分离"的前提仍是要坚持土地的国家与集体所有权。土地所有权在公法以及私法上都是有意义的,只是不能够成为土地市场化的工具。

3.3　续期制度的理论逻辑

本书将以上文所论述的公有地权的四项基本结构所形成的理论总结为基础,将当代中国建设用地使用权续期作为嵌入这一地权结构体系中的一个重要部件,在一个较为宏观的层面上就我国建设用地使用权的续期问题展开分析,探讨我国已经形成的公有地权体系结构对我国建设用地使用权的续期提出了哪些要求与约束,以期更为清晰地勾勒出续期制度建设与改革的逻辑起点、制度内核、制度路径以及改革目标,为本书后续三种类型的建设用地使用权续期制度方案的形成建构一个分析框架。

3.3.1　逻辑起点:土地用益物权和土地债权续期的分野

物权与债权都是财产权,反映不同的财产关系,分别满足不同交易活动的需求。不论是物权性质还是债权性质的土地使用权,都是从所有权中分离出来的使用他人之物的权利,根据大陆法系民法的基本法理,物权与债权性质的土地使用权均应为有期限之权益,故而不论性质为何,只要是对非自有物之利用,都存在着利用期限届满之后如何续期的问题。

针对债权性质的土地使用权,即土地租赁权的续期问题而言,根据大陆法系民法的一般原则,土地租赁关系是一种典型的合同关系,主要接受《合同法》的调整,我国现行《合同法》虽没有专门提及土地租赁合同,但土地租赁权关系适用于《合同法》中有关租赁合同的一般规定。合同关系是一种有明确期限的法律关系,是两个民事主体之间的自由合意行为。根据《合同法》基本原理,合同所约定的期限届满时,合同关系自然消灭,双方的债权债务关系也随之终止,承租人将租赁物归还给出租人,双方依合同约定享有的权利和义务随着租赁期限的届满而终止,是否重新签订合同、如何签订合同等后续安排完全依照合同的约定。基于这种合同关系的特征,债权性质的土地使用权在土地利用关系中最突出的特征就在于其短期性和个性化,而合同约定的续期方式恰能满足土地债权的这种现实需求。可见,债权性质的土地使用权的续期是当事双方之间的私人合意,属单纯的《合同法》范畴内的法律问题,不涉及地权制度改革的问题。

故而,当前我国建设用地使用权续期制度的研究仅以土地用益物权作为续期制度的对象,以我国土地用益物权制度建设作为续期制度的逻辑起点,将续期制度纳入我国整个土地物权制度建设中去。基于用益物权所具备的物权基本特征,即绝对性、优先性与法定性,土地用益物权制度对产权之稳定性、安全性有着更高的要求,这意味着其续期制度要能够保证土地使用者有序、长久、稳定地使用该土地,使之有意愿、有信心在土地之上进行投资与建设。基于此,土地用益物权的续期不能同土地债权一样任之诉诸续期双方的合意,需要一定程度的法定机制以保障物权特征对续期制度的基本要求。因此,我国建设用地使用权的续期制度集中体现为土地用益物权的续期,本书对于债权性质的土地使用权不作展开讨论。

3.3.2　制度内核:土地用益物权续期的有期性与有偿性

不论是针对何种所有制,土地利用制度的改革都必须符合相应所有制的要求。就我国而言,建设用地使用权续期制度的设计不能违背土地公有制的底线。公有制是我国基本的土地制度,其地位是任何土地制度改革都无法撼动的。坚持土地公有制,就意味着要坚持我国国有土地所有权与集体土地所有权,继续发挥两种土地所有权制度所承担的重要功能与意义,保持城乡土地所有权二元分立格局长期不变。落脚到续期制度,我国建设用地使用权续期制度应当是土地公有制内核的巩固、表达和再现,这决定了建设用地使用权续期应当遵循土地使用的有期性与有偿性,这是我国公有地权体系对建设用地使用权的基本约束,是公有地权制度本质的体现。

土地利用的有期限性是我国公有制的内在要求,是公民个人对公有土地利用和处分的核心特征,尤其是在国有土地之上,《中华人民共和国宪法》(以下简称《宪法》)第 10 条规定,城市土地属于国家所有,而要求土地使用人在期限内使用国有土地,是国家凭借其土地所有权对使用权的一种限制,是实现土地所有权的一种措施。《城市房地产管理法》第 3 条规定,国家依法实行国有土地有偿、有限期使用制度。《暂行条例》规定我国住宅用地土地使用权最高年限为 70 年,土地使用人和国家可以在 70 年的最高年限内确定具体的使用年限,签订土地使用权合同。以上法律规定已经明确了在公有土地之上公民不得拥有无期限的土地使用权。我国建设用地使用权期间届满后的续期相当于开启了新的一个期间的土地利用关系,自然需要遵循土地利用的有期性原则,设置建设用地使用权在新的期间内的存续期限。不论是建设用地使用权的首次出让还是续期,有期性原则都同样适用。同样的,在集体土地之上,集体建设用地使用权的流转也存在期限的限制,否则集体将失去对其土地的控制。

续期的有偿性是指续期生效后,在新的期间内土地使用权人对公有土地的使用理应符合土地有偿使用原则,须支付使用费。土地有偿使用原则是经过改革开放以来的实践检验的、符合中国实际的选择。回顾我国土地产权制度改革的历史,国有土地无偿使用的弊病及教训可谓殷鉴不远。新中国成立后,我国城市国有土地在计划经济体制下曾实行无偿使用导致土地资源无法得到最优配置,具体表现在两个方面:一是土地利用结构没有达到优化;二是土地利用效率不高,造成闲置浪费。随着时代的发展,城市土地无偿使用制度逐步退出历史舞台,现行土地使用权有偿出让制度逐渐形成,并成为我国40余年土地制度改革所形成的最重要制度成果之一,因此,我国建设用地使用权的续期制度不可能抛开有偿使用而退回到无偿使用的老路。虽然建设用地使用权到期之时,针对续期这一环节本身,是否应缴纳续期费用还有待商榷,但目前可以明确的是,针对建设用地使用权完成续期后所设立的新的建设用地使用权,土地使用权人仍应当履行缴纳使用土地的对价的法定义务,这符合我国40余年土地制度改革所秉持的惯有逻辑以及国际上各国和地区的经验与规律,且不应因土地用途的不同而有所区别对待。

目前,国内学界支持建设用地使用权续期后无期限无偿使用的学者不在少数,对其而言,只有这样才能够实现"有恒产者有恒心"。然而,必须强调的是,所谓的"恒产"其实并不等同于永久无偿地占有土地,而是指一种稳定的财产权预期(浩然,2018),即通过土地产权制度建设和改革保障建设用地使用人在使用权期限内持续、稳定、无干扰地合理利用土地的权利,从而免除公民对自己的财产权利的担忧,增强公民产权信心和投资意愿,进而在全社会形成对个人土地财产的良好稳定预期,这是我国建设用地使用权续期制度建设的基本价值目标,与土地是否能够无偿、无期限使用没有必然的联系。

建设用地使用权一旦走上了无偿、无期限续期的道路,就意味着公民在公有土地之上几乎无条件地取得了一项事实上的永久土地使用权,也就意味着建设用地使用权的永久化,这不仅是对我国已经形成的公有地权制度的背离,也是对公平正义精神的违背。以国有住宅建设用地为例,如若土地使用人通过续期制度免费、永久占有了土地及房产,与拥有多套房的人相比,对于那些无房或者只有一套房的人群来说,其间的不公正性是不言而喻的。首先,从资源分配的角度来看,城市土地的无偿使用使得土地资源和房产资源迅速集中并且固化在社会少数群体手中,这不仅可能导致土地资源配置的失序(王崇敏,2017),甚至可能导致新时期的"土地兼并"(程雪阳,2016)。其次,这在一定程度上还是对靠祖辈不劳而获、坐享其成的价值观的一种默认甚至助长。总而言之,有偿、有期限的续期是保持公有产权内核稳定的必然要求,是维护和实现土地公有制底线的需要,是我国土地产权制度改革历程中应一贯坚持的逻辑主线。

3.3.3　制度路径:国有与集体土地续期"意思自治"的分异性

回顾计划经济时期,土地上的任何关系都处在国家公权力的公共计划机制之下,土地的利用不存在对意思自治的需求。而经过了 40 余年改革,在当前新时代下,国有与集体土地利用活动的多样化、灵活化与市场化特征,对公有土地利用关系中的私法调整的需求与依赖越来越高,在市场经济快速发展的推动下,市场主体迫切需要通过更高程度的意思自治手段参与土地利用。诚然,续期制度仍是一项未竟的改革,续期制度的内容还会随着时代的需求发生改变,但就当下我国土地利用之现实状况而言,国有和集体土地之上,土地利用实践对强化私法调节力度、创设意思自治空间的需求与期待,是我国土地领域中的已经形成的客观事实。故而,国有与集体建设用地使用权续期制度的建设不仅需要通过强制性、限制性的公法规范对双方当事人的续期行为进行规制,更需要在更大程度上打开私法的领域,以意思自治为基本手段,通过双方合意、签订契约完成续期,开启新一期间的土地利用关系。

就国有与集体建设用地使用权续期的意思自治而言,国有与集体土地的续期在意思自治的程度与空间尺度上,即私法调整的力度上具有分异性。产生分异的根源在于国有与集体土地所有权所具有的公共性存在显著差异。就国家所有权而言,国家土地所有权以国家强制力为基础、以政治程序为运行机制,是一种典型的公共权力(靳相木,2008)。国家作为最大的社区群体,要实现其公共职能,维护内部群体的公共利益,就必须要通过更强力度、更大范围的强制性法律规范来调整内部成员的关系与行为。而集体土地所有权,不论其集体所有权的主体如何界定,集体土地所有权都是一种针对小范围群体的共同意志,以国家意志和集体成员意思自治相结合为运行机制[①]。同时,相比于国家土地所有权来说,集体土地所有权具有封闭性,土地的需求和使用都局限于集体内部,因此往往不涉及全社会范围的公共利益。故而相比于国家所有权的公共性,集体土地所有权的公共性程度相对较低,准确来说,集体土地所有权具有准公共性。国有和集体土地所有权公共性的差异,决定了国有和集体建设用地续期关系中,公法和私法关系存在不同的界定和尺度,其续期的意思自治机制的广度与深度自然也有所不同。

土地所有权的公共性程度越高,即公法规范的力度越强,在这种情况下续期双方的合意性空间越小,续期制度的法定性与强制性越高;而反过来,土地所有权的公共性程度越低则代表着私法调整的力度越强,续期双方的合意空间越大,续期的私法自治程度越高,续期双方可以在更大程度上依据自主意思进行决策。基于这个认知,面对国有土地所有权与集体土地所有权在公共性程度上的差异,我们可以认为,集体建设用地使用权续期制度中私法规范作用的力度更强,续期的意思自治程度相对更高、合意空间更大,而公法规范介入的广度和深度相对更小。

集体与国家建设用地使用权续期制度在意思自治上的分异为我们提供了解决建设用地使用权续期问题的两条基本路径,国有和集体建设用地使用权的续期制度必然是通过两套机制予以实现,同时要在意思自治续期和法定续期之间寻找公私法交融的最佳位置,避免续期制度走向两个极端。国有建设用地使用权的续期制度应强调法定性,作出更多法定规范;而集体建设用地使用权的续期制度则需要为续期双方留出相对更大的意思自治空间,以双方意思自治作为续期的核心手段。并且,在国有和集体建设用地使用权的两套续期制度中,政府所扮演的角色和所处的位置也不应相同。国有建设用地使用权的续期中,政府是直接参与者与决策者,而针对集体建设用地使用权的续期,在不涉及公共利益、法律规范的情况下,政府应不予以干预。

3.3.4 改革目标:用益物权在地权体系中的轴心地位

当前,随着公民个人对土地的利用形式日益丰富,公民个体的财产权意识也在不断增强,对拥有土地财产权的期待也愈加强烈,人们开始将已经取得的土地

---

① 例如,按物权法的一般原理,土地所有者是否设立用益物权、为谁设立用益物权,均应取决于土地所有者的意思,但土地承包经营权作为用益物权,却不是"集体"意思自治的结果,而是国家明文规定"集体"必须为其成员设立土地承包经营权 。

使用权视为自己的财产,土地使用权制度的重心在公民的心目中也已经开始从"使用"向"产权"倾斜(靳相木,欧阳亦梵,2016)。在这个过程中,2007 年的《物权法》是一个标志性的转折点,《物权法》的颁布意味着公民在公有土地之上享有的使用权在民法的高度上得到了肯定、规范和保护,《物权法》的施行也将进一步强化公民在公有土地之上的财产权意识和诉求。从社会转型发展的角度来看,中国的现代社会持续成长,包括土地要素市场化在内的经济市场化程度不断提高,而现代社会和市场化发展都是建立在公民个体的财产权不断强化的基础上。顺应民意对财产权的期待,赋予公民个体对土地的财产权,促进土地要素进一步市场化,是当代中国转型发展须臾不可停顿的一个基本方面。但随之而来的一个基本问题是,公民在公有土地之上应当享有什么样的土地财产权? 对于这个问题,我国土地公有产权制度其实已经给出了答案。

在公有产权制度下,土地所有权不能用于交易,无法解决市场经济体制下个人对公有土地的支配与处分的问题。为了解决这一问题,土地使用权经由"两权分离"机制从所有权中分离出来,成为土地交易的权利载体。在我国土地使用权"物债二分"结构下,政策层面的"两权分离"逐步演化到法律层面的土地用益物权制度的建立,并且在使用和收益权能之外再赋予土地用益物权以处分权能,从而借由土地用益物权建立起个人对公有土地的利用和处分机制。由此,我国城乡土地制度改革的目标最终在法律上清晰地表达出来,即要在完善国家和集体土地所有权的同时,借由土地用益物权制度来界定公有土地利用活动中的私人领域,并由此确立公民个体实现其私人目的和利益的土地利用机制。2017 年《民法总则》对我国现行的财产权体系予以了确认,其第 113 条规定"民事主体的财产权利受法律平等保护",接下来的第 114 条至第 122 条列举了我国物权与债权性质的各类财产权。其中,用益物权已经明确纳入了《民法总则》的财产权体系,成为一项独立的财产权。可以明确地说,当今我国公民在公有土地之上所享有的财产权即表现为土地用益物权。我国当前土地产权制度改革的目标,就是要强化土地用益物权在财产权体系中的轴心地位,让公民拥有具有更高"硬度"和"强度"的土地财产权。

对私有财产权的保护,世界上各个国家和地区皆大同小异,故而,对公有财产的物权法保护才是中国需要探索的特色之路。在传统民法上,用益物权的主要权能是对物的使用和收益,并不包括处分,传统物权理论甚至认为处分权能是所有权的最后一道防线(靳相木,2002)。而在我国公有土地制度改革和建设中,用益物权应当处于轴心的地位,我们必须依靠用益物权制度,在使用、收益权能之外再赋予其处分权能,从而建立并强化中国特色的土地用益物权制度,只有这样才能建立起个体对公有财产进行独立支配的法律机制,打通我国公有财产进入市场的枢纽和主渠道,满足民意对在公有土地上设立个人土地财产权的诉求,这是现阶段我国各项土地产权制度建设的重要使命之一,是建设用地使用权续期制度改革的出发点。

我国土地用益物权作为公民所享有的一项财产权,具有以下的特征。

一者,用益物权作为传统民法上一项的财产权,其核心是"产权"。土地用益物权是一项私人的权利,或者说是一种以使用为内容的所有权,土地使用权的所有人不仅享有占有权、使用权和收益权,而且还享有转让、抵押、出租等合法处分的权利。

二者,用益物权作为财产权具有排他性。财产权是社会认可的对物的控制权,而对财产的控制必须是排他性的,这意味着他人未经允许不得拥有土地用益物权人的土地财产,除非经过土地用益物权人的许可或经过财产权的转让。同时,财产权也是权利人对抗公权力的合法基础,我国《宪法》保护公民的合法财产,正可谓"风可入,雨可入,国王不能入",公权力被限制在公共职能和公共利益的范围之内,不能干扰、侵害公民的土地财产。

三者,用益物权具有独立性。用益物权一旦设立,用益物权即具有对抗他人而独立存在的特性。虽然土地用益物权"派生"于所有权,但并不依附于所有权,也不受所有权人的随意左右,而是由法律直接规定的物权权利(高富平,2001,p.68)。故而,土地用益物权是土地用益物权人所享有的独立的财产。

所以,我国建设用地使用权续期制度改革的价值目标就是要服从、服务于土地用益物权在财产权体系中的轴心地位,通过续期制度的设立来强化、巩固土地用益物权制度,满足公民对财产权的期待与诉求。基于此,建设用地使用权续期制度需要实现以下三个具体目标。

一是要充分保障土地使用者对其所获得的建设用地使用权的支配性,这就要求建设用地使用权的续期制度能够为土地使用者提供合意与选择的空间,以体现土地使用者的个人意志,赋予土地使用者在法律允许范围内自由决定、实现其所预期利益的权益。

二是要充分保障建设用地使用权的长期稳定的存续,这就要求续期制度在保障当事人对续期享有一定的意思自治的基础上,要为续期制度设立一定的法定机制,以消除产权长期存续的不确定性,确保土地使用者一旦拥有了建设用地使用权便不再担心由于外在的威胁而失去该权利,同时不用担心其权利的行使受他人的私人意志所左右,从而使建设用地使用权真正成为人们所拥有的一项财产。

　　三是续期制度建设要回应公民在公有土地之上的财产权意识和诉求，这意味着不能把建设用地使用权续期制度仅仅作为现行土地出让制度的一个部件来看待，而是要跳出现行土地出让制度的法理逻辑，转而站在赋权于民这个更根本、更高层次的角度上，来开展续期制度的研究和创立工作。

第4章 域外经验比较与借鉴

　　土地使用权的续期问题并非我国土地公有制所独有的,其他国家和地区也可能产生类似的问题。一般来说,在土地私有产权制度下,个人土地所有权人可以永久占有、利用土地,不存在土地使用权的到期问题,并且根据罗马法的"地上附着物附属于土地(superficies solo credit)"的原则①,地上建筑物的所有权一般也属于土地所有权人。但事实上,在土地私有制下也会出现土地的归属与利用相分离的情况,同时,土地的归属与利用相分离也会产生地上建筑物的归属问题。虽土地所有权制度不同,但域外处理续期问题的规则和制度仍可为我国建设用地使用权续期制度的建设与改革提供有益的经验参考。

　　国际上,目前最有影响、最有特色、源远流长而至今最有活力的"两大法系"——以德国法为代表的"大陆法系"和以英国法为代表的"英美法系",其土地制度历经百年发展,已经形成了相对成熟完善的管理体系,其良好的社会效果也在世界范围内得到一致认可,其法律制度经验对我国具有重要借鉴意义。因此,本章将对大陆法系和英美法系土地财产权理论和制度中的土地权利及其续期制度进行对比研究,分析其差异、寻找其共性,为我国公有产权制度下的土地使用权的续期问题寻找域外经验参考。但需要注意的是,在同一法系下也可划分出不同的亚类型,英国法和美国法就是英美法系中两个不同的亚类型,为了以更加明确的线索对比两大法系的土地产权制度,针对英美法系,本书主要以英国及我国香港地区为切入点,针对大陆法系则以德国、日本及我国台湾地区作为切入点。

---

　　① 这一原则意为土地所有人也同时拥有附在该土地上的所有建筑物的所有权,以及所有结构性地嵌入该建筑物的部件或物体。这是传统大陆法系的基本原则。

4.1　两大法系下土地产权结构的差异

大陆法系和英美法系在土地归属关系、土地利用关系的界定问题上各具特色,这也造成了两大法系下土地产权在结构、分类和理念方面都存在不同逻辑。要借鉴两大法系下土地财产权的续期经验,首先需要理解两大法系下土地产权制度的差异,并在此基础上寻找其与我国建设用地使用权的异同与融合点。

(1)土地产权结构的差异

大陆法系财产权制度在罗马法中已经形成较为固定的形式,并经德国民法典的发展而臻于完善(马俊驹、梅夏英,1999)。大陆法系国家的物权制度注重财产的所有权归属,建立了以所有权为核心,以他物权为依附的物权体系,该体系是一个纵向的"等级"结构,所有权是他物权产生的基础,他物权来源于所有权。故而,他物权在民法中被认为是临时的、可复归的、从属性的。总体来看,大陆法系土地财产权制度的基本逻辑是:所有权是绝对的、至高无上的权利,他物权是由所有权派生出来的、受限制的、不完全的权利。基于这种权利结构,当他物权期间届满时,权利丧失,所有权人即享有完全权能,这也意味着他物权人获得的权能并不具备独立性,所有权效能高于他物权,且他物权人行使权利也受所有权人的意志制约(Peter,1985;Murphy & Roberts,1998,p.38)。

英美法则与大陆法的基本认知不相符合。以英国的土地权利制度为例,在英国,土地权利制度基本由两个层次构成:第一个层次是所谓的"土地所有权",从某种意义上来说,英王是唯一的土地所有人。但是,英王并不直接实际占有和使用所有的土地,因此,土地借由保有分封制,通过分封的方式被层层分散到实际占有土地并在土地上进行建造的土地保有人手中(Littleton,1970,p.1),这种一级一级的土地分封关系被称为土地保有关系,随着土地不断分封,同一块土地上可以存在多种土地保有制关系,便产生了第二个层次,即直接附着在土地之上的土地权利。在同一块土地上,不同的土地保有制关系产生了多个彼此独立且相互平行的权利和权利主体(高富平、吴一鸣,2007,p.14),这些权利直接附着于土地之上,人们拥有一块土地并不是指拥有这块土地本身,而是拥有这块土地之上的权利束或者是其中的一部分(Alchian,1973)。为使每一个权利均有相对应的客体,英美法创造了一个抽象的"地产权"概念,即"estate"(咸鸿昌,2009,p.128)。地产权取代了实物土地而成为土地财产权的客体,它是各种具体权利的总合,可以理解为是一束权利的集合(Arnold,2002;上海社会科学研究院法学研究所,1981,p. 70;Singer,2000),这些地产权可以在同一时间存在于同一块土地上,且具有相同的法律性质和地位(Mossoff,2003)。在这种权利结构下,不同的地产权人在同一土地上可以同时享有相互独立的、可分割的财产权(Patrick,2010),获得的每一项权利都具有独立性和完整性,各项权利之间没有高低之分(Lawson & Rudden,2002,p. 79)。

(2)土地产权分类上的差异

大陆法系土地财产权最基本的分类是物权和债权的二分,而英美法系则是以合同性权利和财产性权利来进行财产权的分类(黄泷一,2017)。财产性权利(property right)可理解为对世性权利(rightinrem),具有排他性、私有性及独立性,类似于大陆法系中的物权,威廉·布莱克斯通(William Blackstone)将"财产"定义为:"一个人可以对世界中的外在事物进行独占专横支配的领域,并且可以排除世界中的任何个人的权利。"(Blackstone,2001)土地财产性权利最重要的特征在于能够对抗第三人,在权利受到侵害时,权利人能够通过诉讼程序请求实际返还其占有的土地。①

而合同性的土地权利(contractual right)则是一种对人性权利,类似于大陆法系中的债权。英美法系认为合同性土地权利人对土地只有占有(possession)而没有占有权(seisin)(Pollock & Maitland,1968,pp. 30-34),并将其排除在普通法不动产诉讼程序之外。当承租人被驱逐时,承租人不能够起诉请求法院将承租地交还给自己,只能请求损害赔偿,也就是说,他基于合同取得的权利没有对抗第三人的效力。

(3)土地产权理念上的差异

两大法系在土地财产权的理念上也存在着差异,英美法更加注重财产交易价值的发挥,而大陆法更加注重财产归属关系的安全和稳定。原因在于古罗马是农业社会,农牧业是社会的基础,土地成为罗马社会的主要财富(吕米明,1992),这决定了法律必须对土地的占有加以保护,并且强调物权的确定性和绝对性(Watson,1991,pp. 39-146;Birks,1985),同时土地的不可替代性和不能再

---

① 普通法国家的财产法存在着两种诉讼形式,即 real actions 和 personal actions。real actions 称为对物诉讼,其目的在于恢复权利人对物的占有。因为在封建社会中,人们之间的关系通常是由对特定土地的占有方式来决定的,所以如果一个土地占有者被从他的领地上驱逐出去,他重新获得那块土地是很重要的。而对人诉讼(personal actions),胜诉方不是获得物本身,而是从对方获得赔偿。凡是用对物诉讼进行保护的,称为不动产(real property,或者称为实产),不能适用对物诉讼保护而适用对人诉讼保护的,就称为动产(personal property,或称为属人财产)。自有土地保有权(freehold)可以提起对物诉讼,而非自由保有土地权(leasehold)在最初不能提起对物诉讼。承租人被认为对土地本身没有真实权益,而只是基于地出租人的同意持有土地,他对土地的权利只是契约性的。

生性使得对土地处分权的保护成为罗马私法的核心使命（马俊驹、梅夏英，1999）；而英国的普通法源于一个比较发达的商业社会，在这个社会中，交易的便利和安全是主要的问题，故而其更加侧重于土地的使用与流通，更注重财产的利用，并尽可能地赋予每个人处分的权利及交易能力，以实现增值。这种特征反映到财产权制度上，就形成了在同一土地之上的权利束形式的土地权利体系，权利束中的各项土地权利之间是平等的、受到相同的保护，并不存在至高无上的所有权或具有依附性的土地权利关系（王铁雄，2007）。

相比较来看，可以发现，我国的土地产权制度在理念和分类体系上基本继受了大陆法系的这种以所有权为核心，所有权与使用权"两权分离""物债二分"的土地产权体系。我国建设用地使用权属于典型的大陆法系的用益物权，我国建设用地使用权续期制度也理应以借鉴大陆法用益物权的续期制度为主。我国建设用地使用权续期制度的建设，应当顺应大陆法系用益物权的基本法理，不能脱离土地用益物权的基本范式，不能将建设用地使用权塑造成一项权利束，抑或忽略、模糊土地产权在物债性质上的分异，这都可能造成我国土地产权体系上的混乱。

但是，也应该看到，当今中国所处的时代与大陆法系物权制度产生的时代大不相同，当代中国建设用地使用权续期制度虽受到传统大陆法系民法基本框架的约束，但不应照搬大陆法系财产权制度安排。大陆法系物权制度将财产归属和所有权置于财产制度的核心充分体现了大陆法系各国（地区）社会制度的特点和时代特征。大陆法系单纯地以所有权为核心、侧重于财产归属关系的传统物权制度已经不能够满足我国目前市场经济体制，以及日益复杂的土地利用活动对土地要素市场化的要求，而同时英美法系中侧重土地利用的规则特点也可以为我国的建设用地使用权制度提供一定的经验与借鉴。事实上，改革开放之后，我国的法律体系在重新恢复和发展的过程中不仅继承了已有的苏联特色的法律体系，也大量引入了英美法系、国际法的内容，因此，我国目前的法律体系是以大陆法系为主体，兼容英美法系而综合形成的。尤其是我国的土地使用权体系与英美法系的状况相似：在我国土地公有制前提下，国家代表全民控制着所有的土地，但是国家不可能直接利用这些土地，而是通过土地"两权分离"的机制将土地使用权分散到社会主体手中。这一点类似于英美法，正是在保留所有权（英王或联邦政府的所有权）的基础上，将让与的客体拟制为地产权（estate），并使其成为独立存在的财产，从而构建了以地产权（estate）为基础的不动产体系。而从权利角度进行界定,我国的土地使用权在物权法理论上也被视为一种无形物①,这一点上与地产权(estate)相同。同时我国也是借助这种无形物(土地使用权)建立可流转的不动产物权体系的。因此,我国的土地使用权性质、功能与英美法的地产权相一致。这种一致,使我们有理由不仅仅从大陆法系用益物权的角度,同时也从英美法地产权的角度来思考和定位我国的土地使用权。当然,我国土地使用权制度与英美地产权制度也有着明显区别,主要体现在英美不动产法的形成有其特定殖民色彩或者说是出于国王统治的需要,而我国则不存在这一问题。

综上所述,在整个不动产物权体系的构架方面,我国在遵循大陆法系财产权的基本范式与逻辑的基础上,也应当且在一定程度上吸收英美法土地权利续期制度的有益经验。

4.2　英美法系的续期制度

英美法系土地制度历经百年发展,已经形成了一套相对成熟完善的管理体系,其良好的社会效果也已经得到国内学者的一致认可,英美法系独特的制度设计,对中国的土地产权续期制度的建设具有重要借鉴意义。

4.2.1　英国租赁地产权

经过英国 1925 年《财产法》改革,最终英国普通法上只保留了两种地产权形式:即自由继承地产权(estate in fee simple absolute in possession,一般称为自由保有权)及绝对年期租赁地产权(a term of years absolute,也称为定期租赁地产权):

普通法上的"自由继承地产"(Lawson et al,2002,p.77)是一项没有期限的、可任意继承和转让的地产权。"没有期限限制"是指只要地产保有人有任何的继承者,该地产权就可以自动无期限地延续下去(Sandra et al,2018,p.62)。地产保有人可以通过实际占有土地,或是通过收取地租或其他收益来实现其自由继承地产的权益(Sparkes,1999,p.42)。从定义来看,自由继承地产权与大陆法系中的所有权相类似。但是在英国,土地在名义上以宣告的方式归属国王,从法理上来说,当一个人被授予自由保有权时,不能代表这个人就是这块土地的"所有

---

①　罗马法将有形物的所有权之外的任何权利(如他物权、债权、知识产权等)称为"无形财产",表现为特定的权利利益。参考王利明(2001)。

人"(Lawson et al,2002,p.77),只能说其享有了一种"土地自由保有权"。也就是说,只有国王拥有土地实物,其他的所有人拥有的只是一项权利。显然,这种永久期限的"类所有权"的地产权不存在存续期间届满的问题,因而也就无需面对续期的问题。

"绝对年期地产权(国内多翻译为租赁地产权)"是指出租人(lessor 或 landlord)授予承租人(lesser 或 tenant)在一段明确期限内对某块土地及房屋的排他性占有的权利,此时就会产生出租人和承租人之间的租赁关系(Niehuss,1942)。需要说明的是,英国租赁地产权虽然含有"租赁"的表述,但英美法系的租赁地产与大陆法系中的租赁有着根本上的区别,租赁地产权是一项财产权,类似于大陆法系的土地使用权。

当出租人将其地产租赁给他人后,虽然其失去了在这段期限内对该地产的实际占有,但他仍然在该土地上享有一种权益,即在未来某个时刻收回该地产的权益,这就是"回复权益(reversion)"。根据英国不动产法的基本规则,租赁地产在期限届满时,权利自然消灭(Sandra et al,2018,p.62),出租人(或其继承人)则凭借其回复权益收回土地及其地上建筑物。回复权益是一项针对未来的权益,也就是说,在前位地产存续期间内,出租人并不能实际占有土地或获得现实任何收益,只有在前位地产终止后,他才能够占有土地(Fuselier,2019,p.114)。

针对具体的续期规则,一般具有明确期限的租赁地产,其期限到期后便自动终止了(Ian,2015)。但英国法中也存在着到期后能够自动续期的、具有续期权益的特殊租赁地产,这些租赁的续期权益,一是来源于双方的约定,二是来源于法律的规定。基于此,这里针对两类特殊租赁地产——可续期的租赁地产与受到法律特殊管制的租赁地产进行介绍。

(1)可续期租赁地产

包含有续期权益的定期租赁被称为"可续期租赁(periodical tenancy)"。可续期租赁地产通过载明该租赁为续期性质的协议而创设,易言之,租赁双方需要在契约中明确约定承租人在契约到期后有权续期。在这种情况下,当租赁地产期限届满时,租约便自动展开新的期间,并且可以不间断地续期。可续期租赁地产必须通过一方发出通知而终止(Sparkes,2003,p.145)。在普通法上,租期为1年的租赁一般需要提前6个月发送终止通知。这种类型的租赁在租契中最为常见的表达为"从1个月到1个月(from month to month),或"从1年到另1年(from year to year)"等。甚至在没有这样明确表述的情况下,法院也可以作出如此的推定①,如 1906 年王室法庭受理的"Austin v Newham 不动产租赁续期案例"(案例 4.1)。②

案例 4.1：

1904 年 5 月 9 日,原告奥斯汀夫人(Mrs. Austin),即当时的伊丽莎白·科(Elizabeth Coe)与被告达成协议,奥斯汀夫人同意将位于诺维奇斯旺西路 1A号的店铺和住宅租给被告阿尔弗雷德·约翰·纽汉(Alfred John Newham),租期为 12 个月,租期到期后纽汉可以选择是否续期,新租期的地租为每年 30 英镑。被告于同日根据该协议拥有该物业。但在该租赁 12 个月届满前,原告正式通知被告于 1905 年 5 月 9 日返还该不动产。被告拒绝了原告的要求,认为依据租约他有权在租赁期限届满后自动续期,继续使用该土地。1905 年 10 月,原告向法院提出了收回不动产之诉讼。原告的代理律师 R. V. Bankes 认为,原租赁契约没有规定续期的期限,则该条约定是无效的。Bankes 引用了"Fitzmaurice v. Bayley, (1860) 9 H. L. C. 78"案例中 Hill J. 向英国上议院提出的意见:"一份没有明确期限的租赁协议是无法执行的。"而被告的代理律师 W. H. Stevenson 认为,首先,该租约事实上已经充分规定了续期的期限,因为双方在约定续期后的地租为"每年 30 英镑",其中"每年"一词代表了双方商定的最低期限,即 12 个月的租约届满后再延长 1 年。如果"每年"被解释为"少于 1 年"的意思,那么这么表达就没有任何意义。其次,即使该协议没有足够明确的规定被告有权具体履行其续期权益,但由于他已实际占有该不动产并且已支付租金,即他已经根据租约履行了义务,那么他就有权每年被视为拥有了一项年度的租赁(a tenancy from year to year)(Lely et al, 1886, P. 244)。法官援引案例"Bishop of Bath's (1605) Case, 6 Rep. 34b",认为如果用"years"来表达一项租赁的期限,那么"years"至少理解成为"2 年",因为这至少是满足了年限为复数的最短要求。因此,法院判决被告获胜,并授予他以新的租约,于 1905 年 5 月 9 日算起,为期 1 年。

---

① 续期租赁的续期权益可以在一些情况下推定出来,如:(1)如果当事人所签订的租赁协议没有明确的期限,但租金是分期支付,那么可以推定当事人欲达成续期性租赁;(2)在承租人基于无效期限占有租赁地产,现代法基本推定其为续期租赁,其中无效期限中的无效一般是指当事人未满足法律对租赁登记的要求;(3)如果基于有效的定期租赁占有租赁物的承租人,在租赁期限届满后经出租人同意继续占有租赁物,那么其租赁也就变成了续期租赁。如果原租赁期限是 1 年或以上,那么就成为年到年的租赁;如果期限为 1 年以下,那么其期限取决于租金支付的方式。参考:Peter Sparks(1999,p.445)。

② 参考法案:Austin v Newham King's Bench Division, [1906] 2 K. B. 167

除此之外,在英国土地保有制历史上还存在一种特殊的可续期租赁,即仅针对不动产的"永久自动续期租赁(perpetually renewed lease)"①。这种租赁地产有明确的租赁期限,一般通过载明租赁为续期性质的协议而创设。出租人与承租人通过订立契约的方式约定每当期限届满时,出租人会授予新的租赁契约以代替原契约,租赁地产则会以与原契约相同的条件自动延续。在此期间内租金不变。续期租赁不因承租人或出租人死亡而自然终止,在承租人死亡时,地产转移到其继承人或遗产管理人手中。在续期时,出租人可以要求承租人为这项续期"特权"缴纳一笔"许可费(fine)"(Cheshire,1962,p. 330)("fine"是指由承租人承担的一次性缴纳的一笔费用,即"single payment of a lump sum",作为地租之外要缴纳的额外费用②),并且一般通过一次性支付。若要终止这种租赁地产权,承租人可以随时通过发送书面通知终止租赁。③

1922 年《财产法(Law of Property Act 1922)》已经修正了该条法令,禁止再设立这种永久自动续期的租赁地产。针对已经存在的租约,该《财产法》将其转变成了一种固定期限为 2000 年且不可续期的长期租赁。④ 在 2000 年的存续期间内,承租人除了缴纳正常的地租之外,原本因为续期所应缴纳的额外费用也作为一种"额外地租(additional rent)",由承租人分期支付。⑤ 承租人可以发出通知以终止这项租赁,但出租人无法主动要求终止租赁(Peter,2003,p. 534)。这条法令的修改在 1925 年《财产法》中得到了保留并至今有效。可见,在 1925 年法律大变革之后,英国的土地租赁必须设定明确的期限(Williams,2015),现在英国已经几乎不再设定像"终身租赁权"或"永久自动更新租赁权"这样没有明确期限的租赁地产了,一般出租人都会在契约中明确可续期的次数。

(2)特殊用途的租赁地产

英国法对于住宅和商业这两种用途的租赁有着诸多特殊的管制措施,英国不动产租赁立法异常复杂,根据租赁期限的长短以及地租的高低,各种不同的租赁受到的保护和适用的法律不同,所享有的续期权益也不尽相同。英国法上受到特殊管制的租赁地产有三种类型:短期私人住宅租赁、长期住房租赁、商业租赁。

私人短期住宅租赁。英国对租赁地产的管制开始于私人住宅的租赁,1915

① Law of Property Act 1922, s. 190.
② Law of Property Act 1925, s. 205 (1) (xxiii).
③ Law of Property Act 1922, s. 145, 15th Sched, para. 10 (1) (i).
④ Law of Property Act 1922, s. 145.
⑤ Law of Property Act 1922, s. 145, 15th Sched, para. 12.

年《租金法(Rent Act)》针对满足法定条件的住房租赁展开了特殊管制,创设了"法定租赁(statutory tenancy)"制度(Powell,1949)。受到《租金法》管制的住房租赁须具备三个条件:一是必须以居住为目的①;二是住房的租金必须满足法规的限制,如房产的应课差饷租值②不能超出一定的限制,且租金不得低于房产应课差饷租值的 2/3③;三是住房租赁的租期为短租期(即不超过 21 年)(Cheshire,1962,p.365)。

《租金法》不仅为这类住房租赁提供了租金方面的保护,即明确规定了这类住房租金的上限以及出租人终止租赁的条件与程序④,更重要的是为这类租赁承租人的续期权益提供保障。具体体现在,不论租赁双方是否预先约定了承租人的续期权益,这种受管制的住房租赁在期间届满时,承租人享有法律赋予的法定续期保护。

当租约期间届满时,承租人可以继续使用其地产,出租人若想在期间届满之后收回其地产,唯一的途径就是向法院申请恢复对土地和房屋的占有。《租金法》对这个问题的判决一般有两个原则⑤:一是要符合当事人的合理利益和社会公共利益⑥;第二是承租人必须拥有适合的替代性住房。依据此,1977 年《租金法》规定,除非出租人能够证明存在在该法附件 15 所列的 20 种情形⑦,或者能够证明承租人拥有其他合适的住宅,或是拒绝了出租人提供的可替代住宅的情况下,出租人才能终止租赁,恢复对土地和房屋的占有。若在租赁期间届满时,出租人要求以其回复权收回其地产但被法院拒绝的,则承租人有权继续以与原租约相同的条件承租房屋,并且无需缴纳额外续期费用。此时,该租约由一种"合同租赁(contractual tenancy)"转变成了"法定租赁(statutory tenancy)",保

---

① The Increase of Rent and Mortgage Interest (Restrictions) Act,1920,s.12(2).
② 应课差饷租值是假设物业(土地和楼宇)在一个指定估价依据日期空置出租时,按年出租估计可得的年租。
③ The Increase of Rent and Mortgage Interest (Restrictions) Act,1920,s.12(7);Landlord and Tenant Act 1957,Sche.8.
④ 对住房租赁进行管制的包括:《The Increase of Rent and Mortgage Interest (Restrictions) Act,1920》《The Rent and Mortgage Restrictions Act,1923》《The Rent and Mortgage Interest Restrictions Act (Amendment),1933》《The Rent and Mortgage Restrictions Act,1938》《The Rent and Mortgage Interest Restrictions Act,1939》《The Rent Act,1957》几项立法。
⑤ The Rent and Mortgage Interest Restrictions Act (Amendment),1933,s.3.
⑥ 这是一个事实问题,由法官在考虑相关情况后以广泛的常识方式决定。
⑦ 具体如"承租人或与承租人共同居住者有妨碍、滋扰邻居的,或将住房用于不道德或非法目的的"等,具体参考 Rent Act,1977,s.15.

有这种租赁的承租人被称为"法定承租人(statutory tenant)"①。法定租赁和原先的合同租赁不同,这种租赁不是由双方合意产生的,而是由法律规定直接创立,也因此受到更多的法律约束。如一般不得转租或转让,也不能经遗嘱继承租赁权,但是可以由共同居住的配偶或者与继承人共同居住满 6 个月的其他家庭成员继承,而继承人死亡后,由其符合条件的继承人再次继承之后,便成为不可继承的权利。②

长期住房租赁。尽管《租金法》已经将英国大量的私人住宅租赁纳入了其管制范围,但是仍存在一些租期长、租金低的住宅租赁不受《租金法》的保护。这类租赁通常采用建筑租赁(building lease)的形式,出租人与承租人签订租赁契约后承租人有义务在土地之上建造"有价值的建筑物(Cheshire,1962,p. 365)。但在租赁期限届满时,承租人常常无法实现续期,在租赁届满终止后不能继续保持对其在土地之上所建的房屋的占有,这些房产最终会成为出租人的财产。由于这类长期租赁不在《租金法》的特殊保护范围之内,诸多租客对此表示不满。经过多次政治改革之后,这种低租金的长期租约被纳入 1954 年《不动产租赁法(Landlord and Tenant Act)》的管制范围,其给予承租人法定的续期权益或者是可以够买地产的自由保有权。根据 1954 年《不动产租赁法》,受保护的长期租赁是指租赁期限超过 21 年③、租金须低于一定的标准④、并且以住宅为目的的租赁地产⑤。

根据 1954 年《不动产租赁法》的规定,若承租人在租期届满之前主动终止租赁的,则租赁到期后就不再续期。若租赁期间届满时,承租人有意愿继续使用该地产的,则该租赁继续作为一种"合同租赁",按照与之前相同的租金及期限条件自动续期。⑥ 如若出租人要终止租赁、恢复对地产的占有,可以向承租人发放终止租赁的书面通知(a landlord notice to resume possession),承租人在收到通知之后的两个月内予以出租人书面回复,决定是否放弃对当前不动产的占有。如果承租人不愿意在租约终止之日放弃占有地产,出租人可以向法院申请裁决,但

① Rent Act,1977,s. 1 (1).

② Rent Act,1977,Sche. 1.

③ Landlord and Tenant Act,1954,s. 2 (4).

④ 根据最新的规定 The References to Rating (Housing) Regulations 1990,Schedule Amendments,para. 3,凡是 1990 年 4 月 1 日或之前成立的租赁,长期租赁的租金应低于房产应课差饷租值的 2/3;凡是在 1990 年 4 月 1 日之后成立的租赁,在伦敦地区租金金额应低于每年 1000 英镑,其他地区应低于每年 250 英镑。其中,应课差饷租值应按照 1977 年《租金法令》第 5(1)、(3)的标准进行计算。

⑤ Landlord and Tenant Act,1954,s. 1.

⑥ Landlord and Tenant Act,1954,s. 3 (1) (b).

必须提供合理的恢复占有地产的理由。① 若法院拒绝出租人要求收回不动产之
请求,则承租人可以继续保有对租赁地产的占有权,并且该租赁转变成一种"法
定租赁"。到了 1967 年的《租赁改革法(Leasehold Reform Act)》,长期租赁的
续期有了新的规定,如果承租人希望在租赁到期后继续使用该不动产,可以向房
东发出书面通知,除非特殊情况外出租人应当予以同意,在租赁期间届满之日起
再续期 50 年,并与承租人重新签订新的租赁契约,设立新的租赁地产②,但是承
租 人 只 能 够 续 期 一 次③。 如 若 不 选 择 续 期,承 租 人 也 可 以 选 择 购 买
(enfranchisement)所租赁不动产的自由保有权。④ 随后 1985 年以及 1987 年的
《不动产租赁法(Landlord and Tenant Act)》分别就长期租赁中的服务费
(service charges)、物业管理的控制以及承租人的优先购买权(right of first
refusal of purchase)进行了规范。1993 年《租赁保有权改革、住房和城市开发法
(Leasehold Reform,Housing and Urban Development Act,1993)》则进一步赋
予了长期租赁承租人集体购买所租赁的公寓或要求租赁续期 90 年的权
(Sparkes,2001,p.293)。

商业租赁。英国法对商业租赁开展的特殊保护政策是为了在因承租人自身
经营得当而为该商业地产带来声誉和增值的情况下,防止出租人在商业租赁期
间届满时,为谋求不义之财而以增加不合理租金等方式阻碍承租人续租
(Robinson,Jon,1999)。

1927 年《房东和租客法(Landlord and Tenant Act,1927)》第 1 部分在英国
法律史上第一次承认,在商业租赁合同租约结束后,商业租赁的承租人在租赁期
间届满时,有权因租赁到期、经营处所搬迁而导致的其所建立的商誉遭受损失而
获得赔偿,并且如果他能够证明该笔赔偿无法满足其因为租赁到期终止而带来
的商誉方面的损失,那么法院可以授予他在该地的一段期限不超过 14 年的新的
商业租赁契约。但这对于承租人来说也非易事,在实际中承租人很难证明该房
产的价值增值是由其商业经营所带来的。 故而,这种保障承租人续期权益的方
式后来由 1954 年的《房东和租客法(Landlord and Tenant Act,1954)》的方案
所替代。

1954 年的《房东和租客法》直接规定,出租人不得违背商业租赁承租人在租

---

①　Landlord and Tenant Act,1954,ss.7.
②　Leasehold Reform Act 1967,s.14 (1).
③　Leasehold Reform Act 1967,s.16 (1).
④　Leasehold Reform Act 1967,s.8 (1).

赁期限届满时的租赁意愿,即商业租赁的承租人享有法定的续期权益,承租人有意愿续期时,有权直接获得一段新的租契①,以便其可以继续在同一地方经营其业务。但承租人获得续期也是有条件的,承租人在原租契期间届满申请新的租契时,不得更改其经营的场所,即必须在原租赁所在的同一个处所,并且在新的租赁期间不得转租或拆分其经营场所的全部或部分。

当然,出租人可以反对续期,但出租人反对续期的理由需要由法院判决是否具有合理性。业主可以依法根据以下理由要求承租人终止租赁或反对承租人获得新租约。

(a)承租人没有遵守与维修及保养有关的合约条款;

(b)承租人在缴付租金方面存在持续拖欠行为;

(c)承租人存在重大违反其合约义务的情况;

(d)业主在顾及承租人的经营性质、货物存储以及商业基本设施的情况下,以合理的条件向承租人提供适合其需求的替代处所。

基于以上的论述,可以看出英国在不动产领域进行了广泛的立法,尤其是通过特别立法对涉及公共利益的住宅与商业租赁采取了特殊保护的政策。这几类租赁地产的续期制度的核心特征体现为:一是租赁契约在期限届满后不自动失效,而是继续存在下去,承租人在期限届满后还能够继续占有、使用该地产;二是租赁地产续期之后只能通过出租人的要求才能终止,并且法律明确限制了出租人终止租赁的能力;三是出租人要求终止租赁时,合同性的租约可以在一定情况下转变成法定租赁,承租人享有了法定续期权益。

4.2.2　中国香港地区土地租业权

20 世纪 90 年代内地国有土地使用权出让制度建立之初,在很大程度上借鉴了我国香港地区的土地批租制经验。当前,在探索国有建设用地使用权期间届满续期制度时,香港土地批租制的续期经验可以再次为我们提供借鉴。香港地区的土地批租制(也称为土地契约制度)的相关法律规范是在历史发展进程中逐渐确立与完善的,其独特的历史轨迹也赋予了土地租契续期制度以特定的内涵,成为我们了解土地契约续期制度的基本依据。因此,香港地区土地契约续期制度的发展所表现出来的这一浓厚的历史性,注定了从历史角度对其加以解读更具有合理性。

---

① 承租人可在租赁期间届满前向出租人发送通知,就拟定新一期间租赁的租金以及其他条款提出建议。

　　我国香港地区吸收了英国土地保有制改革发展的历史成果,形成了具有鲜明英美法特征的土地批租制度(Chiu & Wong,2012)。香港地区的地产权体系分为自由继承地产权(多翻译成"永业权",freehold)①及绝对年期租赁地产权(多翻译成"租业权"或"土地租契",leasehold)。其中,香港地区范围内仅有一个地块享有永业权,即香港圣公会香港教区主教堂——圣约翰座堂(St John's Cathedral),该地块因为直属英国皇室而获得永久保有权,批租时就已经明确只能作为教堂用途,之后用途不能改变②。除此之外,香港地区其他土地只享有租业权,一般称为官地(crown lease),由港英政府批出土地给各开发商(港人协会,1987,p.199)③,批租的文件称为"政府租契"或"官地租契(官契)"④。

　　(1)可续期租业权

　　香港土地租业权区分为可续期租业权(renewable crown leases)与不可续期租业权(unrenewable crown leases):

　　可续期租业权是指其租契上明确约定了续期权益的租业权,故而租业权在期间届满之后,可依法而自动续期。可续期租业权一般是针对以拍卖方式批出的土地,其存续期间一般为75年,并可再自动续期75年。若承租人在租赁到期后有意愿续租的,应在到期前至少6个月,以书面形式告知土地管理机构。在届满之日,若年度租金已全部付清,且无任何违反原契约规定的行为,政府将会准许原租户在无须付任何罚金或额外费用的情况下,再续租75年,并授予其新的租契。续期后,承租人所有权益仍保留,无需缴付额外费用,但需要重新计算地租。

　　如遇公共用途的需要,政府拥有收回该处所或者其他任何部分的权力。但会按规定提前3个月告知租户,并给予全部土地或建筑物的补偿,该补偿由土地管理机构以公平合理的估价给予。一旦收回,该租业权的后续租期即告无效。⑤

　　租业权在续期后,新期间的地租需要重计算。在早期,续期后的地租是根据续租期间土地的情况,评定公平合理的租金水平;1973年之后统一规定,每年所需缴纳的年租统一为续期当日的应课差饷租值(rateable value)的3%,此租金

　　① 香港地区一般称绝对年期租赁地产权为土地租契,内地多翻译为租业权,本书统一采用租业权的概念。

　　② 参考 Ordinance No.2 of 1847;Ordinance No.3 of 1850; the Church of England Trust Ordinance (Cap. 1014) for the present position.

　　③ 香港地区土地批租的方式一般有四种:拍卖,私人协议、招标以及临时租地。参考:赵秉志(1997,p.111)、港人协会(1987,pp.199-203)、陈弘毅、陈文敏等(2010)。

　　④ 1997年前称为"官契",见《法律适应化修改(官地)条例》(1998年第29号条例)。

　　⑤ 整理自政府租契文件(RBL367、RBL387,购于香港土地注册处)。

是固定的,不会随着应课差饷租值的改变而改变,应课差饷租值每年会进行重估,但不会影响这些物业缴纳的地租。若房产得到重建,则租金会调整至新房产应课差饷租值的 3%。① 不缴纳地租的,政府可以提出诉讼并使用强制执行(包括采取没收)。可续期租业权的续期可参考案例 4.2。

案例 4.2：

RBL 387 地块为政府向第一授权人雷蒙德•亨利伍德曼授出的土地,地址:NO. 24 MIDDLE GAP ROAD,面积约为 16330 平方英尺(1517.11 平方米)。自 1935 年 5 月 27 日起为期 75 年,并有续期条款,每年地税为 188 美元,每年的 6 月 24 日以及 11 月 25 日缴纳。期限内,除年租金之外,免除所有税费、土地利率费、手续费、评估费等费用,并约定到期后授予新的 75 年的租契,并由双方根据续期当日的土地租赁价值协商一个公平合理的地租。2004 年,中国餐具公司(China Cutlery Limited)以 14180 万美元的价格买下此地段,至今仍是此地段的承租人。2010 年 5 月 27 日到期后,自动续期至 2085 年 5 月 26 日,政府授予中国餐具公司新的租契,无需缴纳地价,续期后其他权益保留,每年地税的具体金额为 9.9828 万美元。②

(2)不可续期租业权

不可续期租业权是指,其租契上没有约定续期权益的租业权,一般是以除拍卖之外的其他方式批出的土地契约,期限一般为 75 年。租业权届满时,土地连同其上所有的建筑物须交回政府。但若承租人仍想继续使用土地的,除了政府需收回土地用作公共用途的情况外,承租人可向政府申请续期,其续期申请能否得到批准完全由政府酌情决定。③ 续期时,承租人须另外支付相等于土地市价的一笔费用④(premium)作为续期的条件,承租人可在租约期满前 20 年内任何时间申请延长租期。

不可续期租契期间届满续期后,在新的期间内,地租需要重新计算。目前,

---

① 参考香港特别行政区差饷物业估价署网站的地租简介,http://www. rvd. gov. hk/sc/public_services/govern ment_rent. html〔2019-07-30〕.

② 整理自 RBL386 地块的政府租契文件及土地登记册。

③ 政府每次考虑是否为土地契约续期时,都会考虑多项惯常的因素,包括契约届满时地段是否需要作公共用途,或原有契约人是否出现严重违反地契的情况等。例如,如果有关土地须用于公共用途,或不再用于最初批地时的用途,政府则可拒绝批准续期。

④ Premium 通常翻译成"地价"。根据《地税及地价分摊条例》,地价可以分期付款方式支付。假使以分期付款方式支付,每年须付地价的数目没有规定,但总年期不得超过 21 年。另外,承租人还得支付未付款项的利息。

香港地区的不可续期租业权的地租金额为应课差饷租值的 3%，且会根据应课差饷租值的调整而调整。不缴纳地租的情况下：a.所欠地租不超过地租 5%的，承租人需要缴纳附加费；b.首次欠缴地租的日期起计的 6 个月内一直未交，可增收不超过欠缴地租及根据 a 款增收的任何款额 10%的款项；c.政府可以使用强制执行（包括采取没收）。①

（3）《联合声明》与《基本法》中的续期制度

1984 年的中英《联合声明》附件三"土地契约"对香港地区回归之后的土地批租以及现存租契到期后的续期问题作了一系列明确的规定。② 1990 年由中华人民共和国全国人民代表大会通过了《香港特别行政区基本法》，其中第 120、121、123 条从立法层面对《联合声明》关于土地批租及其续期的内容进行了确认及强调。③ 香港地区回归之后 15 天，特区政府又通过了新的关于土地批租的声明。④ 这一系列法律规定构建了香港区的土地续期制度。

新界之外的地区，除了短期租约和特殊用途的契约外，所有在 1985 年 5 月至 1997 年 6 月 30 日（过渡时期）之间期满的不可续期租业权，均可续期到不超过 2047 年 6 月 30 日。于 1997 年 6 月 30 日之后届满的租业权由政府全权酌情决定为其续期 50 年。可续期租业权按其租契约定的期限续期。承租人无需缴纳额外的续期费用，但从续期之日起，每年缴纳相当于当日该土地应课差饷租值

---

① 参考《地租（评估与征收）条例》15、36 条

② 对于新批租的土地，附件三第 3 条规定："从《联合声明》生效之日起至 1997 年 6 月 30 日止，政府可以批出租期不超过 2047 年 6 月 30 日的新的土地契约。该项土地的承租人须缴纳地价并缴纳名义租金至 1997 年 6 月 30 日，该日以后不补地价，但需每年缴纳相当于当日该土地应课差饷租值 3%的租金，此后，随应课差饷租值的改变而调整租金。"对于已存在的土地租契的续期问题，附件三第 2 条："除了短期租约和特殊用途的契约外，已由政府批出的 1997 年 6 月 30 日以前满期而没有续期权利的土地契约，如承租人愿意，均可续期到不超过 2047 年 6 月 30 日，无需补交额外的续期费用。从续期之日起，每年缴纳相当于当日该土地应课差饷租值 3%的租金，此后，随应课差饷租值的改变而调整租金。"

③ 第 120 条：香港特别行政区成立以前已批出、决定或续期的超越 1997 年 6 月 30 日年期的所有土地契约和与土地契约有关的一切权利，均按香港特别行政区的法律继续予以承认和保护。第 121 条：从 1985 年 5 月 27 日至 1997 年 6 月 30 日期间批出的，或原没有续期权利而获得续期的，超出 1997 年 6 月 30 日年期而不超过 2047 年 6 月 30 日的一切土地契约，承租人从 1997 年 7 月 1 日起不补地价，但需每年缴纳相当于当日该土地应课差饷租值 3%的租金。此后，随应课差饷租值的改变而调整租金。第 123 条：香港特别行政区成立以后满期而没有续期权利的土地契约，由香港特别行政区自行制定法律和政策处理。

④ 1997 年 7 月 15 日，行政会议就特区政府批出的土地契约及相关事宜，通过一系列的安排，特区政府同日亦公布了有关的政策声明。根据声明，没有续期权利的契约（不包括短期租约和特殊用途契约），在期满时可由香港特别行政区政府全权酌情决定续期 50 年而无须补缴地价，唯须每年缴纳租金，款额相当于有关土地应课差饷租值的 3%；租金其后亦会随应课差饷租值的改变而调整。（参见地政署网页：www.landsd.gov.hk/tc/service/landpolicy.htm）

3‰的租金,此后,随应课差饷租值的改变而调整租金。但如果承租人改变了最初的用途,或者土地未充分利用,或者政府规划需要用作公共目的,政府可以不续期这些租契。

根据 1985 年《联合声明》以及 1990 年的《基本法》,香港特别行政区将有大量土地租契于 2047 年届满,届时香港地区租业权到期后的土地将何去何从也是民众与媒体普遍关注的社会问题。如今,距 2047 年只有 20 余年的时间,租业权续期问题其实比大陆地区的建设用地使用权续期问题更加紧迫。

目前,香港地区针对租业权续期的问题也出现了大量的舆论纷争,其中不乏认为 2047 年土地契约续期"需要缴付高昂的地价或地租"的观点,甚至出现了"2047 年后地契到期不能续租""业主将失去业权"的说法。面对媒体上的各种猜测以及议员的质疑,2016 年 11 月 16 日,区一议员在立法会会议上向发展局局长陈茂波提出了关于 2047 年满期的土地契约的续期事宜的疑问。[①] 陈茂波以历史上香港新界地区的土地租契续期事件为例,就 2047 年土地租契续期的计划在会议上作了详细的说明。[②] 香港地区历史上曾经出现过其新界地区的土地租契大规模到期的情形,当时绝大多数新界地区的土地租契由于历史原因均将在 1997 年 6 月 30 日到期[③]。为解决大规模土地租契到期的问题,1988 年,香港地区宣布于 1997 年 6 月 30 日届满的大部分新界地区的土地契约统一续期至 2047 年 6 月 30 日。[④] 陈茂波提出:"香港地区政府将以过往的立法经验为参考。目前香港地区政府仍有充足时间准备,在适当时候作出安排以应对有关续期工作。政府日后如通过立法方式一次性为大量同时期满的地契续期,将会根据程序把有关立法建议提交立法会审议。"

目前可以明确的是,香港特区政府仍然会援引当年通过立法方式为新界地区大量同时期满的地契续期的政策思路来处理 2047 年的期满地契的续期事宜。香港特区在处理地契续期事宜上所遵守的基本指导原则是:使安排得以延续、程

---

①　参考香港特别行政区政府发展局新闻公告"立法会五题:将于 2047 年满期的土地契约的续期事宜",http://sc.devb.gov.hk/TuniS/www.devb.gov.hk/tc/publications_and_press_releases/press/index_id_9302.html,2016-11-16,[2019-07-30].

②　参考:陳茂波:勿輕信「2047 年後將自動失去業權」傳言,文汇快讯,http://news.wenweipo.com/2016/09/18/IN1609180034.htm,2016-09-18,[2019-07-30].

③　1898 年清政府与英国政府签订《展拓香港界址专条》,将香港新界地区租借给英国,期限为 99 年。由于新界是租借而非割让,故而最终就只能批出 99 年的地租。所有新界的土地契约均由 1898 年 7 月 1 日起计,几乎所有新界土地租契都将在 1997 年 6 月 30 日前到期。新界的土地租契超过 30000 个(Scott,1982),不可能单独对每一个契约进行续期,唯一的办法就是统一立法。

④　参见《新界土地契约(续期)条例》。

序简易和契约年期明确,务求使土地契约清晰、一致和确切。^① 目前,香港特区地政署在土地注册处的协助下,已经开始整理和编备将于 2047 年契约满期的香港特区内土地的资料,以便为契约续期工作作出准备和安排。至于处理契约续期所涉的具体手续和流程,特区政府正参考过去处理土地契约续期的经验,编制参考资料,秉承尽量简化手续的原则,计划于 2017 年中完成有关工作。简言之,特区政府虽然还未推出正式的有关 2047 年土地契约届满的立法和政策,但是目前来看特区政府主要倾向于参考其历史经验,采取统一立法、授予承租人自动续期权的方式实现大批量的土地租契的续期。

4.2.3　租赁地产权的续期经验

英美法系下租赁地产权的续期规则从根本上来说,是针对出租人所行使的回复权益的限制性措施,即限制出租人收回其地产的能力,以使承租人能够继续占有、使用该地产,这便实现了租赁地产权的续期。由于出租人不像大陆法系下的土地所有人一样拥有对土地的绝对支配权,而是与承租人处于平等的地位,故而没有绝对性权利强制收回其地产。

英美法对租赁地产权的续期措施具体表现为租赁期满后,使承租人保持对地产的占有以及限制出租人收回其地产两个方面,也就是说,当租赁期届满,承租人可以继续使用地产,并且法律严格限制出租人收回地产或终止租赁的行为,在这种情况下,承租人便实现了续期。因此,续期规则的核心内容在于判断什么情况下出租人可以要求收回其地产、什么情况下不得收回。总体来说,英美法系下租业权的续期规则具有以下特征。

(1)基于契约关系与法律强制性规定的续期机制

英美法系租赁地产权期限届满后,租赁地产权通过两种机制来实现续期。

一是契约机制。租赁的基础是合同(尽管英国一般把设立租赁的文件称为租契),租赁合同或租契可以自由设定当事双方的权利和义务,自然可以预先约定租赁到期后的续期事宜。若租赁合同或租契中包含了续期权益的相关内容,那么该租赁到期后自然依约续期。

二是通过法律的强制性规定。在英美法系中,契约自由原则不是完全的自由,而是要受到财产权范式的限制。如果契约所设立的权利不符合法律所承认的财产权的要求,任何此类授予契约都不能创造该财产权(Williams,2015,

---

① 参见地政署"契约续期"一般资料,https://www.landsd.gov.hk/tc/lease_ext/extension.htm [2019-07-30].

pp. 592-609)。基于此,在英国法中,租赁地产权的续期并非完全自由的,租赁地产权受到普通法(判例法)和制定法的调整(高富平、吴一鸣,2007,p. 312)。这意味着,对于有些续期事项,即便当事人未在合同中进行规定,也被视为存在。如若法律规定某项续期义务是强制性的、法定的,那么当事人就不可以通过约定对其进行排除或修改。具体来说,通过法律强制性规定进行续期的,一般发生在特殊的情况下:一方面,针对特殊用途的租赁地产的续期,法律通常会采取强制性的保护措施。如英国法对住宅租赁通过《租金法》《不动产租赁法》等赋予了承租人法定的续期权益,即该租赁到期后法律规定承租人可以继续使用该地产,直至出租人提供了合理且正当的理由,并经过法院的酌情裁判,该地产的使用权才有可能被收回,法律由此实现对住宅租赁地产承租人的特殊保护。英国法对商业租赁则采取了更加直接的法定续期的政策,规定商业租赁到期后,承租人在一定条件下可以直接由法律授予一段不超过 14 年的新的租期。另一方面,针对具有政治性或规模较大的续期问题,政府会进行统一立法。如为了保障"香港回归"这一历史政治事件下土地市场的稳定秩序,《联合声明》与《基本法》直接规定租业权均统一续期 50 年。在"法定续期"制度下,续期的实现以法律规定为依据,能够将出租人的个人意志对续期的影响降到最低,除非出租人存在法律所限定的正当理由,否则土地使用人能够享有稳定的续期权益。由此可见,英美法系并没有将调整租赁关系的任务完全留给契约自由,而是在很大程度上对租赁尤其是特殊的租赁进行直接立法干预。

租赁地产权之所以形成合同与法律强制性规定相结合的续期方式,从根本上来说源于租赁地产权既具有合同性质,也具有财产权性质。租赁地产权在英国早期历史上属于合同性权利[①],16 世纪之后,随着英国社会经济的发展,土地租赁制度不断发展,租赁在英国成为了很普遍的土地经营活动,承租人的权益也越发受到普通法的重视。承租人所拥有的租赁权成为了一项具有财产权性质的租赁地产权,类似于大陆法中的物权性质的权利(高富平、吴一鸣,2006,p. 306)。土地租赁权发展至今,承租人已经拥有其占有的地产上的全部权利,如对抗第三人、排除妨害之诉、回复占有诉讼等,以应对租赁地产权在法律性质上的转变。在此过程中,英国法不断加强对租赁地产权的法律约束,使得租赁地产权人的地位与权益更加强化,租赁地产权的续期方式由契约化向法定化的发展过程也是对租赁地产权从合同权利向财产权转变的反应。

　　[①]　在 15 世纪之前,法律认为租赁权不算是一种地产权,而仅仅是"一种请求自由保有人依据协议允许其占据土地的请求权"。参考:咸鸿昌(2009,p. 259)。

（2）基于弱者保护原则的续期

英美法系租赁地产权的续期制度呈现出鲜明的关注弱势群体、关注社会问题的特征。以英国法为例，针对受到特殊续期保护的租赁，法律规定出租人的任何于租赁到期后终止租赁以恢复其对租赁物占有的行为，都必须由出租人向法院提出申请，经过法院的裁判并获得法院的占有令后方才可行。那么法院在决定是否准予出租人收回租赁物时，必须基于既有法律以及过去法院判例所形成的已有案例。因此通过法律上对收回地产理由的相关规定，就可以看出租赁地产权续期制度的特征与倾向。以 1977 年《租金法》为例，一方面，法院根据承租人是否存在不道德或非法目的来判断是否应允许承租人继续使用该地产；另一方面，法院需要就出租人和承租人的现实情况予以判断，如承租人是否存在可替代性住房，双方家庭成员生活与经济状况，该地产对双方的必要性等，采取保护弱势一方的原则，如若该地产对承租人不具有必要性或承租人已有其他住房的，则承租人不属于需要特殊保护的一方，法院可能会因此不支持其期间届满后的续期。

（3）基于有期限性的续期制度

在英国法系中，租赁地产权的设立及其续期的期限不存在法定限制，均由双方自由约定，即双方可以约定长短自由的续期期限。如在英国，一般性的租赁存在 99 年、100 年或是 999 年的期限（Cheshire，1962，p. 330）；在住宅、商业租赁领域，享有法定续期权的承租人在租赁到期时往往可以获得与原租约期限相同的新租约。

英美法租赁地产续期的期限最重要的特征在于其期限须以明立，虽然租赁地产权已经成为一项独立的财产权，但法律不允许设立永久期限的租赁地产权，承租人在土地之上只能享有有期限的权益。同样，无论在什么样的立法中，无论针对什么用途的土地租赁，租赁地产权期限届满续期时也不存在永久性的续期期限。在英国法中，租赁关系所产生的租约是有期限的，并且这个期限是明确的、固定的[①]，以个人生命为限的或是永久期限的租业权在法律上是无效的（Bracton，1897）。期限不确定的租业权案例可以参考案例 4.3。[②]

---

① 不满足《财产法》法定要求的租赁地产，类似于期限不确定的租赁，如期为保有人终身的"终身地产"只能被归到衡平法上，参考：Law of Property Act 1925，S. 1(1)（b）.

② 参考案例：Prudential Assurance Co. Ltd. v London Residuary Body and Others House of Lords，[1992] 64 P. & C. R. 193。类似的案例还可以参考：Re Midland Railway Co's Agreement，[1971] Ch 725，732F-G.

案例 4.3：

1930 年，某条高速公路边上一个地块的业权人将土地出售给了高速公路委员会，委员会购买之后同时又将该地块租还给原业权人（即本案的原告）使用，并约定："该租赁将持续到委员会需要利用该地块来拓宽高速公路为止"。该委员会后来放弃了拓宽高速公路的计划，并将其权利出售给了第三人，即本案的被告。被告与原告直接保持着租赁的关系。被告获得土地之后，向原告发出正式书面通知，要求终止该租赁。而原告认为，根据当初的协议，该租赁只能在被用于拓宽高速公路这一特殊用途时才能够被终止，因此拒绝了原告的终止请求。法官驳回了诉讼，并且认为，以"某件事情的发生"为期限的租赁是一项期限不确定的租赁，这种期限不确定的租约是无效的，因此，被告有权终止该租赁。

（4）基于租赁有偿性的续期制度

除了承租人在租赁期间应当支付的租金，租赁地产在续期后，承租人在新的租赁期间内仍须支付租赁的租金。租赁地产的有偿性并不因续期与否发生改变。除此之外，部分英美法国家和地区中还存在针对续期而收取的额外费用。如香港地区"不可租赁契约"到期后，承租人经过政府批准而得以续期时，须另外支付相当于土地市价的一笔费用（premium）作为续期的前提条件，通常翻译成"地价"①，地价通常为一次性支付，也可以分期付款方式支付。根据现行政策，在 1997 年 6 月 30 日之后届满的租契，不论是可续期还是不可续期的租契，到期后一律再续期 50 年，并且免去了这笔续期费用。相似的，在英国法中，在租赁地产续期时，出租人可以要求承租人为这项续期缴纳一笔"许可费（fine）"（Cheshire，1962，p. 330），用以反映该地块的市价，作为正常地租之外的"额外地租"，一般由承租人在续期时一次性支付。

（5）地上物的处理

英美法系中，租赁终止后，由出租人收回租赁地产，由于英美法系下土地和建筑物是一体的，共称为不动产，故而地上物也作为地上不动产的一部分由出租人收回，但承租人可以带走所有动产，若某附着物的目的是用于独立享用，而不是用于改善建筑物，那么便可视为是动产（高富平，2006，p. 369）。另外，租赁契约中可以约定，承租人享有优先购买权，即承租人在租赁期间届满后以一定价格购买所租赁的地产，若有第三方同时出价，那么承租人具有优先权。优先购买权并不是法定的，而是需要双方自行约定，租契中的该项条款必须包含有具体的价

---

① 《地税及地价分摊条例》。

格或提供确定价格的方法。①

4.3　大陆法系的续期制度

在大陆法体系中,现代民法学理论将物权分为自物权和他物权。自物权即所有权,是对自己所有之物享有的排他性支配权利,所有权人享有对所有物的无期限地占有、使用、收益和处分的权利,自然也无需面临自物权期间届满及其续期的问题,因而不在本书讨论之列。

他物权(也称"限制物权",limited real rights)是对他人之物享有的支配权,包括用益物权(rights of use /usufruct right)和担保物权(real security right)两大类。大陆法国家的用益物权包含多种类型权利,就土地用益物权来说,主要包括地上权、用益权、役权、实物负担、居住权等类型②。其中,地上权是最重要的用益物权形式之一(孙宪忠,1997),也是非土地所有人利用他人土地的最为重要和普遍的方式之一,几乎所有大陆法系国家都建立了地上权。所谓地上权,是指以保有建筑物或其他附着物而使用他人土地的权利。本节主要以地上权为代表探讨大陆法系土地用益物权及其续期制度的特征与规律。

4.3.1　德国地上权

德国设立地上权最初的目的在于解决社会中住房短缺的问题,由于当时德国的城市土地价格非常昂贵,绝大多数人都没有购买土地的能力,因此,为了有效促进住房建设,地上权会被有偿或者无偿地授予给那些没有能力购买土地所有权但有意愿支付租金以在他人的土地上建造房屋的人(付颖哲,2011;Böttcher,2006)。1900 年的《德国民法典》第 3 编关于不动产物权的一般规定和第 4 章关于地上权的条文是大陆法系最早以法典的形式确认的地上权制度。1919 年 1 月 15 日德国颁布了《地上权条例》取代了民法典中的有关地上权的规定,将地上权制度作为一项重要且必要的法律制度正式确立下来(Foster&Sule, 2010)。

《德国民法典》第 1012 条及《地上权条例》第 1 条明确提出了地上权概念,即

---

① Land Registration Act 2002, s. 115.
② 如德国的土地用益物权主要为地上权、役权、优先购买权和实物负担。役权主要包括地役权、用益权及限制的人役权三种。法国的土地用益物权包括用益权、使用权、居住权、地役权和地上权。我国台湾地区主要参考日本立法例,设有地上权、永佃权、地役权与典权等四种以不动产为标的物之用益物权。

在他人指定土地的地表之上或地面之下的建筑物为目的的可以转让、继承的权利。地上权的本质在于,使建筑物脱离土地,产生独立的建筑物所有权,即是说,地上权人没有土地所有权也能在土地上为自己建造房屋等建筑物,建成的建筑物归地上权人所有(屈茂辉,2005,p.227)。

德国民法对地上权的期限没有明确的规定。通常情况下,人们会对地上权设定一个确定的期限,一般为 66 年或 99 年(曼弗雷德,2002,p.68)。当地上权期间届满时,可能产生两种后果,一是地上权得到续期,二是地上权未得到续期而归于消灭。《德国民法典》与《地上权条例》中没有规定明确的地上权续期机制,在一般情况下,地上权人若希望地上权到期后能够续期,可与土地所有权人在签订契约时就对续期事宜作出预先约定。若双方未预先达成协议,地上权人在续期时也可以行使续展优先权,即当地上权期间届满时,地上权人优先和土地所有权人签订合同续展其地上权。但在德国民法中,地上权人并非一概享有这种优先续期的权利,而是需要在设立地上权时和土地所有权人预先约定该项权利。[1]

如果地上权未得到续期,则地上权自然走向消灭,原地上权人丧失占有、使用土地的权利,土地所有人得请求办理涂销登记,以消灭地上权[2]。就地上物的处理来说,德国法通常认为基于地上权而建立起来的建筑物是地上权的必要组成部分,而非土地的组成部分(曼弗雷德,2002,p.68),地上权人对该建筑物享有所有权,因而地上权因期间届满而消灭时,建筑物并不自然归属于土地所有权人,应当归属地上权人所有。根据《地上权法》第 27 条第 1 款规定,如果土地所有权人取得该建筑,则必须对地上权人给予补偿。[3] 针对补偿的标准,该条第 2 款规定:"如果当事人没有约定,通常应当按照专业程序通过调查得出的适当费用,给予地上权人补偿。如果设定地上权是为了满足低收入居民的居住需要,则补偿至少应达到在地上权期满时建筑物价值的 2/3"。

当然,土地所有权人也可以通过为地上权延长期限来免除赔偿的义务,《地上权法》第 27 条第 3 款规定:"土地所有权人在地上权期间届满之前根据推测的建筑物的状态为地上权人延长了期限时,可以拒绝履行前项赔偿义务。地上权人拒绝这一延长的期限时,则丧失赔偿请求权"。

---

[1]　《地上权法》第 31 条第 1 款。

[2]　《地上权条例》第 16 条。

[3]　根据《地上权法》第 27 条第 1 款规定:"因期间届满而消灭地上权时,土地所有权人对地上权人就建筑物承担赔偿责任。双方当事人可以将待赔偿的数额、支付方式等内容在协议中约定"。

就地上权的租金来说,一般情况下地上权的设立需要以地上权人支付租金为代价。在约定租金的情况下,租金的支付一般按年支付,租金可以在约定一定数额后随着土地经济状况的变化而调整(孙宪忠,1997,p. 263)。当然,现实中也存在其他支付方式设立,例如采用一次性给付金钱的方式。在实务中,地上权租金金额约为地价的3%~5%,如果建筑的是一栋居住大楼,地租会借助区分所有权制度由大楼内所有住户按照所占建筑面积比例分担,使每一个普通家庭都能毫不费力地承担这样的地租(付颖哲,2011),从而最大限度地满足社会的居住需求。根据《地上权法》第9条规定,如果地上权是用于可世袭的居住目的,土地所有权人可以在订立合同3年期满后行使请求提高地租的权利,但土地所有权人负有举证责任,需要证明该请求是公平合理的。

4.3.2 日本借地权

日本民法典以德国民法典为参照,设立了物权和债权,将地上权放在物权部分,将租赁归为债权部分。但由于土地利用实务上的复杂性,简单的物债二元划分并不能适应日本纷繁复杂的土地利用关系[①],故而日本通过《建筑物保护法》、《借地法》与《借地借家法》等特别法将土地物权与土地债权统合起来创设了借地权,以适应多样化的土地利用需求,并为土地使用权人提供周延而完备的保护。根据日本《借地借家法》第2条,借地权被定义为"以建筑物的所有为目的的地上权或土地承租权"。时至今日,日本的地上权以及土地租赁权已经被借地权所取代。本书以极具日本特色的借地权代替地上权,作为探索在他人土地之上设立土地权利的对象,探究其续期制度。

日本借地权制度存在两种续期的方式:一是根据《借地借家法》第3条,借地权存续期间届满时,以建筑物存在为条件,只要借地权人请求续期,且土地所有人不立即提出异议的,即按以前同一条件再次设定借地权,这种续期方式可视为一种申请续期;二是当借地权存续期间届满时,借地权人继续使用土地,且土地所有人不立即提出异议或进行事实上的默认的,则被视为一种默认续期。当事人将借地契约续期后,初次续期期限为20年,之后续期期限为10年,契约约定

---

① 根据《日本民法典》的规定,土地所有权人享有土地原状恢复请求权,在土地租赁权届满后,土地所有权人可以请求借地人除去建筑物,以便土地恢复借地前之状态。实际上,承租人很难在短期内交还宅地,并且依民法典在交还宅地时承租人无权对其在土地上建造之建筑或所为之添附要求补偿,实践中多有因强行实施拆除而造成承租人财产重大损失的情况。这不仅会造成社会资源的浪费,还增加了租赁人移除地上物的负担。在当时社会经济急速发展,城市住宅短缺日益严重的大背景下,土地与住宅租赁纠纷频发导致社会矛盾激化。参考:铃木禄弥、刘得宽(1991),包振宇(2003)。

期间较长的以约定为准。这里可以看出,借地权更新的前提是在土地上存在建筑物,且新的期间内,续期契约的条件保持不变。

对于土地所有权人不希望借地权续期的情况,《借地借家法》第 6 条规定,除非土地所有权人有"正当事由",并且不作延迟地陈述异议的,方可拒绝借地权人的续期请求。对于拒绝续期的要件,《借地借家法》吸收了判例的原则,列举了拒绝续期借地权的"正当事由"的具体考虑事项,包括考虑借土地所有人及借地权人对土地使用的必要性、借地的过程、土地的利用情况及土地所有权人给付金钱的声明等。[①] 如若裁判(法官)不认可土地所有人的正当理由,土地所有人则不得表述异议。易言之,借地权到期后便自动进行续期,土地所有权人必须拥有法律限定的正当理由并经裁判(法官)批准,方有可能终止该借地权。

借地权人请求续期时,裁判(法官)在判例中最重要的判断依据在于当事双方使用该土地之正当性和必要性,可参考案例 4.4。[②]

案例 4.4:

原告即土地所有人与被告即借地权人所签订的借地合同在 1980 年期间届满,届满后,原告立即提起诉讼,要求被告恢复土地原状后交付土地。原告从医院辞职后开设了诊所,在本宗土地上计划建造用于医院和住宅的建筑物。原告的长子也马上就要获得医师资格,将会继承家业继续经营。被告的借地权和地上建筑物所有权是由继承获得,1969 年结婚后取得了其他地方的土地所有权并建造了建筑物,而后搬迁,本案涉及的建筑物并非经常来居住,但是在 1978 年 6 月丈夫死亡后自己身体衰弱,为了看病的便利等原因认为自己应当保留借地权。

裁判所认为,考量当事人双方情况,可以看到原告,即土地所有人使用本件土地的必要性要明显高于借地权人,应当认为土地所有人有拒绝更新的正当理

---

① 其中,"土地所有权人以及借地权人使用土地的必要性"是指"借地权的利用对于土地所有权人和借地权人各自生活中的必要程度"。《借地法》原先只是规定将"所有人自己使用"作为考量的对象,后来判例将承租人的使用必要性也作为有无正当理由的判断要素之一,并且在实务上将这种见解确定了下来。"从前借地的过程",指的是在决定是否要更新时,要考虑借地关系至今为止的整个过程。该土地借入的理由以及进行了几次更新、是否支付了更新费、支付的更新费的金额是多少、地租的金额以及是否涨过价、借地权人支付地租的情况、借地权存续期间中如果再建建筑物的是否得到了土地所有人的承诺等等都是需要考察的因素。"土地利用状况"是指土地所有人自己需要利用土地的必要性、借地权人需要土地的迫切性以及根据城市规划,该土地利用的适当性。此外,还包括民用还是商用、多层还是高层、过密还是过疏等要素。"给付金钱的声明",指的是土地所有人是否愿意提供补偿提供替代土地。参考:沈宏峰(2011, p.23).

② 参考案件:东京高等裁判所昭和 59 年 11 月 8 日判决,判例第 552 号,第 178 页,参考沈宏峰(2011, p.108)。

由,可以请求借地权人收去建筑物并交付该土地。

事实上,借助"正当事由"制度,借地权人的续期权在一定程度上已经摆脱了土地所有权人的意志,成为一种具有很大续期可能性的权利,这也体现出在当时经济快速发展的社会阶段,日本社会更加重视借地权的稳定性。

在借地权人不欲续期借地权的情况下,借地权期间届满后原借地权人丧失占有、使用土地的权利,须返还土地并将土地恢复原状。除此之外,《借地借家法》第4条按照传统大陆法惯例,规定了借地权人的建筑物购买请求权,即借地权人可以要求土地所有权人以时价买取地上建筑物。根据该条例,在土地所有人拒绝续期借地权时,需要补偿地上建筑物的经济价值。

除了续期权的问题,续期费用的问题也很重要,如果仅仅只是允许借地权人具有续期权,却要求借地权人支付高额的续期费用,那么这种续期权对于借地权人来说,其意义也许只是画饼充饥。在日本,"续期费"是指在借地期限届满时,为了借地合同的续期,由借地权人支付给土地所有人的一次性补偿金。在日本,现行法上并没有续期费用的相关规定,但在实务中,"续期费"已经变成一种"惯例"。续期费最早出现在日本20世纪50年代(沈宏峰,2011,p.14),那个时期日本地价高涨,使得已经设定的借地权地租显得微不足道,无法正确地反映出借地权的价值。于是"续期费"逐渐出现并得到推广,一般作为续期后的地租与合理地租之间差额的预付款。后来,判例也开始承认"续期费"是一种惯例而予以支持(沈宏峰,2011,p.15)。从20世纪80年代开始,地价暴涨,"续期费"的高额化甚至成为一种社会问题(稻叶威雄,1998,p.242)。"续期费"的计算没有法定的标准,一般按照"续租时土地价格×租赁土地比率[①]×续期费百分比"的方法进行计算[②],例如,市中心的土地价格在每平方米100万日元,要借100平方米的土地,假设租赁土地的百分比为70%,在续期费比例时为4%,则续期费用其金额就达到了280多万日元。但续期费并不是地上权人的法定义务,一般是当事双方合意的结果。如若双方达成协议,将支付续期费作为续期合同生效的条件,那么借地权人不支付续期费的后果将是续期合同的失效。但如果土地所有人单方面要求支付续期费,只要借地权人自己没有过失,也不存在建筑物朽坏或者土地所有权人有正当理由而消灭借地权情形的,借地权人可以拒绝支付续期费。到了20世纪90年代日本泡沫经济破裂之后,伴随着地价暴跌和经济不景气,支

---

① "租赁方以怎样的程度的比率拥有权利"表示"租赁权比例"。

② 参考《借地の更新料っていくらが相場? 算出方法を知りたい!》[EB\OL],http://onew-web.net/9433.html,(2014-5-29),[2019-0830]。

付续期费不仅已经不是惯例,而是成了特例,仅仅局限于特大都市的一小部分地区,在很多情况下仅仅局限于商业用地(沈宏峰,2011,p.77)。

　　除去"续期费"之外,借地权人借地权存续期间内应当承担缴纳地租的义务。地租一般以年租或月租的方式缴纳,地租的金额由借地权人和土地所有人双方经过合意而确定。无论合同是否有约定,借地权双方当事人都享有地租的增减请求,地租的增额,当事人之间没有形成协议的,可由法院判定增额或减额的金额(沈宏峰,2011,p.16)。有关日本借地权的地租水平可参考案例 4.5。

案例 4.5:

　　以横滨市地方法院所拍卖的一件位于鹤见区东寺尾六丁目的一块土地为例,面积为 100.79 平方米,2008 年 7 月 9 日拍卖时其借地权价格为每月 21173 日元(约 1268 元人民币)。而在旭区上川井町字动根谷的一笔面积为 1141 平方米的土地的借地权价格为每月 154350 日元(约 9242 元人民币)。[①]。

　　支付地租是借地权人获得借地权最基本的义务。但在土地价格不断上涨,政府严格限制地租上涨的情况下,土地所有权人为了弥补土地收益及地租的不足,会通过别的方式增加其收益,其中最重要的就是"权利金"(也称为"礼金",ということもある)。"权利金"是土地所有权人在设定和让渡借地权时作为借地权本身的对价,不会在合同结束时退回。虽然在法律上没有关于权利金的任何规定,但是在事实上,日本的一些大城市确有权利金这一行情。权利金一般为地价的 60%~70%。[②]

　　借地权的性质应该如何定性呢? 从概念上来看,借地权是物权性质的地上权及债权性质的土地租赁权的总和,这导致借地权在性质上难以得出一个统一的、清晰的结论。目前,日本的地上权在事实上已经消亡了(谢潇,2018,p.42),其适用范围被限制在地上物仅为工作物和竹木的土地使用权方面[③],可以说,除了极少有关竹木的地上权,在日本已经没有真正的地上权了,实质意义上的借地权仅仅体现为土地租赁权[④]。因此,我们所要探究的是作为租赁权的借地权。

[①]　参考:沈宏峰(2011,P.16)

[②]　参考 SUUMO 住宅用語大辞典之権利金(ケンリキン)の意味? 解説[EB/PL],https://suumo.jp/yougo/k/ kenrikin/,(2014-5-29),[2019-04-25]。

[③]　《日本民法典》第 265 条。

[④]　日本学者小柳春一郎曾言:"伴随着借地法的制定,民法也作了修正,以建筑物所有为目的的地上权被废止。其结果就是民法上的地上权的有关规定被限制在以竹木所有为目的。"详见:小柳春一郎《昭和 41 年借地法借家法改正の再研究——对战后社会变迁的适应》,《独协法学》第 64 号,第 50 页;转引自沈宏峰(2011,P.8)

在实际生活中,由于租赁物权化的趋势,作为租赁权的普通借地权的物权性不断得到强化。普通借地权拥有强大的续期效力,尤其是其续期的"正当事由"制度,在事实上保证了借地权可以绵延至永久。在判例中,"正当事由"所列出的考虑因素多是有利于借地权人的,能够确保借地权人的居住及投资的稳定。即使法院判定所有权人可以收回借地权,土地所有人也会给予充分的补偿。尤其是二战后,由于战事毁坏了大量住房,造成了城市住房紧张,判例上对于土地所有权人拒绝续期的"正当事由"的判断标准变得更加严格,除非土地所有人有严重的债务不履行情形,否则几乎不允许借地权终止(沈宏峰,2011,p.12)。在这种背景下,借地权一旦形成就成为一种永续的权利。另外,借地权也形成了事实上的自由处分,尤其是在战事的特殊时期,法院认为"只要借地权的转让不破坏土地所有权人与借地权人之间的信赖关系,就不能作为解除租契关系的理由"(铃木禄弥、刘得宽,1991),裁判所(法院)在许多情况下也会支持借地人的转让、转租请求。甚至,借地权在没有登记的情况下,只要在土地上登记的建筑物是借地权人所有的,就拥有可以对抗第三人的效力。可见,普通借地权名义下的借地权具有极为强烈的物权效力,甚至可以说其就是一项物权。

4.3.3　我国台湾地区地上权

我国台湾地区所实行的土地制度是公有土地与私有土地并存,并以土地私有为主,但在城市中,公有土地所占比重稍大。我国台湾地区的地上权是指为建造房屋、隧道、沟渠等工作物及培植竹林树木而使用他人土地的权利。[①] 在台湾地区,除了私人设定地上权,政府也可以通过招标的方式在公有土地之上设定地上权。这种政府将公有土地出租给法人或自然人,并在土地之上设立地上权的行为,称为"标租"[②]。地上权标租是台湾地区土地市场上地上权设立的最普遍的方式。

我国台湾地区的地上权一般分为定期地上权与不定期地上权。定期地上权是以兴建建筑物为目的,当事人通常会约定地上权的存续期间(谢哲胜,2001),50年最为常见,最长为70年,如101大楼的存续期间即为70年(谢明瑞,

---

① 参考台湾地区"民法"第832条。
② 台湾地区财政主管部门于2010年1月7日重新订定《"国有"非公用土地设定地上权作业要点》,明文规定可通过招标设定地上权方式开发公有土地。政府也可以将公有土地标售(即出售)给私人,但是这种行为多遭受"贱卖"的批评,尤其是珍贵的建设用地。因此,为了能灵活利用公有资产又免遭非议,政府通过设定地上权的方式设定地上权给私人,并借由地上权设定契约约定土地收回方式,达到充实财政或具体落实公共利益的目的。

2011)。地上权之存续期间，当事人未订定者，应从习惯（例如工作物之自然朽废，或竹木之采伐期，其地上权存续之习惯等）；如无习惯时，则可请求法院酌定之（陈荣隆，2001）。

　　我国台湾地区的有关规定中没有明确的续约机制。一般来说，地上权期间届满时，地上权当然消灭，并不自然发生续期的效果。当事双方另有约定的情况下，从其约定。易言之，当地上权期间届满时，如果当事双方在契约中预先有续期的约定，或当事双方在地上权到期前达成了续期的协议，那么土地所有人与地上权人可以重新签订地上权合同，使地上权继续延续下去。若无约定者，可请求法院斟酌建筑物与土地使用之利益，判决之。地上权人续期之时，所涉及的费用包括权利金与地租，其中权利金是地上权人在设定、续租地上权时须支付予土地所有权人的一笔报酬（谢明瑞，2011），并不是设定地上权的法定要件，但是土地所有人一般以愿出最高额权利金者作为签订设定地上权契约的对象，尤其是在公有土地之上，通过招标方式设立地上权的，以权利金的价高者得。除了支付一笔权利金，地上权人还需承担地租，支付地租并非地上权成立的必要条件，是否支付地租、地租金额的多寡全凭当事人自由约定，当然在实际生活中地上权人一般都得向土地所有人支付地租，一般须定期支付。至于地租额之高低，相关规定并无统一标准，在不同的年代，因当时经济发展状况的不同，设立地上权的地租水平也随之变动。

　　但在地上权期间届满后，如果土地所有权人坚持不再续约，则地上权消灭。地上权消灭时，由于地上权人拥有地上物的所有权，有权取回地上之物，但若地上权人不在地上权消灭后一个月内取回其工作物，工作物则归属于土地所有人。[①] 但若取回使土地失去原状，则会损害土地所有权人之权益，故必须恢复土地原状，并且若土地所有人愿以时价购买其工作物或竹木，地上权人不得拒绝。[②] 地上权因存续期间届满而消灭的，得由地上权人或原设定人或其他利害关系人单独申请涂销登记。[③] 然而，对于土地上的建筑物来说，不同于工作物或竹木，难以取回。对于这个问题，台当局规定："地上权得于期间届满前一个月以上时间，请求土地所有人按该建筑物的时价作补偿。但契约另有约定者，从其约定。"[④]这意味着地上权存续期间届满，地上建筑物如果仍有使用价值，土地所有

---

① 台湾地区"民法"第 839 条第 2 款。
② 台湾地区"民法"第 839 条第 3 款。
③ 台湾地区"土地登记法"第 143 条。
④ 台湾地区"民法"第 840 条。

权人原则上应该按照建筑物的市场时价补偿地上权人。

土地所有人按建筑物时价补偿的,如果双方无法对"时价"达成协议,当事人可以申请法院裁定。若土地所有人不愿依裁定的时价补偿,就得酌情延长地上权的期间。若延长期间无法达成协议的,也可以请求法院斟酌双方的利益,予以裁决。[①]

而公有土地之上的地上权则不享有续期的权益,到期以后地上权及其上建筑物直接归为政府所有,即"地上权消灭后,地上建筑物尚有价值者,其所有权应无偿转移为公有;地上建筑物无使用价值者,地上权人应自行拆除地上物"[②]。这种规定的原因在于,土地所有权人须以时价补偿建筑物的规定将对土地所有权人造成极大的财务压力,土地所有权人可能会因无法支付建筑补偿费,从而无法顺利收回土地。所以在土地管理实务中,为了确保公有土地能够收回,政府往往预先约定地上权人于地上权存续期间届满时,须将地上建筑物及设备,连同土地无偿交付给土地所有权人,且地上权人不得向土地所有人请求任何费用或补偿(张义权,1997)。

早在 1976 年就有以公有地上权方式开发商业用地的案例,其中最有名的要数"晶华酒店"案例(案例 4.6),它是我国台湾地区第一宗在公有土地上设立地上权的商业用地开发案。晶华酒店项目具有一定的政策目的,即鼓励并吸引外侨投资,该案例中地上权双方通过预先约定的方式,约定该地上权首次到期后可再自动续期一次。

案例 4.6:

中安观光公司为了兴建国际观光旅馆,与台北市政府协议,由台北市政府作为土地所有人,提供台北市三桥段 12~16 等地号市有土地,面积为 2809.87 坪,设定地上权予中安公司,由中安公司出资兴建晶华国际观光旅馆(又称"晶华酒店"),地上建筑物也登记为中安公司所有,营业盈亏由中安公司负责。双方约定地上权存续期间为 25 年(1976—2001 年)自登记完成日期算,期满后可以再延长 25 年,合计不超过 50 年。中安公司需要缴纳约 1.33 亿新台币的权利金(以公告现值土地实测面积计算)[③],签订契约时,缴付 20%定金;土地交付时,缴付剩余之 80%,折算下来每平约 3.67 万新台币。中安公司每年应给付市政府地

---

① 台湾地区"民法"第 840 条第 3 款。
② 参考《"国有"非公用土地设定地上权作业要点》第 18 条。
③ 晶华酒店设定地上权案系于 1965 年 4 月 23 日签订设定地上权契约,因非采公开招标,并无权利金底价,其权利金依 1964 年 12 月公告之土地现值计算,并报行政主管部门及台北市议会同意。

租,地租金额按照公告地价的 1.5% 计算。第一个 25 年期间届满后,按照当初的约定,台北市财政局与其议约后再延长 25 年,土地租金率原为公告地价 1.5%,本次续期期间内地租改以公告地价 5% 计收。除此之外,双方约定,地上权借期间满时,地上建筑物无偿归台北市政府所有,并且地上权存续期间,地上权人不得转让地上建筑物或地上权。[①]

4.3.4　地上权的续期经验

(1)以私法自治为主的续期机制

纵览上述大陆法系国家和地区的立法例,可以发现地上权的续期属于典型的私法领域内私人主体之间的意思自治行为。易言之,续期双方是通过就续期各方面事宜达成合意的方式来实现续期,这符合大陆法系私法的基本原则,也是大陆法系地上权到期后续期的基本方式。

这种基于意思自治机制的续期方式的最重要特征在于,续期双方的约定具有优先效力。针对私法范畴内,当事人的意思表示与任意性规范或法律推定条款并存的情况,首先适用基于自愿而为的约定,只有在约定不明或未加约定之时,才适用任意性规范或相关法律推定条款。在现代民法中,任意性规范或法律推定条款仅为弥补当事人意思不明确而设立(王荣珍,2012,p. 33)。如基于大陆法系私法的这一基本法理,土地所有权人与地上权人在设立地上权、签订契约时就对权利到期后是否续期以及续期后的地租、期限达成一致并在契约中予以明确,当地上权到期后,依约续期或终止。如若没有预先约定的,或约定不明的,则适用相关推定规则,或依惯例、习俗等,德国与我国台湾地区的地上权均采此法。“预先约定”续期的优势在于当地上权到期时,直接根据契约上预先约定的内容自动续期,无需任何其他的条件,也无需申请或重新签订合同,从操作上来说简单高效。但是“预先约定”续期方式的缺陷在于,续期的实现需要当事双方在最初签订契约时就对地上权到期之后的续期有所决定,也就是说需要对几十年之后的情形进行预测,这对土地所有人和土地使用人来说都存在风险。尤其是对于公有土地,几十年后城市发展阶段和各项规划都会发生巨大改变,决定该地块上土地产权的未来续期计划是需要谨慎判断的事情。因此,这种续期方式适合应用于具有稳定性和长期性的土地利用活动,针对国有土地,也能够满足政府具有长期发展性的规划或项目。

除此之外,日本借地权制度存在另一种基于双方自由合意的续期方式,即申

---

① 根据台北市政府财政局网站资料整理得。

请续期。日本借地权采用的申请续期，是在当事双方没有提前达成协议的情况下，在借地权期间届满之前，由借地权人发出续期的请求，在土地所有权人同意或是默认同意后，相当于双方达成了约定，该借地权得到续期。① 申请续期的方式能够充分表达土地所有人和土地使用人的意愿，当一个期限届满时，土地使用人可根据其利用需要决定是否发出续期请求，土地所有人也可根据自主意愿选择是否予以续期。但是，在申请续期制度下，借地权是否能得到续期取决于土地所有人，土地使用人的续期权利无法得到保障，使得土地产权存在不稳定性，难以适应长期性的土地利用需要。同时，由于每一个地块的续期都需要经过"申请"这一环节，也加大了土地管理实务所需的人力与物力负担。因此，这种续期方式主要是用于满足短期、灵活的土地商业利用活动。

（2）公权干预下的地上权续期

私法上的地上权续期并非不受公权力的约束，各国和地区立法无一例外地都体现出了"私法自治为主，公权力干预为辅"的原则，以公权力对续期进行一定程度的干涉。如日本借地权制度中的"正当事由"制度，在事实上能够为借地权人保有续期利益构筑一道防线，以抵御借地权期间届满后土地所有人收回土地的主张，基本上能够保障借地权人的续期意愿。又如德国《地上权法》第2条规定了地上权人"优先续展权"：地上权期限届满时，地上权人优先和土地所有人签订合同续展其地上权期限的优先权。这些法律规定帮助土地使用人在面对土地所有权人的绝对支配权时，能够充分实现自身的续期意愿，保障土地之上经营居住活动的稳定性，维护自身的权益。

而在日本借地权中还存在一种由法律直接赋予的续期权利，即如《借地借家法》第5条第2款所规定的："当借地权存续期间届满时，借地权人继续使用土地，且土地所有人不立即提出异议或进行事实上的默认的，则被视为续期。"易言之，在土地所有权人在一定期限内未表示出拒绝意思的情况下，借地权人可以依据该项规定直接获得续期。这种"法定"的续期方式体现出了更高程度的公权干预，"法定"的特征表现在，借地权人不需要通过申请或者当事人再次达成协议这一步骤，直接根据法律规定实现续期。

（3）地上权续期之有偿性

地上权的使用是有偿的。地上权续期后，地上权人在新的期间内通常仍需要履行定期支付地租的义务，作为地上权人在一定时期内使用土地的对价，土地权利续期后，土地使用者在新的期间内通常仍需要定期支付地租，作为土地使用者

---

① 《借地借家法》第5条第1款。

在一定时期内使用土地的对价,此为惯例,在大多数国家和地区中这也是地上权人应当承担的法定义务。但除了地租之外,有部分国家和地区还存在针对续期行为本身的额外费用,称为"续期费"。虽然大多大陆法系国家和地区,均无立法要求在地上权续期时缴纳续期费。但在实务中,随着社会经济的发展和房价的高涨,部分国家和地区会自发出现"续期费",作为对续期后的地租与合理地租之间差额的预付款。续期费并非法定也非通例,也不存在统一的计算标准,续期费用金额的高低与该地区经济发展的情势以及住房价格有着紧密的关系。虽然土地使用人没有法定义务支付"续期费",但作为一项约定成俗的费用,在法院裁判时一般会习惯上遵守当地的公约。①

(4) 地上权续期之期限

纵览传统大陆法国家的民法典,大陆法系各国和地区就地上权的存续期限与续期期限一般不设立明确的法律规定,而是充分赋予当事人自由裁量权,双方可以自愿对土地使用期限作出约定,在未有约定的情况下,一般根据多年来约定俗成的既有规则与习惯②;如无习惯时,则由法院裁决。

就期限之长短来说,不同于英美法系租赁地产权往往需要具有明确的期限,大陆法可以存在不定期限(或以建筑物寿命为期限)且可以随时终止的地上权,这种方式更为灵活,为当事双方能够依情况而自由设立期限提供了较大的空间。地上权未定有期限的,地上权人可以随时抛弃其权利。③ 关于我国台湾地区地上权是否可订为永久存续的问题,学界意见不一。采否定说者,认为永久地上权之设定有碍土地改良,且有害所有权本质,甚至影响地租额之公平等。但采肯定说者,则认为在所有权社会化之今日,实际上土地所有权已渐变为永久地租征收权,地上权并无不可永久存续之理。但现实中,地上权不得以无期限字样登记,一般将地上权解释为不定期,而非永久(郑玉波、黄宗乐,2001,pp. 195-196)。

地上权通常没有固定的期限,但地上权的期限一般来说也不是随心所欲的,法律多加以最低期限的限制。如我国台湾地区地上权的存续期间超过 20 年或地上权成立的目的已经不复存在时,法院可以应当事人的请求,为其设立存续期

① 根据以下网站内容整理而得:借地契约の更新と地代? 更新料の相场,お金を生む家を买うなら资产价值 [EB/OL] https://mitomi-estate. com/system_ real-estate-industry/land_house-leasehold/contract-renewal_market -price_land-rent_renewal-fee/ [2019-06-21];借地権の更新[EB/OL],Century 21 Mercury 网站,https://www. c21mercury.com/syakuchi/koushinryo. html [2019-06-21]

② 也有观点认为住宅存续期限可以理解为以至建筑物不堪使用时为期限,具体参考:谢在全(2009,p. 365)。

③ 台湾地区"民法"第 834 条。

间或终止其地上权(陈荣隆,2001),也就是说,地上权存续期间不少于 20 年。如若是"以公共建设为目的而成立地上权,未定有期限者,以该建筑使用目的完毕之时,视为地上权之存续期限"。[①] 在日本,出于对地上建筑物持续性保护之考量,日本借地权享有法定存续期限及法定续期期限,借地权设立时的存续期限为30 年,其期间届满续期时,初次续期期限为 20 年,之后续期期限为 10 年。虽然借地权的法定存续期限及续期期限均不长,但法律还规定了"若有契约约定更长期限的,以约定为准",其实也为借地权的更长期限提供了可能性。

(5)地上物处理方式之选择性

在大陆法系中,地上权是一种"他人土地使用之权",因而当地上权消灭时,权利自然回归土地所有人。但地上权人不仅享有"他人土地之使用权",还享有"地上物之所有权"。因此,地上权人有权对地上建筑物进行处分,但这种处分也受到"他人土地之使用权"的限制,并非随意处置。

地上权期间届满之后地上物处理有两种模式:在德国,地上权期间届满后,地上建筑物归直接土地所有人,土地所有人给予地上权人经济补偿;而在日本等国家和地区中,土地使用人有权取回其地上工作物、竹木等,对于无法取回的建筑物,地上权人可以通过购买请求权请求土地所有人购买地上建筑物。这两种处理模式最主要的差异在于,地上权消灭后地上建筑物是直接归属于土地所有权人,还是可以由土地使用人取回。

这种差异是源于德、日两国对土地和地上物关系的理念不同:德国民法典继受罗马法传统,对地上权采取的是建筑物与土地不可分的原则,认为附着于土地上的物,特别是建筑物,是土地的重要部分[②]。可见,在德国民法中,建筑物所有权与土地是部分与整体的关系,部分无法离开整体,并承担整体的义务,随着整体的转移而转移(孙宪忠,1997,p.16)。由此,土地上的建筑物,即使为他人所造、为他人所拥有,但在地上权消灭后,仍归土地所有人所有(鲍尔,施蒂尔纳,2004,p.26)。与之相反,日本民法认为土地与建筑物为两种独立的不动产,在不动产的登记上,土地登记与建筑物登记因此也是分开(铃木禄弥,2003,p.342)。即使土地所有人在其土地上拥有建筑物,土地和建筑物也是两个不同物权的客体(我妻荣,1999,p.12)。基于此理念的差异,德国民法视建筑物为地上

---

① 台湾地区"民法"第 833 条第 2 款。

② 罗马法采纳了"一切建筑物从属土地"的原则,即把一切建筑物都当作添附于土地的从物,这一原则体现于《德国民法典》第 94 条第 1 款,规定:附着于土地上的物,特别是建筑物,以及与土地尚未分离的出产物,属于土地的主要组成部分。

权的一部分,"地上权消灭,建筑物直接转归土地所有人所有",原地上权人不能损毁或移走建筑物之主要部分,而仅要求补偿。当然,土地所有人可能无法承担经济补偿的义务,故而法律赋予了土地所有权人通过延长地上权存续期限的方式以兹对抗。而在日本民法中,地上物独立于土地,地上权消灭,原地上权人仍拥有地上物的所有权,自可将其取回。考虑到大多数情况下取回对原地上权人不利,而土地所有人也可能有使用建筑物之意愿,故法律赋予其购买权。可见,在不同大陆法系国家和地区,立法对待其与地上物的关系的理念是不同的,这种理念决定着当地上权期间届满而未得到续期时,土地使用人处理地上物的差异。

(6)续期条件之不以建筑物为前提

就地上权续期的条件来说,德国地上权的续期不以地上建筑物存在为前提。地上权虽为建筑而设立,但是在地上权设立后建筑物倒塌时,地上权不随同消灭。建筑物倒塌后地上权人仍可以重新建筑,原定地上权设立期限不变。与之不同,日本借地权具有一定的特殊性,借地权人请求借地权续期时,需要以借地上存有建筑物为限。虽然上文已述,在日本民法中土地和建筑物是相互独立的①,但是作为土地利用权的借地权却是同建筑物紧密相关的,在某种程度上也可以说借地权其实是依存于建筑物的,甚至会因建筑物的灭失而灭失,虽然建筑物灭失后借地权人还可以重建建筑物并因此延长期限②,但这种因建筑物存在而存在的借地权仍然是脆弱的。因建筑物的存在才能得以续期的续期制度也使得借地权这种土地用益物权具有不稳定性。

4.4　两大法系续期制度的经验借鉴

纵观大陆法和英美法各国和地区的不同立法例,面对土地产权到期后的续期问题,两大法系皆自成体系。虽因法律理念和利益考量的不同导致两大法系的土地产权续期制度也有差异,但两大法系在应对续期问题时也有交叉与融合之处。在此,我们并非要比较两大法系孰优孰劣,而是要通过对两大法系土地产权续期制度的比较,分析其差异、寻找其共性,从而为我国建设用地使用权续期

---

① 日本是将土地和建筑物视为相独立的部分。日本之所以有次独特的观念,是因为日本的房屋大部分为木造,木造房屋很易于拆除,将木造房屋解体后,其建材运到别的地上,仍可按原有结构重建。纵使建筑物万一失火烧尽,土地还是保留下来。因此,日本土地被视为不动产,但建筑物则被视为动产。参考:铃木禄弥、刘得宽(1994,pp.61-65)。

② 《日本借地借家法》第 7 条。

制度的建设寻找理论和实践借鉴。

4.4.1 续期的法律关系

土地产权的续期,其法律关系是契约的延长还是契约的更新,在不同法系中需要分别讨论。在大陆法系,有存续期限之物权因期间届满了而消灭(三潴信三,孙芳,2005,p.33),换句话说,他物权作为一项有期限的权利,其期间届满后自然回到土地所有权人手中,那么设立该项权利的契约也自然于期间届满之时终止,不再继续生效;当事人可在他物权期间届满续期之时,再一次达成合意,设立新一个期间的他物权。在这样的法理逻辑下,土地产权可以从出让、终止、收回到再次出让,形成一个不间断的循环过程。故而,他物权期间届满后的续期,从法律关系上来说,这一过程包含两层物权变动:一是原土地权利因期间届满而消灭;二是新权利的设立。这一逻辑也是我国现行土地使用权出让制度法理逻辑的要求和展开。

而在英美法中,用于描述不动产租赁期间届满后续期的术语常会出现"更新(right to renewal)"或"延期(lease extension)"两种表达。一般来说,两者的实际效果都是租赁双方在租赁期满后继续保持出租人与承租人的关系。但是契约"更新"与契约"延期"这两种实现租赁续期的方式有不同的法律内涵,所产生的法律后果也不尽相同。行使"更新权"的法律效力是在租赁到期时终止原租赁并立即开始新租约(new lease)。一般而言,新租约将包含原租约的所有一般性条款,但下列情况除外:(1)承租人个人的任何权利及、(2)续期期间须支付的租金(Cornett & McCallum,2009)。简单来说,即使租赁更新后,新的租约是按照与初始租约相同的条款和条件授予的,但除非租约另有明确规定,否则原租约中的特殊个人性权利,如优先购买权、购买房产权或原租约中约定的租金,在新的租约中不再生效。在判例中,法院一般认为这些权利不附属于该租赁,而是针对承租人个人而言的。

相反,租赁"延期"的法律效力是延长原租赁期限,通常与初始租赁期限保持相同的条款和条件。从承租人的角度来看,选择延长租约的方式实现租赁的续期可能更为有利,因为承租人可以不间断地享有原租赁的所有权利,包括承租人个人的权利。

租赁的"更新"与"延期"在英美法系的租赁契约中均是存在的,选择何种方式则由租赁双方在签订契约时协商予以明确。针对英国法上受到立法特殊管制的法定租赁,立法中对于租赁到期后是"更新"还是"延期"及其后续的法律后果,采取了明确的语言予以表达。如针对低租金的长期住宅租赁,1967 年《租赁改革法》规定如果承租人希望在租赁到期后继续使用该不动产,可以向房东发出书面通知要求"更新"契约,除非特殊情况外出租人应当予以同意,在租赁期间届满之日起再续租 50 年,并与承租人重新签订新的租赁契约,设立新的租业权(a new tenancy)。[1]

4.4.2　续期机制

两大法系下各国家和地区的土地权利的续期方式虽差异很大,但有一点是相同的,即在本质上将续期问题视为合同关系,但同时大多国家和地区都不完全把续期问题视作是单纯的私人之间的合意(靳相木、欧阳亦梵,2017)。大体上,两大法系下不同类型的土地产权主要是通过双方合意或是法定两种方式实现续期。

大陆法系国家和地区普遍采用"合意续期"为主的续期制度,这符合其土地私有产权制度的特征,土地所有人为私人主体,在地上权的续期问题上以追求个人利益最大化为目的,续期与否或是如何续期完全可以由双方根据个人意志进行协商或是博弈。

而法定续期的方式在英美法系中更加普遍和直观,特殊用途和特殊情况下的续期大多采用以法定续期的形式,在出租人未表达异议的情况下,承租人在租赁地产权到期后直接获得新的租契。而在大陆法系中,由于土地所有权具有至高无上的地位,土地使用权受制于所有权,加之当事人之间的契约具有优先的法律效力,故而一般来说,续期需要与否需要基于土地所有权人的意志,法定续期并不常见,大陆法系中的法定续期集中体现在日本借地权的续期制度中,法律规定在土地所有权人没有立即提出反对或异议的情况下,借地权人可以直接实现续期。

我国作为大陆法系国家,其建设用地使用权的续期自然属于私法领域内的意思自治行为,需要贯以契约自由的原则。但在事实上,由于我国较其他大陆法系国家具有特殊性,单一的合意续期制度并不适用于我国。我国所面临的建设用地使用权续期问题并非简单的如何在私人土地之上为私人的土地权利续期的问题,而是在公有土地之上,如何为私人的土地使用权续期的问题。在我国公有产权制度下,所有的土地用益物权都设立在国有或集体土地之上,尤其是国有土地之上,政府作为土地所有权人一般来说不存在私人利益,而是以保障居民的安居乐业、维护社会秩序稳定等社会公共利益为其考量的基本依据。因此,中国公

---

[1]　《Leasehold Reform Act 1967》,s.14(1)

有产权制度下的建设用地使用权续期问题相较其他大陆法系国家更具复杂性与特殊性。应当说,借鉴地上权理论改进国有土地使用权及其续期制度并没有任何理论上的错误。故而我们在借鉴其他大陆法系国家和地区的地上权续期制度时,不能直接照搬其地上权的单一合意续期方式,可以适度借鉴英美法的租赁地产权的法定续期,将其应用于关系到社会公共利益的特殊类型建设用地使用权的续期问题中。

另外,在德国、日本等土地私有制国家,通过设立地上权方式建造住宅或商业建筑的方式在范围和应用程度上远不及我国建设用地使用权。在德国,地上权在实际生活中远没有拥有土地所有权的自有房常见(曼弗雷德,2002,p.67)。日本的借地也主要以商业借地为主,住宅借地已经逐渐边缘化(沈宏峰,2011,p.19)。相比来说,在我国土地公有制下,所有建筑物或其他附着物的建设、建造都依赖于通过设定土地使用权而使用公有土地,相较于地上权建设用地使用权利用的范围更广。由此,不难推知,我国建设用地使用权因期间届满或其他原因消灭所造成的影响远比土地私有制国家和地区来得广泛和深远,未来几十年当建设用地使用权大批量期间届满,我国政府所面对的续期工作的复杂程度和规模是任何其他大陆法系国家和地区都无法比拟的。因此,在我国土地公有制下简单套用地上权制度将不可避免地存在局限性。同时,单一的合意续期制度执行成本过高,大大增加了社会资源的消耗,采用最简化、最稳定的续期制度应当是我国建设用地使用权续期的首要原则之一。故而在选择建设用地使用权续期方式时,我国无须也不能照搬或直接采用其他大陆法系国家和地区地上权的合意续期方式,而应考虑土地利用活动的具体情况以及我国土地产权制度所具有的独特性,简化续期规则与手续,并且更多地向土地使用权人倾斜,赋予土地使用权人更多维护自身利益的权利。

基于此,我国可以综合借鉴"合意"和"法定"续期方式,将"合意续期"与"法定续期"相结合。具有短期性、灵活性特征的土地利用活动,其期间届满时可以采用合意续期的方式,由当事双方根据现实需求自由协议;住宅等极具特殊性与重要性的建设用地,我国可以借鉴英美法的住宅租赁,对住宅建设用地进行特殊的管制,授予居住者法定续期权,限制终止续期的范围,明确终止续期的"正当事由"。

4.4.3　续期期限

不论是英美法系还是大陆法系,续期的期限都是由当事双方自由合意的内容,大多国家和地区的法律对此不加以特定的限制。当然,续期的期限也并非毫无约束的,英美法系租赁地产权的期限可为几年、几个月到 99 年或 999 年,但租赁的期限必须予以明定,否则租约当判为无效。大陆法系则存在着不定期限的地上权,但这种地上权的权利人享有的并不是永久期限的权利,而是可以随时终止的。同时,鉴于大陆法系中物权与债权在权利存续期限上存在区别,地上权的期限往往存在着最低期限的限制,期限过短的土地利用关系通常以租赁方式予以实现。

在我国,现行法对建设用地使用权的续期期限未作明确要求,但可以明确的是,虽然建设用地使用权的续期期限当属续期双方可以合意的内容,但该合意绝非是完全自由的,也就是说,我国建设用地使用权续期制度必须限制土地使用权的续期期限和次数,而不应设定拥有永久期限的建设用地使用权,保证在一定情况下土地使用权能够回到土地所有权人手中。综览各国和地区的立法,我们有丰富的国际经验可以借鉴。如借鉴日本借地权,土地所有权人可以提出符合法律要求的"正当事由",以拒绝借地权人的更新请求,或是在借地权默认续期之后的一定期限内提出异议,是否需要续期以由法院裁判为准,法院权衡土地所有人与借地权人之间的生活状况与使用该地块的必要性等因素,对是否予以续期进行合理的判断,以此为土地所有权人在合理的、不损坏公共利益的情况下收回土地提供了途径,防止永久延续的借地权出现。而针对我国公有产权制度下的建设用地使用权,立法必须在保证建设用地使用权能够稳定续期的同时,对于可能出现的社会公共利益用途或其他特殊用途,授予政府终止建设用地使用权或者拒绝续期的机制和途径。

4.4.4　续期有偿性

不论是大陆法的地上权还是英美法的租业权,土地产权续期后,土地使用者在新的期间内通常仍需要定期支付地租,作为土地使用者在一定时期内使用土地的对价,这在绝大多数国家和地区中是土地使用者的义务。基于此,国内关于"国有建设用地,尤其是住宅建设用地使用权续期之后,国家就不能再对该国有建设用地使用权收取任何费用"的观点,显然不符合大陆法系地上权的基本规则,只要是利用他人的土地,土地使用者应当在使用土地的期间内支付土地的对价。在建设用地使用权续期后的新的期间内,可以借鉴地上权制度,定期或一次性地收取费用(地租),并且配套设置灵活合理的地租调整机制。

针对住宅等具有特殊性的建设用地使用权,我国也可借鉴其他国家的"象征性地租"或是"租金管制"等方式,予以特殊的优惠或是政策倾斜。如中世纪后期英格兰出现了一种称为受益性租赁(beneficial leases)的租赁类型。受益性租赁在签订契约时需要先缴纳一笔能够反映该地块市价的费用,被称为"入地费",之后,承租人须每年缴纳一笔固定的具有象征性的年租,受益性租赁以长租期、低租金为特征(Bas,2008,p.141)。近现代也有类似的案例:如在英国瓦立克郡高技术产业区已批租的两块面积分别为 3 公顷和 1 公顷的土地,除一次性分别收取 850 万、400 万英镑地价款之外,每块地每年收取 1 英镑的象征性地租。象征性地租没有统一规定(Adkin,1911;Simpson,1986,pp.189-190)。类似的还有我国香港特区的"可续期租契"的地租,一般为一种象征性的固定金额的地租,价格较低且一般按年支付。除此之外,是否需要针对续期这一行为本身征收额外的"续期费",这在国际上无统一的范式,也并非国际通例,需要根据各个国家和地区的社会发展实际状况予以判断。

4.4.5　地上物处置

在大陆法系中,依据地上权与地上建筑物的不同关系,地上权期间届满未实现续期时,地上物存在两种法律后果:一是地上权消灭,地上建筑物直接归土地所有人,原地上权人不能损毁或移走建筑物之主要部分(一元模式);二是地上物独立于土地,地上权消灭,原地上权人仍拥有地上物的所有权,自可将其取回(二元模式)。

我国现行法在土地使用权与建筑物所有权关系问题上,采取的是两者相独立的理念①,但在土地管理实务中,为了避免法律关系复杂化,土地使用权和地上物所有权一般都作一体化处理,使得土地使用权人与建筑物所有权人主体一致②。

既然我国法律坚持土地使用权和地上物关系的二元主义,那么土地使用权期间届满后,建筑物、其他附着物在土地使用权因期间届满消灭后不应自动归土地所有人,土地使用权人有权取回地上物,土地使用权人如不欲取回的,应享有法定的购买请求权或是补偿请求权。

---

①　现行法律有多处规定表明土地使用权与地上物所有权的相互独立性:(1)《中华人民共和国城市房地产管理法》第 60 条规定土地使用权和房屋所有权分别登记,各有自己的权利证书;(2)《中华人民共和国城镇国有土地使用权出让和转让暂行条例》第 25 条第 2 款规定土地使用权和建筑物、其他附着物所有权可以分别转让,只是须经批准;(3)《中华人民共和国城镇国有土地使用权出让和转让暂行条例》第四章规定土地使用权可以出租,从而使土地使用权和地上物所有权相互分离。

②　如《城市房屋权属登记管理办法》规定:房屋权属登记应当遵循房屋的所有权和该房屋占用范围内的土地使用权权利主体一致的原则;并且在两者的处分性上也保持一致,如:即土地使用权转让、抵押或出租的,土地上的建筑物一并转让、抵押或出租;建筑物转让、抵押或出租的,其占用范围内的土地使用权一并转让、抵押或出租。

第 5 章

民意表象背后的经验逻辑

5.1 二手房价格里的续期民意分析模型

住宅建设用地续期有偿与否一直都是住宅建设用地续期问题中最具争议性的话题,是社会大众最为关注的利益焦点,续期有偿性问题的相关制度也是整个续期制度中的重要一环。公共制度的制定需要基于真实的民意,我国住宅建设用地使用权续期有偿性的相关制度必将要回应民意的诉求。因此,挖掘出隐藏的真实民意,是一项至关重要但在目前的研究中常常被忽略的工作。市场价格是民意的客观反映和表达,市场中影响房价的因素有很多,其中住宅二手房市场中,住宅建设用地剩余年限的长短是否对房价产生了影响,以及产生了怎样程度的影响,这些市场关系与动向能够帮助我们更加清晰地分析与考察购房者对续期问题,尤其是对续期有偿性问题的反应与预期,这是续期制度建设中一项重要的考量。当前,我国一、二线城市二手房市场发展迅速,一些城市二手房成交量已超过一手房成交量,二手房市场所展现的市场动向能够准确地捕捉到住宅建设用地续期问题在市场中的反应。基于这样的制度需求,本书以杭州市二手房交易数据为基础,通过考察住宅二手房市场中住宅建设用地剩余年限与住宅价格的关系,分析住宅二手房市场对住宅建设用地到期后续期及其有偿性问题的反应与预期,探讨相关的影响因素,挖掘国有住宅建设用地续期问题目前的市场动向,为住宅建设用地自动续期制度的方案设计尤其是续期费用制度提供民意导向与实证基础。

5.2　基于杭州市二手房数据的续期民意

　　常用的分析住宅价格的方法,如收益法、成本法、市场比较法等,这些方法虽然能从一个侧面反映商品住宅价格的形成过程,但没能就住宅本身给消费者带来的主观满足即消费偏好进行充分的分析,而这正体现着消费者的最终需求(张占平,2007;陈安明,2006)。鉴于此,本书引入特征价格模型(hedonic price model),这种方法能够基于消费者的偏好来分析住房价格的主要影响因素。该方法是利用回归分析方法将商品各项特征的隐含价格从商品总价格中分离出来,这样就更有利于生产者和消费者认识产品价格形成的内在组成机制和形成机制(Lancaster,1966;Rosen,1974;刘洪彬、王秋兵,2011)。此方法从Lacnaster 创立"特征价格理论"(hedonicprice theory)到 Rosen 建立起供需均衡模型,至今已发展完备(王力宾,1999)。住房价格受多种因素的影响,大量文献证明,土地价格是由区位条件、邻里环境、结构属性等多类特征或属性共同影响而形成的(秦波,2010),房地产的这种"异质"属性使其成为特征价格模型得以广泛应用的研究领域(郭文刚、崔新明等,2006)。

　　根据特征价格理论,房价与各特征因素之间的关系可以表达为:

$$P = h(X_1, X_2, \cdots, X_n) \tag{1}$$

　　P 为房价,h 为效用,$X_1, X_2, \cdots, X_n$ 为住房的各个不同特征。当住房的某些特征改变时,房价也发生改变。

　　落脚到住宅建设用地使用权续期的问题上,基于对续期问题的不同考量,住宅建设用地的剩余年限长短会影响购房者的购买意向,从而影响二手房价格。同时,剩余年限对二手房价格的影响程度也能够表现出市场对住宅建设用地续期有偿性问题的预期。但是,根据"特征价格理论",二手住宅的地理位置、装修程度、小区环境、交通条件等其他因素也会在不同程度上影响到成交价格。故而,本书引入特征价格模型,利用计量回归分析方法,在考察住宅建设用地剩余年限与成交价格关系的同时,控制与分析其他影响因素对于住房价格变化的可能影响,以此分析住宅二手房市场对住宅建设用地到期及续期有偿性问题的反应与预期。

5.2.1　模型建构和计算方法

（1）函数形式和计算方法

特征价格指数模型的函数形式主要有 3 种,分别是:线性形式、半对数形式(包括对数线性形式、线性对数形式)和双对数形式。本书采用对数线性回归模型,即半对数模型来检验这些变量是如何影响土地价格的,其中被解释变量为价格的对数,模型如下:

$$\ln P = a_0 + \sum a_i Z_i + \varepsilon \tag{2}$$

式中:P 为住宅用地出让价格;a_0 是一个变量,表示除特征变量所引起住宅用地出让价格变化外所有其他影响价格的常量之和;Z_i 表示特征变量,也就是影响住宅用地价格的变量;a_i 表示特征变量的特征价格,也是最终方程中每个变量的系数;ε 表示误差项。

（2）数据的选择

文献表明(Randolph,1988;Chin & Chau, 2003; Sirmans et al., 2005;郭文刚、崔新明,2006),国外对住宅市场进行特征价格研究时,住宅特征变量一般分为三大类,即建筑特征、邻里特征和区位特征。沿用这种分析框架,本书围绕住宅的建筑特征、邻里特征及区位特征三个维度筛选并确定了影响住宅价格的关键特征因素,综合考虑相关数据采集的可行性,本书最后选择了 13 个住宅特征作为模型的自变量(表 5.1)。其中:建筑特征变量 6 个,分别为建筑面积、楼层位置、剩余年限、朝向、卧室数、装修程度;邻里特征变量 5 个,为小区的容积率、绿化率、医疗配套、生活配套、教育配套,其中医疗配套通过各个小区到距离最近的三甲医院的直线距离表示,生活配套以各小区到距离最近的大型连锁超市的直线距离表示,教育配套通过各小区到距离最近的小学的直线距离表示;区位特征变量 2 个,分别为 CBD 距离与交通条件,即各小区到市中心点的直线距离以及各小区到最近地铁站点的直线距离。

表 5.1　住宅特征变量的定义与量化

	住宅特征	变量名称	变量定义
建筑特征	建筑面积	area	住宅的建筑面积(单位:平方米)
	楼层位置	floor	住宅所在楼层在本栋建筑中的位置,分为 3 级:高层＝3、中层＝2、低层＝1
	剩余年限	age	住宅所占住宅建设用地使用权所剩余的产权年限(单位:年)
	朝向	orien	住宅的朝向是否朝南,朝向为南或南北的,分值为 1,否则为 0
	卧室数	bed	住宅所拥有的卧室个数(单位:个)
	装修程度	decor	住宅的装修程度,分 3 级:精装＝3、简装＝2、毛坯＝1

续表

	住宅特征	变量名称	变量定义
邻里特征	容积率	far	小区的容积率＝地上总建筑面积/小区规划用地面积（单位：%）
	绿化率	green	小区的绿化率＝绿化面积/小区规划用地面积（单位：%）
	医疗配套	dis_hos	小区到最近三甲医院的直线距离（单位：千米）
	生活配套	dis_sup	小区到最近大型连锁超市的直线距离（单位：千米）
	教育配套	dis_sch	小区到最近小学的直线距离小区（单位：千米）
区位特征	CBD 距离	dis_CBD	小区距离市中心（武林广场）的直线距离（单位：千米）
	交通条件	dis_rail	小区到最近地铁站点的距离（单位：千米）

根据特征价格模型的理论框架,住宅的特征要素主要分为建筑特征、区位特征和邻里特征三大类,故而本书所采用的住宅特征价格模型的函数形式表达为:

$$\ln P = f(X_1, \cdots, X_i, Y_1, \cdots, Y_m, Z_1, \cdots, Z_n) \qquad (3)$$

其中,P 为二手住宅成交价格,X_i 为住宅的建筑特征,Y_m 为住宅的区位性特征,Z_n 为住宅的邻里特征,$f(\cdot)$ 为待定的具体函数形式。

以收集到的数据为基础,本书在实证研究中采用的杭州市二手房交易价格特征模型如下:

$$\ln(\text{price}) = \beta_0 + \beta_1 \text{area} + \beta_2 \text{floor} + \beta_3 \text{age} + \beta_4 \text{orien} + \beta_5 \text{bed} + \beta_6 \text{decor} + \beta_7 \text{far} + \beta_8 \text{green} + \beta_9 \text{dis\_hos} + \beta_{10} \text{dis\_super} + \beta_{11} \text{dis\_sch} + \beta_{12} \text{dis\_CBD} + \beta_{13} \text{dis\_rail} \qquad (4)$$

5.2.2　研究区域与数据描述

近五年来,杭州市房地产市场经历了前所未有的大发展,杭州二手房成交比重提升迅速,从价格的节节攀升,到交易量的持续增长以及大小中介公司的林立可以看出住宅二手房市场已经成为一个不可忽视的存在。2017 年第一季度,杭州二手房成交套数首次超过新建商品房,标志着杭州楼市正式进入存量时代,二手房已经纳入购房者的重要选择范围。鉴于此,本研究选择杭州市为研究区域,对其二手房成交数据展开实证研究。在研究范围上,本研究选择杭州市主城区范围内的上城区、下城区、拱墅区、江干区、西湖区 5 个老城区作为研究区域;可以发现,非主城区域从位置上来看距离杭州的市中心太远,其生活圈与主城区相对独立,尤其是临安区、富阳区等被纳入杭州市行政区年限较短,比较适合做单独的分析。同时,本研究采集了杭州市贝壳、链家及安居客等专业房地产中介网站上的二手房交易数据,并在搜房网、网易房产网、新浪房产网等专业房地产网站上采集了相关楼盘的建筑时间、绿化率、容积率等楼盘特征信息,房地产网站上缺失的数据信息由实地调研获得。考虑到资料的可获性和时效性,本书将研究范围限定为 2017—2019 年范围内交易的住宅二手房。经采集,本研究共获得从 2017 年 1 月至 2019 年 11 月的住宅样本数量总计 14618 个,选择多层住宅和小高层作为研究对象,并对样本数据的完备性进行检查,剔除异常数据,并对小区进行实地调研,最后得到有效样本 12402 个,分别来自 1387 个有效的住宅小区样本①,主要集中在杭州市主城区中心区位。同时,本研究根据小区的具体位置信息,利用 GIS 技术,通过 Arcgis10.2 软件的空间分析—欧式距测算工具(euclidean distance)测算了衡量住宅区位性和邻里特征所需要的各项距离数据。

表 5.2　住宅特征的统计性描述

住宅特征	变量名称	最小值	最大值	平均值	标准差
成交单价	price	8334	99575	35462.09	11390.651
建筑面积	area	23.82	435.42	78.297	34.525
卧室数	floor	1	9	2.288	0.811
楼层位置	age	1	3	2.052	0.779
剩余年限	orien	24	69	53.733	9.136
朝向	bed	0	1	0.939	0.239
装修程度	decor	1	3	2.370	0.647
容积率	far	0.42	6	2.190	0.755
绿化率	green	9	70	29.736	7.090
医疗配套	dis_hos	0.05	19.13	2.983	2.890
生活配套	dis_sup	0.05	4.52	1.216	0.812
教育配套	dis_sch	0.05	5.56	0.747	0.460
距 CBD 距离	dis_CBD	0.37	108.37	5.999	3.675
交通条件	dis_rail	0.05	8.95	1.492	1.520

① 为了控制回归中的异常值效应,本书根据偏离平均值 3 倍标准差的原则,删除了挂牌单价高于 100 000 元/平方米的观测值,也剔除了住房面积小于 20 平方米的特殊住宅,最终留下 12402 户二手房交易数据。

从收集的 12402 户二手房成交的数据来看(见表 5.2),住宅交易单价平均值达到 35462.09 元/m²,单价最便宜的仅为 8334 元/m²,最贵的达到 35462.09 元/m² 不等。从住宅的建筑面积来看,平均建筑面积达到 78.30m²,卧室数最小的总建筑面积仅为 23.82m²,而卧室数最大的住宅总建筑面积则达到 435.42m²。从楼盘的绿化率来看,1387 个楼盘的平均绿化率为 29.74%,最低的绿化率为 9%,最高为 70%。从楼盘的容积率来看,平均容积率达到 2.19%,但容积率最小仅为 0.42,而容积率最高达到 6。

本书重点关注住宅剩余年限变量的作用。1387 个成交楼盘的平均剩余年限为 53.73 年,中位数为 54 年,主要集中在 47~52 年,只有 10% 的楼盘产权剩余年限大于 65 年,即房龄小于 5 年;66% 的楼盘产权剩余年限小于 60 年,即房龄大于 10 年;52% 的楼盘剩余年限小于 55 年,即房龄大于 15 年;36% 的房子剩余年限小于 50 年,房龄大于 20 年(2000 年以前建造的房子)。31% 的楼盘为 1990 年至 2000 年建造的,其剩余年限为 40~50 年。约 1% 的楼盘属于 1985 年以前建造,其剩余年限小于 35 年。在空间分布上,剩余年限小于 40 年的住宅,即 20 世纪 80 年代之前建造的住宅主要集中在杭州市主城区的中心区域;剩余年限在 40~50 年(1990 年至 2000 年之间建造)的住宅同样主要分布在中心区域,但集中程度相对舒缓,少量分布在西湖景区附近;剩余年限为 50~70 年的住宅属于较新的楼盘,分布较为分散,相对集中在拱墅区与江干区。需要说明的是,市面上流通的二手房并不是二手房整体存量的随机分布,而往往是其中质量较好、流动性较强的一部分,这是解读本书结果时需要注意的。

5.2.3 实证研究结果分析

本书采用 SPSS 软件对收集到的数据进行回归分析,通过表 5.3 可以发现,回归方程的 F 值显著性水平小于 0.001,调整后的 R^2 为 0.517,说明模型的拟合程度可行。表 5.4 可见,所有变量的 VIF 值均小于 10,说明各自变量之间不存在共线性问题。总体上,模型具有较高的解释能力,全部进入模型的自变量对因变量的共同影响具有显著性,即回归方程总体有效,在统计上是有意义的(本书仅用回归结果作影响程度分析,而不作预测,因此对 R^2 要求可适当降低)。

表 5.3　模型检验

模型	F 值	F 值的显著性	R^2	调整后 R^2
1	185.028	0.000	0.542	0.517

表 5.4　回归系数分析

模型	未标准化系数		标准化系数	t	显著性	VIF
	B	标准误差	Beta			
（常量）	10.283	0.028		373.182	0.000	
建筑面积	−0.001	0	−0.07	−4.956	0.000	2.984
卧室数	0.046	0.006	0.111	8.229	0.000	2.709
楼层位置	−0.007	0.004	−0.016	−1.973	0.048	1.003
剩余年限	0.002	0	0.057	5.067	0.000	1.847
朝向	0.134	0.012	0.095	11.154	0.000	1.074
装修程度	0.046	0.004	0.089	10.795	0.000	1.016
容积率	−0.048	0.004	−0.107	−12.303	0.000	1.13
绿化率	0.001	0	0.017	1.958	0.050	1.058
医疗配套	−0.018	0.002	−0.158	−12.229	0.000	2.466
生活配套	−0.006	0.004	−0.014	−1.481	0.139	1.259
教育配套	0.002	0.007	0.002	0.249	0.803	1.411
CBD 距离	−0.003	0.001	−0.03	−2.135	0.033	3.012
交通条件	−0.058	−0.002	−0.264	−24.517	0.000	1.718

注：因变量：成交单价

就变量的显著性分析来看，根据表 5.4，在 10% 的显著性水平下，13 个自变量中有 11 个变量对成交单价产生了影响；而生活配套、教育配套这 2 个变量的显著性水平均大于 10%，因此从统计意义来看，其回归系数与零没有差异，即这些变量对房价不具有显著影响。

就变量的系数来看，特征变量中每一个变量前面的系数代表着这个变量的特征价格变动幅度，其中，有 5 个住宅特征对住宅价格起到正向的作用，即卧室数、剩余年限、朝向、装修程度以及绿化率，其每提高 1 个单位，住宅价格将分别提高 4.6%、0.2%、13.4%、4.6% 以及 0.1%。建筑面积、楼层、容积率、医院距离、CBD 距离和地铁站点距离则对住宅价格有负影响,每提高 1 个单位,住宅价格将分别下降 0.1%、0.7%、4.8%、1.8%、0.3%以及 5.8%。

表 5.5 杭州市二手房价格影响因素影响程度排序与分类

特征变量	标准化回归系数	影响程度排序	影响程度分类	特征类型
交通条件	−0.264	1	1	区位特征
医疗配套	−0.158	2	1	邻里特征
卧室数	0.111	3	2	建筑特征
容积率	−0.107	4	2	邻里特征
朝向	0.095	5	3	建筑特征
装修程度	0.089	6	3	建筑特征
建筑面积	−0.07	7	3	建筑特征
剩余年限	0.057	8	4	建筑特征
CBD 距离	−0.03	9	4	区位特征
绿化率	0.017	10	4	邻里特征
楼层位置	−0.016	11	4	建筑特征

就住宅价格的影响因素的影响度来说,住宅用地的影响因素由于单位的不同,各影响因素对城市住宅用地出让价格的影响程度无法进行直接进行比较,但是标准化后的回归系数(Beta)是在所有变量标准化(Z 分数)后得到的,它具有可比性,使用它的绝对值进行各特征影响程度的排序。本书将城市住宅用地出让价格影响因素分为四类。分类标准为:第一类 Beta≥0.150;第二类 Beta≥0.10;第三类 Beta≥0.070;第四类 Beta<0.07。排序和分类的结果见表 5.5,从表中可以看出,在与杭州市二手房价格关系比较密切的 11 个影响因素中,影响程度是有差异的,影响城市住宅用地出让价格最大的特征是交通条件,影响最小的是楼层因素。第一类因素对城市住宅用地出让价格影响最大,分别为交通条件和医疗配套;第二类为卧室数与容积率;第三类为城市中心建筑面积、朝向;第四类为楼层位置、绿化率、剩余年限以及 CBD 距离。

根据表 5.5,第一,住宅自身建筑特征与品质对房价有显著影响,其中装修程度、朝向与卧室数这三个影响因素对住宅单价有正向的影响,这三个变量的数值越高,成交价格则越高。而建筑面积与楼层对房价有负向的影响,建筑面积大的住宅,其成交单价反而相对较低,这也与房地产市场的现实情况相符。但楼层越高其成交价格越低,这与直观上感觉不太一致。第二,就住宅的区位特征来说,到市中心距离越远,住房价格越低,平均而言,每增加 1 千米,将带来房价格下降约 0.3%,但市中心距离变量的影响程度并不高,仅在 11 个变量中排第 9 名,这个情况与杭州具有明显的多中心特征有关,传统的市中心(武林广场)已经不再是整个杭州范围内的唯一的 CBD 区域。本书还发现,公共服务设施与住宅价格有十分密切的关系,如离地铁越近,交通条件越好,住宅价格越高。第三,小区特征对房价有显著的影响,杭州市居民偏好绿化率高的住宅小区,绿化率每增加 1%,可以带来房屋价格上升 0.1%。而小区容积率的影响则更加明显,容积率每降低 1 个单位,可以带来房屋价格上升 4.8%。与此相同,距离三甲医院越近,居民享受到的医疗服务越便利,住宅价格也越高。与直观感觉不一致的是,超市距离与学校距离变量并没有产生显著影响,其原因可能在于,一方面杭州市主城区各新旧小区附近的超市配套建设已经比较完善,绝大多数片区都有大型连锁超市,并且在杭州电子商务发达的大背景下,居民日常对大型连锁超市的商超外送服务便利,一定程度弱化民众对大型实体超市的需求;另一方面,杭州市主城区公共教育资源配备也比较丰富,本书以距小学的距离作为衡量标准,而绝大多数小区附近都配有学校,距离上的差异并不明显,故而超市和教育条件并没有产生较为显著的影响。

　　本书所关注的是二手住房建设用地的剩余年限问题,据表 5.5 可见,住宅剩余年限对二手房价格具有显著影响,在控制相关影响因素的情况下,房龄对住房价格有正向影响。具体而言,在其他条件相同的情况下,住宅的剩余年限每增加 1 年,房价上涨 0.2%,即住宅剩余年限越长,距离期间届满的时间越远,其成交价格越高。这表明住宅二手市场对住宅建设用地剩余年限问题是有所反应的,购房者会考虑到住宅建设用地年限到期的问题,并对此有所顾虑。在《物权法》已经明确规定住宅建设用地使用权到期后自动续期的情况下,购房者对续期问题最关心的便是续期是否有偿的问题,购房者对续期问题的关注与担忧基本源自于此,剩余年限能够对房价产生影响,也进一步说明了购房者在一定程度上对未来住宅建设用地 70 年产权到期后采取有偿续期是有所预期的、并可以接受的。如若社会大众普遍认为住宅到期后自然实现无偿续期,那么购房者则不会对剩余年限问题产生担忧与介意,剩余年限因素也无从对住宅价格产生影响。但是,相比较于其他影响因素,剩余年限因素对房价的影响程度相对较低,在 11 个影响因素中,剩余年限的影响度仅排第 8 位,属于第 4 类因素,这说明剩余年限因素对普通购房者的购买意愿仅产生了较小程度的影响,购房者并未将剩余年限问题作为影响其购买二手房的主要因素。可见,市场对住宅建设用地剩余年限问题的反应并不激烈,市场价格与住宅建设用地剩余年限之间没有很强的纽带关系,这也充分反映了购房者对续期的收费问题并未抱有强烈的悲观预期,在社会大众的预期中,即便实行有偿续期,续期的收费制度也不会再次采用类似于住宅建设用地首次出让时的土地出让金制度。可见,住宅二手房市场价格所反映出来的民意并非对续期的有偿性毫无预期,一定程度上的有偿性是在民意预料之中的、可以接受的,但重新缴纳高昂的土地出让金或相类似的高额续期费用的方式则超出了购房者的心理预期,是可能不被市场所接受的。

第6章 续期类型及其理论方法

6.1 建设用地续期的分类及其特征

建设用地使用权续期制度的分类研究首先要建立在建设用地分类的基础之上。建设用地是一个各类建设用途用地的总括性称谓,在我国目前土地管理制度中存在着多种具体类型。各类型的建设用地在不同的社会经济领域承担着不同的功能与用途,承载着多样化的土地利用活动,其使用权也被赋予了相异的法律性质及权利内容。相对应的,续期制度研究自然也需要"因地制宜",为不同类型建设用地匹配差异化的续期制度,充分发挥与利用各类建设用地的特殊性与其优势,满足其个性化的现实需求,形成完善的建设用地续期制度体系。由此,建设用地使用权续期制度的研究将依据建设用地的类型化为主要线索贯穿始终,展开建设用地续期制度的分类研究。

整体而言,我国建设用地可以分为国有和集体建设用地两类。国有土地之上,按土地用途的不同,国有建设用地使用权可以分为住宅与非住宅建设用地使用权。住宅建设用地因其影响的广泛性和深刻性而最受舆论关注,其使用权到期后的自动续期问题时刻牵动着舆论的神经,因而也成为学界研究的重中之重。对于国有住宅建设用地而言,不论在任何时代和国家,住宅用地往往都会被视为是一类特殊的土地,住宅建设用地因其所具有的特殊属性,其续期问题也相应地具有独立性。而国有非住宅建设用地因存续期限相对更短,其续期问题更加紧迫,对其续期制度的研究也必须提上日程。同时,国有非住宅建设用地之上的土地利用活动日益丰富及多样化,这也对其续期制度的差异化和灵活性提出了要求。

而在集体土地之上,集体经营性建设用地使用权入市流转改革已经取得了重要的制度成果,并已经落实到 2019 年《土地管理法(修正案)》中,可以预见,近年入市流转的集体经营性建设用地期间届满时,也终将面临如何进行续期安排的问题,但当前各界对集体经营性建设用地期间届满续期问题缺乏关注,这将严重损害集体经营性建设用地使用权良好稳定预期的形成。

当然,除集体经营性建设用地之外,集体土地上还存有宅基地、公共设施用地和公益事业用地等建设用地,但由于这几类集体建设用地具有无期限性与公益性的特征,加之宅基地等集体建设用地制度也正处于快速改革变化的过程中,暂不存在期间届满的问题。故而,在续期制度研究这个语境下,集体建设用地中,目前仅有集体经营性建设用地使用权具有研究的现实意义。

由此,综合来说,本书将这三类建设用地,即:国有住宅建设用地、国有非住宅建设用地以及集体经营性建设用地到期后的续期制度为研究对象。在我国建设用地续期制度研究的范畴之内,这三类建设用地能够较为全面地代表目前最具有续期问题实际研究意义的建设用地,也能够贴合与满足当前社会经济生活中的实际需求,能够为我国建设用地使用权的续期制度展开较为全面地探索与总结提供一个较为全面的思路。

6.1.1 国有住宅建设用地续期

在世界上大多数国家和地区中,住宅用地往往都会被视为是一类特殊的土地,并在立法上获得更多的保护和管制,我国也不例外。在我国,住宅建设用地具有存续期限长、产权人数量众多、续期规模极大、与公民的居住权密切关联等属性。基于此,住宅建设用地的续期问题也相应地具有独立性。本书拟在对住宅建设用地概念界定的基础上,分析国有住宅建设用地的特殊性及该特殊性所反映出的真实民意诉求,进而对住宅建设用地的自动续期制度进行解读与反思。

6.1.1.1 住宅建设用地的特殊性

(1)住宅建设用地的内涵及外延

《物权法》第 149 条提出了"住宅建设用地"的概念。一般来说,国有住宅建设用地使用权人通常是通过购买住房并根据《物权法》第 147 条所规定的"地(权)随房一并处分"规则,继受获得其购得住房所占的建设用地使用权。在此情况下,住宅建设用地往往被认为是指住宅建筑物所占的建设用地的基底面积。这种解读符合我国现行土地管理制度对住宅用地的规定,如根据强制性国家标准《城市居住区规划设计规范》(GB50180-93)的规定,住宅用地是指住宅建筑基底占地及其四周合理间距内的用地的总称。这种以建筑物基地面积为实际范围的界定标准,即依实际功能来界定建设用地性质的方式,成为社会大众心目中对国有住宅建设用地的惯有理解。

然而,落脚到住宅建设用地的续期问题上,上文所述的住宅建设用地的界定方式则会产生现实困境,即:当住宅建设用地使用权期间届满,所有住宅用途的建筑物实际所占的建设用地得以续期之后,小区内剩下的其他用地如若无法一同续期,是否还能够保障业主的正常生活? 答案是否定的。目前,国有住宅建设用地的开发以商品房小区为主要形式,若仅将住宅用途的建筑物实际所占基底面积作为住宅建设用地,实则是将小区内其他附属用地,如绿化、道路、公共便民设置用地排除在外。显然,在住宅建设用地的续期问题中,仅仅以该块土地之上的建筑物是否用于居住(即依实际功能)来界定建设用地的性质,判断是否应予以续期的方式,存在机械性和狭隘性,与我国城市居民的实际生活需求相去甚远,并不适合我国当前商品房市场的现实情况(朱广新,2012)。如此之下,在同一住宅小区内,不仅会产生如何分割住宅用地和非住宅用地的难题,而且住宅小区完整的生活功能难免不会因不同的续期制度而受到不良影响。

基于此,本书认为,在住宅建设用地的续期制度的考量中,我们需要拓展现行住宅建设用地的内涵及外延,扩大其适用范围。结合住宅用地的特殊性和重要性,对住宅建设用地范围的认定应有两个方面的考量:

一是要考虑"居住"在当今社会语境中的复杂含义。住宅是人类用于居住的空间,随着人们生活水平的日益提高,"居住"对社会大众来说,不再是单纯物理概念上的用于作息的空间,而是一个涉及生活的便利性、私密性、美观性、运动、休闲娱乐、交通等综合因素的私人领域,包含有每个居民对于生活品质的追求。故而,在建设用地使用权续期制度的范畴内理解"住宅用地"这个概念时,便不能仅将思维局限于房屋基底及其四周合理间距内的用地之内,应以保证住宅小区内部的整体性与续期后不影响业主在小区内部实际生活为要旨来判断住宅建设用地的范围。

二是要考虑住宅用地在人们生活中的极端特殊性与重要性。鉴于住宅建设用地对于社会大众的基本生活与社会安定的重要性与必要性,相比于非住宅建设用地,住宅建设用地享有特殊性与优越性,在制度层面上应予以特殊的"照顾"。这种"优越"的地位源自住宅建设用地所具有的社会公共利益属性,是非住宅建设用地所不应享有的。鉴于此,在界定住宅建设用地时,应将具有营利性质的商业用地排除在外。

在我国现行法规框架内,根据最新的 2018 年《城乡用地分类与规划建设用地标准(征求意见稿)》(以下简称《城市用地标准》)对城市建设用地分类中"居住用地"作出了最新的解释,即将"居住用地"分为"住宅用地"与"服务设施用地"。其中,住宅用地是指"住宅建筑用地及其附属道路、附属绿地、停车场等用地";服务设施用地包括:"社区及服务设施用地,包括幼托、文化、体育、商业、卫生服务、养老助残、公用设施等用地,不包括中小学用地"。《城市用地标准》对于居住用地的界定是比较全面合理的。我们可以将"住宅建设用地"概念的外延解释为《城市用地标准》中的居住用地,在建筑物基地用地之外,囊括其附属道路、附属绿地、停车场等用地以及社区及服务设施用地,但是需要将其中营利性质的商业予以剔除,划归到非住宅建设用地的范围内。社区中营利性的商业用地一般坐落在住房小区外围的超市、餐饮等门店,由于其具有个人营利性,不应将其与住宅建设用地绑定在一起适用统一的续期制度。

"住宅建设用地"在概念上存在的另一争议是当下流行的所谓"商住两用房"(又称"商务型公寓")的建设用地。实质上,商住两用房只是大众语境下的概念,是生活化的用词,在法律上并无此概念。判定商住两用房的性质应当以城市规划为基础,依控制性详细规划或土地使用权出让合同上的性质为依据,而不是单纯以实际用途为准。目前房地产市场中的商住两用房大多是综合用地或商业用地性质,其产权存续期限为 40 年或 50 年,在用途上不仅可以用于住宅,还多用来注册公司、办公等。故而这类商住两用房不属于住宅建设用地,应划为非住宅建设用地。

(2)住宅建设用地的特殊属性

在我国现行土地有偿使用制度下,建设用地使用权通过招拍挂或协议等方式出让,建设用地使用权的出让规则并不区分住宅或非住宅性质,易言之,不论当事双方签订的《国有建设用地使用权出让合同》约定了何种用途,在法律上国有建设用地使用权都具有统一的规格。但在事买上,与国有非住宅建设用地相比,住宅用途的建设用地本身在属性和功能上所具有的独特之处,已在我国土地出让制度的方方面面有所体现。

一者,住宅用建设用地的存续期间远长于其他类型建设用地。住宅用地 70 年的存续期间,显然长于其他用途的建设用地的 50 或 40 年之期限。通说认为,工业或商业用地是以其最长经营或生产寿命为依据设置存续期限。而就建筑物本身来说,不论是何用途的建筑物,其设计寿命一般以 50 年为限,在现实生活中建筑物使用年限大部分在 30～60 年之间。而住宅用地之所以成为存续期限最长的建设用地,是比拟着人类的终身寿命为其存续期间。可见,不论社会经济发展形势或产业发展阶段如何,住宅用地都是长期、稳定陪伴居住者终生的存在。

相类似的,在农村集体土地制度下,在所有类型的集体用地中,唯独住宅用途的集体土地,即宅基地,被赋予了永久的使用期限,住宅用地的独特性与重要性可见一斑。

二者,从受众范围上来说,住宅建设用地所涉及的产权人数量众多。现代城市的商品房大多采取建筑物区分所有的方式,小区内业主人数众多。在这种土地出让和开发的模式下,我国的住宅建设用地使用权是以分散的形式广泛存在于私人业主手中,每一宗国有住宅建设用地的使用权都可能涉及全国各地的成千上万位业主及家庭。住宅用地及其使用权上的任何变动,所涉及的业主范围之广、数量之多、影响之大,让政府与社会大众都不得不以最谨慎的态度和最特殊的地位与之对待。由此,可想而知,当住宅用地大批量期间届满时,我国政府所面对的国有住宅建设用地的续期工作的复杂程度和规模是任何其他建设用地都无法比拟的。因此,住宅用地上的制度建设并非个人或少数群体的利益问题,而是牵动着到整个社会大众的利益,属于社会公共利益的范畴,需要公权力进行直接维护和干预。

三者,立足到社会功能上,住宅是一项特殊的生活必需品。住宅是个人正常生活不可缺少的空间及物质条件,住宅不仅是每个人最主要的生活空间,可以说还是人们精神的家园、个人财富的寄存地,是每个人安身立命的根本。《宪法》第39条第1款规定:"中华人民共和国公民的住宅不受侵犯。"依照这一规定,拥有稳定的住宅是公民享有的公权利,国家作为义务人,应当予以保障。住宅用地的居住功能,以及其在民众生活中所具有的极端重要性,是任何其他非住宅用地都无法比拟的。不单单是居住功能,在我国当前的社会背景下,住宅与每个人的身份相捆绑,住宅的坐落地代表着身份户籍的所在,决定着居住者所能享受到的入学机会与教育资源,是老人们眼中"老有所依"的保障,甚至是人们穷极一生而追求到的地位与财富的成果与象征。

住宅用地与其他类型建设用地的这种天然的与法律上的区隔其实并非中国社会所独有的,放眼国际,住宅地上权或住宅用地租赁大多都被视为特殊的土地利用活动,独立成体系。以英国为例,不动产租赁制度的运行往往贯彻契约自由的原则,但以住房为目的的不动产租赁在英国成文法上却设有单独的立法和管制政策,英国历届政府也都将调整住宅租赁关系作为自己政策的重要组成部分,如1915年《租金法》主要是针对租期较短的私人住宅租赁进行特殊的管制与保护,明确规定了这类住房租金的上限以及出租人终止租赁的条件与程序。而《不动产租赁法》《租赁改革法》等法令则是针对低租金、长租期的住宅租赁予以特殊的管制。

简言之,我们要承认住宅用地的续期问题的特殊性和独立性,在考量住宅建设用地的续期制度安排时理应"另起炉灶"而予以一定的特殊"优待"。

6.1.1.2　民意对住宅建设用地续期的诉求

住宅建设用地的特殊性不仅体现在其法律属性和社会地位方面,更表现在社会大众对住宅建设用地所抱有的特殊诉求与期待,这也是住宅用地续期问题动辄引发巨大社会舆论背后的深层原因。住宅建设用地续期制度方案的形成,首先必须要明确社会大众对住宅用地的续期问题究竟关注的是什么,即要发现住宅建设用地续期问题的背后有哪些真实的民意诉求。

(1)民意对居住权的诉求

从住宅用地的社会功能的角度来看,居住是人们最基本、最重要的生活需求之一,住宅用地的基本社会功能就在于满足人们的居住需求,使"居者有其屋",这也是人民实现"安居乐业"这一朴素愿望的前提。尤其是在土地资源日益稀缺、房价地价持续高涨之今日社会,拥有一套住宅相当不易,房屋的得失对人之生存的影响远非其他生活必需品所能比拟。因此,人们所诉求的必然是住宅用地及其地上的住房能够长久、稳定的存在。从制度建设的角度来说,当今住宅用地的续期制度在人们眼中应当是一项保障房屋长久存在的制度,其不仅要消除人们享有房屋所有权的制度性障碍,还要消除住房产权长期存续的不确定性,即居住者一旦首次拥有了住房便不用再担心由于土地使用期限问题或由于无力承担可能需要支付的额外续期费用而失去其住房,从而使房屋真正成为人们"安身立命"之所。

(2)民意对财产权的诉求

从民意认知和变迁的角度分析,改革开放之后土地制度改革所逐步建立起来的国有土地使用权出让制度,旨在引入市场机制纠正计划体制时期国有土地利用"无偿、无期、无流动"的问题,让土地从一种单纯的"资源"逐渐显露出其作为"资产"的属性与功能。在此过程中,国有土地使用权出让制度的重心早已从"权属"转变为"使用"并且又开始向"产权"倾斜,即国有土地使用权出让制度逐渐从国有土地的使用制度转型为一种在国有土地之上赋权于民的产权制度。这一制度上的变化所带来的社会影响便是引导了一场民意认知大变革。随着公民对国有土地使用权的分享,人们的市场意识与土地财产权观念逐渐强化,对于住宅产权的关注度和期待也随之提高,并开始把已经取得的建设用地使用权视为自己的财产。尤其是《物权法》的施行,进一步强化了公民在国有土地之上的财产权意识和诉求。住宅建设用地使用权自动续期话题动辄引发社会舆论的激烈交锋,其原因即在于此。因而,在当今民意中,住宅建设用地使用权期间届满后的续期问题在公民的心目中已经转化为对个人土地财产权的诉求,公民迫切地想要确认"公民在公有土地之上到底能够享有什么样的土地权利"这样一个具有高度切肤性、直观性的问题。

综合来说,住宅建设用地承载了公民对于居住权、财产权的期待,住宅建设用地使用权续期的法律方案要有利于形成全社会对公民的土地房屋财产长久受保护的良好和稳定预期。在现行法下,房屋所有权是无期限的,而土地使用权是有期限的。所谓"有恒产者有恒心",住宅建设用地使用权期续期制度应当成为维护人民群众对财富创造和保护的良好预期、保障人民安居乐业的基本制度。在坚持"房地一体、权利人一致"原则的前提下,在国有土地之上赋予公民以更强化的建设用地使用权,让全社会形成对土地房屋财产权的良好和稳定的预期,免除公民对自己的财产权利的担忧,应当成为自动续期制度建设的基本价值取向。

不得不说,在当今的社会形势下,住宅用地续期问题的背景和相关诉求已经与 20 世纪 90 年代不可同日而语。如今,住宅用地续期上升为一个社会舆论高度关注的热点、焦点问题,住宅用地续期制度呈现出亟待改革且又必须谨慎对待的现实局面。要推动与实现住宅用地续期制度改革,就必须以实现民意的诉求为目标,在自动续期制度范围内作出合理的具体的制度安排。

6.1.1.3　住宅建设用地自动续期的解读与反思

2007 年《物权法》针对住宅建设用地使用权期间届满的后续安排问题,提出了自动续期的制度方向。自动续期制度自其出现便引发了诸多争议。自动续期制度有其进步性与改革性,但也存在着尚未解决的问题。住宅建设用地使用权自动续期制度的建设与改革,首先需要对自动续期这一概念进行剖析。据此,本书旨在对其探本清源,在对自动续期制度中悬而未决的法律问题进行分析与反思的基础之上,对自动续期的适用范围与制度内涵进行界定与解读。

（1）自动续期制度中尚未解决的问题

当前,自动续期制度在法律层面仍存在冲突。1994 年《城市房地产管理法》规定所有类型的建设用地使用权均实行申请续期制度,这其中自然包括住宅建设用地使用权。而 2007 年《物权法》则将住宅建设用地使用权的续期转轨至自动续期制度,这显然与《城市房地产管理法》产生了冲突。比较两部法律的优先性,根据法律解释的技术手段,就《城市房地产管理法》与《物权法》的层级来说,这两部法律目前皆现行有效,且属同一法律层级。就两者的法律效力而言,我国

《立法法》第 83 条①确立了"特别法优于一般法""新法优于旧法"的法适用规则，但两条规则所适用的范围是"由同一机关所制定的法律规范"。《物权法》由全国人大通过，《城市房地产管理法》乃全国人大常委会通过，两部法律由不同立法机关制定，故而"特别法优于一般法""新法优于旧法"的比较规则均无从适用。就全国人大与全国人大常委会而言，《立法法》并未规定这两个立法机关通过的法律之间有效力高低之分，即是说《城市房地产管理法》与《物权法》之间的法律冲突无法在现行《立法法》框架下予以解决（高圣平，2008）。距《物权法》颁布已有十余年，这一法律层面的冲突至今仍未得到解决。

不仅如此，2016 年原国土资源部对浙江省国土资源厅《关于如何处理少数住宅用地使用权到期问题的请示》的复函（以下简称为《复函》）又针对住宅建设用地使用权的续期问题"另辟蹊径"地提出了"不申请、不交钱、正常登记和交易"，涉及土地使用年限，仍填写原始日期和到期日期的"两不一正常"续期政策，这为本来就存在冲突和争议性的住宅建设用地使用权自动续期制度更增添了新的争议。要想回答"住宅建设用地使用权到底应遵循哪种法律要求，续期制度的进一步改革与建设应沿着何种方向"这一问题，必须首先理清思路，透过"争议"表象看问题的本质。《复函》援引《物权法》第 149 条，形似对《物权法》的贯彻与细化，实则是对续期问题的模糊化。"不申请、不收费"的安排实际上是对个别群体的让利和安抚行为。而《复函》要求"土地使用期限"仍填写该住宅建设用地使用权的原起始日期和到期日期，这显然并未延长其产权年限，是一种"没有续期的续期"，是一种过渡性办法，实际上是对续期问题的搁置。同时，《复函》又准许未延长年限的到期土地使用权"正常办理交易和登记手续"，这一安排实际上也是安抚性的做法，将矛盾先压下去，暂时不触碰，而留待以后解决。《复函》所规定的看似是一种自动续期，但这所谓的"自动续期"将会造成不同社会群体之间的公平正义问题。此类土地当初出让时，政府大概只收取了 20 或 30 年的土地出让金。从 1990 年颁布《暂行条例》之日算起，70 年的住宅建设用地使用权到 2060 年才陆续期间届满，《复函》先行授予该部分少数到期土地使用权人从当下至 2060 年 40 多年时间内无偿使用国有土地的特权，显失公平，很可能为日后出台自动续期的法律安排埋下更大的隐患。值得庆幸的是，根据《国土资源部办公

---

① 《立法法》第 83 条规定："在同一机关制定的法律、行政法规、地方性法规、自治条例和单行条例、规章，特别规定与一般规定不一致的，适用特别规定；新的规定与旧的规定不一致的，适用新的规定。"

厅关于实行规范性文件"三统一"制度的通知》（国土资厅函〔2015〕523 号）①，该《复函》只是国土资源部对特定下级机关的个案处理意见的指导，其效力低于国土资源部的规范性文件，更低于国土资源部的部门规章，不足以对《城市房地产管理法》与《物权法》所构成的续期制度产生冲击。但是，在依法行政的观念和能力还比较薄弱的今天，部分媒体的恣意解读可能给予社会大众以强烈的心理暗示和预期，导致社会舆论及部分地方政府很可能将《复函》视作具有普遍约束力并能够反复适用的规范性文件，将其作为国土资源部门行政管理的依据，这难免会对日后自动续期法律安排的形成造成消极影响。

就《物权法》中的自动续期制度而言，《物权法》也仅仅明确了国有住宅建设用地自动续期的制度大方向，但对于续期过程中的各项关键性问题和要素却未涉及，如续期的模式、续期的期限、续期的有偿性等问题。这也是《物权法》颁布后，国有建设用地使用权续期的争议不仅没有终止，反而产生了新的争议的重要原因之一。追溯《物权法》的制定过程，可以清晰地发现，住宅建设用地续期是否收费等问题在立法时就存在诸多争议，《物权法》草案第 1 次审议稿对此未予明确，2 审稿、3 审稿则规定续期应当支付土地出让金，4 审稿、5 审稿则提出"建设用地使用权人应当支付土地使用费，续期的期限、土地使用费支付的标准和方法由国务院规定"，并且从 4 审稿开始区分住宅用地和非住宅用地，规定住宅建设用地可以自动续期，但到 6 审稿则又删除了续期应当支付土地出让金或土地使用费的规定（全国人大常委会法制工作委员会民法室编，2007，pp. 37-65）。从明确规定续期需要缴费到取消关于收费的规定，不难发现立法者的犹豫态度及最后采取的模糊、回避的策略。可见，续期制度的模糊性其实是立法者"有意而为之"。根据全国人大常委会法制工作委员会编制的《〈中华人民共和国物权法〉条文说明、立法理由及相关规定》（2007，p. 275）的说明，这是因当时"缺乏足够的科学依据，待十几年后国家富裕了，是否还要收取土地出让金等问题，应慎重研究"。随着我国建设用地使用权出让制度的逐步发展成熟，面对人民日益强化的个人土地财产权意识与对长久稳定的居住权益的需求，当下是时候对住宅建设用地使用权的续期制度自动续期展开新的研究和解答。

（2）自动续期内涵的政治逻辑解读

鉴于自动续期制度内容的模糊性，从《物权法》颁布至今，自动续期制度的内

---

① 国土资厅函〔2015〕523 号规定：从 2015 年 5 月 1 日起，国土资源部的规范性文件启用"国土资规"发文字号统一发布，凡以"国土资规"字号发布的其他各类文件，均不认定为规范性文件，不得作为国土资源部门行政管理的依据。

涵得到学界的广泛关注和讨论,目前已基本形成无偿无期限续期、有偿有期限续期和待条件成熟再作决定等三种主张。

坚持无偿无期限续期的论者,如孙宪忠(2015)、房绍坤(2007,7,p.204)认为,自动续期之"自动"即为不必办手续,也不必缴纳费用,即可续期;崔建远(2014)也认为自动续期应不再收取土地出让金;朱广新(2012)对申请续期和自动续期进行了比较,认为自动续期应当具有自动、无偿、无期限的优势;张千帆(2009)提出,无偿续期本来是一种简单而明确的制度安排,一旦采取有偿续期,续期费用、期限等细节的确定会带来诸多不可准确预料的情况,政府必须拿出正当理由说服人民。全国人大代表宗庆后(2011)建议,为了让百姓拥有真正的恒产,提升人民福利,应无偿自动续期。

坚持有偿有期限续期的论者,如宋炳华(2011)认为续期的费用标准应借鉴国家公有住房和经济适用住房上市补交土地出让金的做法,续期期限应同于上一期间。高圣平、杨旋(2011)等坚持,在他人土地之上获得收益,应当支付对价,否则无权再使用他人土地,而费用制定标准应根据房屋的结构和耐用的年限等统一确定。牛立夫(2012)主张在有偿有期限续期原则的基础上,从传统统一收取土地出让金变革为有条件的有偿续期,如以土地使用税代替土地出让金,按住宅建筑总面积超额累进计算。

坚持待条件成熟再作决定的论者,大都认为住宅建设用地续期是否须支付土地使用费等问题,目前以不作规定为宜,条件成熟时可以根据实际情况再做慎重研究。如王利明(2002,pp.929-931)认为,该问题关系到广大群众切身利益,需要审慎对待,现在住宅建设用地使用权到期的情况还很少,问题还不突出,有必要做进一步深入研究后,再作出合理的规定。

以上不同主张的分歧,根源在于方法论的差异。坚持无偿无期限续期的论者,很大程度上遵循的是政治逻辑,即将住宅建设用地使用权自动续期这个法律问题转换为一个政治议题来对待,倾向于跳脱现行土地出让制度的法理逻辑,突出住房的社会性与保障性,强调民意的反应和表达。坚持有偿有期限续期的论者,则大都在法学的框架内,从现行土地出让制度的法理逻辑角度,对续期方案进行设计和论证。坚持待条件成熟再作决定的论者,其论述隐含的也是政治逻辑,认为目前在政治上没有迫切性或尚不具备条件对续期方案做出决定。

对于自动续期的含义,本书认同孙宪忠、王利明、宋炳华等学者的见解,认为住宅建设用地使用权到期后,不需要到政府有关部门申请办理延期手续。按照文义解释,《物权法》第149条之规定,有两点是明确的:一是续期的对象是"住宅建设用地",而非其他用地;二是续期程序的启动和完成是"自动"的。在《辞海》

中,"自动"的意思是"主动",即不靠外力,无须对方配合。如果将上述法律条文在语意上加以扩展,即可以理解为,住宅建设用地使用权期间届满后,使用权人无须原出让人的配合,就可以自行启动并完成续期程序。易言之,住宅建设用地使用权的自动续期不应有前提条件的限制,正如朱广新(2012)认为,从法律文义解释自动续期应意味着建设用地使用权人可以不主动地采取行动(包括支付土地使用费行为),既可获得土地使用权。《物权法》是一部民法,涉及我国国民经济生活的方方面面,受众为普通民众,语言也相对浅显易懂。按照字面简单地解释,那么自动续期就是无附加条件的续期。

若进一步探究立法者原意,自动续期的内涵则更加清晰:将住宅建设用地使用权的续期从原有续期制度中独立出来是《物权法》推陈出新的产物,因此在理解立法者目的时须对比新旧两种制度,看看其破除了什么,新建立了什么(靳相木、欧阳亦梵,2016)。总结1990年的《暂行条列》和1994年的《城市房地产管理法》,可得知旧的续期制度有三层含义:需要申请续期,重新签订土地出让合同,缴纳土地出让金。《物权法》确立了住宅建设用地使用权自动续期的新制度,那么就应破除旧制度,因此住宅建设用地使用权续期时,应无需提出申请、无需重新签订合同、也无需缴纳出让金,否则立法者将法律分别作规定就无意义。按照寻找最大公约数的方法,自动续期的要义是土地使用权人无须与原出让人达成合意,即可自行启动和完成续期程序(靳相木、欧阳亦梵,2016)。质言之,自动续期是一种非合意续期。

在土地出让法律关系性质上,住宅建设用地和非住宅建设用地原本没有任何不同之处,二者在建设用地使用权设立之时并无二致。《物权法》刻意在续期环节将住宅与非住宅建设用地区分开,使住宅建设用地走上了自动续期的轨道,其背后的逻辑是将住宅建设用地使用权续期这个法律问题作为一个政治议题对待,认为相对于非住宅建设用地使用权,住宅建设用地使用权应该得到特别优待。这是法律问题的政治解决方式,它考量的是民意对住宅建设用地续期的诉求,而不是现行国有土地出让制度的法理逻辑。而自动续期制度的初衷,就是为了保障居民安居乐业,维护社会稳定,是一项服务于社会的政策。

综合而论,住宅建设用地使用权的自动续期制度既存在法理逻辑也存在政治逻辑,二者不能偏废。具体来说,自动续期首先是个法律问题,但此法律问题的解决必须通过政治机制获取民意上的依据,即住宅建设用地使用权续期问题的解决,虽然最终要表现为一个法律方案,但这个法律方案的形成,在很大程度上不是法学家、法官、立法者等利用法学原理、遵循现行土地出让制度的法理逻辑就能够创造出来的,而必须借助民意的反应、表达和实现等政治机制,按照少数服从多数的民主原理来追求和达成。

然而,理解了住宅用地自动续期制度的内涵仍然是不够的。目前,自动续期制度仍然是一项未竟的改革,是一项亟待完成的事业。我国住宅用地续期制度的完善需要以《物权法》上自动续期的内涵为起点和基础,构建并发展出一套完整的制度体系,填补关键性的制度节点与对应的法定程序,这样才能够真正地消除民众疑虑。

(3)自动续期的适用范围界定

2007年《物权法》之后,我国出现了若干起住宅建设用地提前到期的续期案例,关于其是否应与70年的住宅建设用地使用权一样适用自动续期的制度方案,也存在争议。事实上,当前少数提前到期的住宅建设用地使用权的续期问题与70年住宅建设用地使用权期间届满后的自动续期问题,有着根本上的区别,不能将二者混淆。

少数已到期的住宅建设用地使用权续期问题产生的原因,可以追溯到20世纪90年代前后。当时地方政府在探索土地使用权出让的过程中,确有存在出让期限没达到法定最高年限的情形。随着土地出让制度的不断完善,各地国有土地使用权出让大都按最高年限进行。少数已到期的住宅建设用地使用权提前续期问题,其实是一个合同法范畴内的续期问题,我们完全可以也应该将其置于我国现行国有土地使用权出让制度的框架内,依现行法律法规予以解决,即将双方当事人的续期行为视作合同行为,通过重新签订合同将使用期限补足到法定最高年限,并补交相应年限的土地出让金的过渡办法,使之纳入到70年住宅建设用地使用权的行列。待将来国家对70年的住宅建设用地使用权自动续期作出法律安排后,再一体适用。这样的过渡性办法,与我国现行国有土地有偿使用制度的内在逻辑是贯通的。既然现行国有土地有偿使用制度没有废止,就应该贯彻落实它,此乃依法行政的基本要求。基于这一逻辑,在现有的案例中,深圳经验为提前到期的住宅建设用地使用权续期问题提供了符合法理与公平正义精神的良好范式,如案例6.1所示。

案例6.1:

深圳市长城大厦位于福田区,该地块为行政划拨用地,土地用途为住宅。长城大厦6栋B308物业的房屋建筑面积80.58平方米,土地使用年限为50年,从1985年5月28日至2035年5月27日。2016年4月,该业主向市规划和国土资源委员会提出申请,要求将其使用年限从50年延长至70年。经市规划和国土资源委员会第一直属管理局批准,按照住宅用途基准地价的35%计收该房产延长使用期限 20 年(2035—2055 年)的地价,共 44940 元,该物业的土地使用年限得以延长至 70 年,即从 1985 年 5 月 28 日至 2055 年 5 月 27 日止,物业性质仍为商品房。[①]

而针对正常出让的,即以法定最高年限出让的 70 年期限的住宅建设用地使用权的自动续期,与缴了 20 年土地出让金的住宅建设用地使用权终归要区别对待,二者虽都名为"续期",但本质上截然不同,是典型的同名异质的两个问题。不论自动续期的具体法律安排为何,可以明确的是,对 70 年期限的住宅建设用地使用权而言,其所谓自动续期不属于现行出让制度框架下的合同法范畴的续期问题,而是一个要打破现行国有土地出让制度逻辑的问题。探索形成自动续期的法律方案,不应寄希望于以往法律学说及法理逻辑的推演,而是要立足当代中国的丰富实践,寻求法律问题的政治解决方式。而面对接下来可能陆续出现的少数提前到期的住宅建设用地使用权,其续期方案应当沿着深圳经验,土地部门也应当尽快以部门规章的形式,或者至少在部门规范性文件的层次上,对少数住宅建设用地使用权到期问题的处理作出更具效力的规定,正确引导自动续期的民意表达及社会舆论走向,为自动续期的科学研究、公民讨论及法律方案最终形成,创造良好的社会环境。

6.1.2　国有非住宅建设用地续期

6.1.2.1　非住宅建设用地的范围界定

《物权法》在对国有建设用地使用权期间届满后续期事宜的规定中创设了"非住宅建设用地"的概念,但《物权法》却未对其范围、内容作出明确的界定。我国非住宅建设用地使用权涵盖了多种类型的建设用地使用权。从法律角度而言,权利设立的方式对建设用地使用权的性质与特征有着重要影响,是建设用地使用权最基本的类型化方式之一。在物权法定原则下,建设用地使用权设立方式自应法定,《物权法》第 137 条规定:"设立建设用地使用权,可以采取出让或者划拨等方式",该条款确立了建设用地使用权的设立方式为"出让"和"划拨",这两种方式是依土地使用权人在取得建设用地使用权时是否支付对价为标准所作的分类(王胜明,2007,p.299)。但建设用地使用权的设立方式是否仅有出让和划拨两种方式,学界有不同的见解。一般认为,建设用地使用权设立方式仅限于

---

①　新华网:《深圳明确土地使用权续期》,http://news.xinhuanet.com/local/ 2016-04/20/c_128914358.htm,2016-4-20,[2019-06-30]。

"出让"和"划拨"两种,如高圣平认为,虽然《物权法》第137条使用了"等方式"一词,但在物权法定原则之下,该"等"为"等内等",而非"等外等"(高圣平,2012)。这意味着,建设用地使用权的设立方式并不包括租赁①。在现行法中,国有建设用地之上以租赁方式设立的建设用地使用权通常被视为债权性质,因而租赁一般不被作为国有建设用地使用权设立的方式之一。基于上述比较,在我国现行法框架内,按照权利的设立方式,本书将非住宅建设用地划分为"划拨非住宅建设用地"与"出让非住宅建设用地"。

我国现行法对划拨与出让的使用范围都作出了明确的限制。2007年《物权法》规定工业、商业、旅游、娱乐和商品住宅等经营性用地应采取有偿出让方式。而划拨建设用地的概念则相对复杂,在不同的历史阶段显示出不同的内涵。在计划经济时期,我国城市土地分散利用均是通过划拨方式进行的,具有"无偿、无期限、无流动"的"三无"特征。改革开放之后的一段时间内,划拨仍然是城市土地利用的主要方式,并且不区分用途,不管用于工商业还是公益事业均可采用划拨方式,如1982年深圳出台的《深圳经济特区土地管理暂行规定》,该规定首次规定通过行政划拨方式供应经营性用地②,并且规定了相应用途的土地使用年限,如工业用地30年,商业用地20年,商品住宅用地50年等。1990年《暂行条例》正式确立了新时期的划拨土地使用权,确认了其无偿且不可转让、出租和抵押的特殊性质,但同时又允许商业目的的划拨土地使用权进行商业化处分,通过"转轨"为出让建设用地,使原来不可流转的划拨土地使用权转变为可流转的土地使用权。③ 1994年《城市房地产管理法》第23条正式将划拨用地的范围限制

---

① 同时,"作价出资入股"一般也不作为建设用地使用权的一种独立设立方式。土地所有权人以建设用地使用权"出资入股",即在自己所有土地之上为其所投资的公司或其他组织设立建设用地使用权,这实际上是"出让"建设用地使用权的一种形式,只不过土地所有权人从土地使用人那里所取得的对价不是土地出让金,而是股权(高圣平,2012)。因而,该权利设立方式不作为本书的讨论内容。

② 《深圳经济特区土地管理暂行规定》第4条规定:"任何单位和个人需要使用土地,应向深圳市人民政府申请,经批准并完备应办手续后方得使用"。当时出让制度还未实行,土地使用人以"申请"的方式获得土地,可以归纳为"划拨"方式。2016年《深圳市规划和国土资源委员会关于我市土地使用权续期有关规定的说明》中对《深圳经济特区土地管理暂行规定》以行政划拨使用土地的方式作出了明确的认定。

③ 《暂行条例》第43条规定:"划拨土地使用权是指土地使用者通过各种方式依法无偿取得的土地使用权。"第44条规定:"划拨土地使用权,除本条例第45条规定的情况外,不得转让、出租、抵押。"第47条规定:"无偿取得划拨土地使用权的土地使用者,因迁移、解散、撤销、破产或者其他原因而停止使用土地的,市、县人民政府应当无偿收回其划拨土地使用权,并可依照本条例的规定予以出让。"

在公益目的范畴之内①,并赋予了公益目的的划拨用地使用权以"无明确期限"的性质②。2001 年国土资源部第 9 号令《划拨用地目录》对符合划拨用地公益目的条件的建设项目则进行了详细的列举。可见,我国目前现存的划拨土地存在两种状态,旧体制下的有偿、有期限的传统划拨土地使用权,与《暂行条例》与《房地产管理法》颁布之后的以公益为目的、无偿、无明确期限、无流动的划拨土地使用权。

新的划拨用地主要在于划定不可交易的、以公益为目的土地使用权,而旧体制下形成的传统划拨土地仍旧由原产权单位按照旧方式使用。故而现实情况中新旧两类划拨土地同时存在,如果不对这两种划拨土地使用权加以区分,则会导致许多不合理现象发生。因而,非住宅建设用地使用权的续期制度建设,需要对所涉及的划拨建设用地进行进一步的界定与划分。以公益为目的的划拨建设用地使用权往往不具有固定的期限,只要公益目的一直存在,划拨建设用地使用权即应当一直存在,划拨建设用地使用权因公益目的的实现或消失而终止(高富平,2016,p.114)。基于此,这类公益目的的划拨土地使用权应排除在本书所讨论的续期问题范畴之内。

除去这类公益性质的划拨土地,剩余的历史遗留的传统划拨土地,其未来方向应是走上"转轨"到出让建设用地的路径,是一个完全可以在现行制度框架内依法解决的问题,即通过重新签订合同,将使用期限补足延长到法定最高年限,补交相应年限的土地出让金的过渡办法,使之纳入出让的非住宅建设用地的行列。深圳依 1982 年《深圳经济特区土地管理暂行规定》所划拨的土地使用权在 2000 年左右陆续到期,深圳为这类早期有偿有期限的划拨土地使用权到期后的续期提供了合理有效的续期范式。由此,早期有偿有期限的划拨土地使用权的续期问题最终都将被纳入出让的非住宅建设用地使用权的续期体系之中,可依现行法规予以解决,因而也无需单独作为一类进行单独研究。综合来看,本章所要研究的"非住宅建设用地"仅是指以出让方式设立的国有非住宅建设用地。

我国现行土地出让制度中,土地出让时的用途分类是以原国家土地管理局

---

①《城市房地产管理法》第 24 条规定:"下列建设用地的土地使用权,确属必需的,可以由县级以上人民政府依法批准划拨:(一)国家机关用地和军事用地;(二)城市基础设施用地和公益事业用地;(三)国家重点扶持的能源、交通、水利等项目用地;(四)法律、行政法规规定的其他用地。"

②《城市房地产管理法》第 23 条规定:"土地使用权划拨,是指县级以上人民政府依法批准,在土地使用者缴纳补偿、安置等费用后将该幅土地交付其使用,或者将土地使用权无偿交付给土地使用者使用的行为。依照本法规定以划拨方式取得土地使用权的,除法律、行政法规另有规定外,没有使用期限的限制。"

1989 年颁布的《城镇地籍调查规程》中规定的"城镇土地分类及含义"为标准的[①]，但随后为了利于全国城乡土地的统一管理和土地调查成果的扩大应用，原国土资源部在此基础上又于 2007 年 8 月正式发布实施了《土地利用现状分类》（GB/T 21010-2007），我国土地利用现状分类第一次拥有了全国统一的国家标准，代表着现行最具权威、最符合我国土地利用真实情况的土地用途分类标准，由此原《城镇地籍调查规程》中的分类体系停止使用。据此，本书在非住宅建设用地所包含地类范围的界定问题上，采用 2017 年版的《土地利用现状分类》作为界定基础。

《土地利用现状分类》的一级类是按照用途类型的唯一性进行划分，不依"区域"确定"类型"，二级类按经营特点、利用方式和覆盖特征进行续分，所有的分类按照统一的指标，城乡土地同时划分。具体来说有 12 个一级分类[②]，其中涉及"国有非住宅建设用地"的有 6 类：商服用地、工矿仓储用地、公共管理与公共服务用地、特殊用地、交通运输用地、水域及水利设施用地。同时，依上文所述，本书所研究的国有非住宅建设用地只包括出让非住宅建设用地，故而根据《城市房地产管理法》与《划拨用地目录》，将非住宅建设用地中的划拨用地排除。基于此，本书所研究的"非住宅建设用地"的内容详见表 6.1。

依据表 6.1，本书所研究的"非住宅建设用地"的内容与范围已然明晰，在权利设立方式上为出让建设用地，在类型上以土地用途为基础分为"工矿仓储用地""商服用地""公共管理与公共服务用地""特殊用地"四类。

"工矿仓储用地"上的土地利用活动以加工制造业、矿产业与仓储业为主要内容。这类建设用地不论是存量还是增量，总体量大，随着工业化快速发展，这类用地在城市建设用地结构中比例高，增长快。从分布特征来看，不同类型的产业和企业的特征具有差异化，一些规模相对较小，具有标准化生产流水线，或者以高新技术产业为主的企业往往选择入驻现代化工业园区，分布相对来说比较集中，占地面积大。一些用地面积较大、工艺独特、独立性强、自成体系的工业项目，比如水泥厂、矿产等则一般单独选址。总体来说，"工矿仓储用地"的流动性相对来说较低，固定性较强，选址正在逐步郊区化。就存续期限来说，规模较大

---

① 2000 年《国家土地使用权出让合同》规范文本（GF-2000-2601）的《使用说明》中提到："出让合同中的土地用途按《城镇地籍调查规程》规定的土地二级分类填写。"

② 2017 年版《土地利用现状分类》国家标准采用一级、二级两个层次的分类体系，共分 12 个一级类、73 个二级类。其中一级类包括：耕地、园地、林地、草地、商服用地、工矿仓储用地、住宅用地、公共管理与公共服务用地、特殊用地、交通运输用地、水域及水利设施用地、其他用地。

表 6.1　非住宅建设用地包含的用地类型

编号	一级分类	编号	二级分类	说　明
6	工矿仓储用地	601	工业用地	指工业生产、产品加工制造、机械和设备修理及直接为工业生产等服务的附属设施用地
		602	采矿用地	指采矿、采石、采砂（沙）场，砖窑等地面生产用地，排土（石）及尾矿堆放地
		604	仓储用地	指用于物资储备、中转的场所用地，包括物流仓储设施、配送中心、转运中心等
5	商服用地	501	零售商业用地	以零售功能为主的商铺、商场、超市、市场和加油、加气、充换电站等的用地
		502	批比市场用地	以批发功能为主的市场用地
		503	餐饮用地	饭店、餐厅、酒吧等用地
		504	旅馆用地	宾馆、旅馆、招待所、服务型公寓、度假村等用地
		505	商务金融用地	指商务金融用地，以及经营性的办公场所用地。包括写字楼、商业性办公场所、金融活动场所和企业厂区外独立的办公场所；信息网络服务、信息技术服务、电子商务服务、广告传媒等用地
		506	娱乐用地	指剧院、音乐厅、电影院、歌舞厅、网吧、影视城、仿古城以及绿地率小于 65% 的大型游乐等设施用地
		507	其他商服用地	指零售商业、批发市场、餐饮、旅馆、商务金融、娱乐用地以外的其他商业、服务业用地。包括洗车场、洗染店、照相馆、理发美容店、洗浴场所、赛马场、高尔夫球场、废旧物资回收站、机动车、电子产品和日用产品修理网点、物流营业网点，及居住小区及小区级以下的配套的服务设施等用地
8	公共管理与公共服务用地	802	新闻出版用地	指用于广播电台、电视台、电影厂、报社、杂志社、通讯社、出版社等的用地
9	特殊用地	906	风景名胜设施用地	指风景名胜景点（包括名胜古迹、旅游景点、革命遗址、自然保护区、森林公园、地质公园、湿地公园等）的管理机构，以及旅游服务设施的建筑用地。景区内的其他用地按现状归入相应地类

　　* 本表根据《城市房地产管理法》、《土地利用现状分类》（GBT 21010-2017）与《划拨用地目录》（国土资源部〔2001〕第 9 号令）整理，其中分类编号采《土地利用现状分类》中的地类编号。

及矿产行业的企业存续期间相对较长,凸显出恒常性、稳定性的特征。中小规模以及新兴行业的企业,其存续期间则较短,项目更迭换代频率高,以灵活性与自主性为主要特征。

"商服用地""公共管理与公共服务用地"中的"新闻出版用地"以及"特殊用地"中的"风景名胜设施用地"属于第三产业用地,是承载人们生活活动的重要场所,主要用来为人民生活提供服务。这类用地一般分布较为分散,位于城市主要城区,与住宅用地结合较为紧密,区域选择性强,多处于繁华地段,且出让使用年限较短[①],土地利用价值高。这类用地的功能与人们的生活联系紧密,往往需要随时根据公共利益、市场需求和经济发展状况进行改变和更新,固定性和恒常度一般较低。在期限上,土地利用期限往往具有较强的灵活性与自由性,利用活动类型更新较快。

6.1.2.2　非住宅建设用地的特征

在大众语境中,"非住宅建设用地"是与"住宅建设用地"相对立的概念,其属性及特征与"住宅建设用地"有着显著差异。

一者,非住宅建设用地的存续期限为40～50年,短于住宅建设用地70年的存续期限。一般来说,非住宅建设用地以工业、商业、文体娱乐活动为主要用途,其存续期限是以其土地利用活动的最长经营或生产寿命为依据设置存续期限,土地使用者往往在特定期限内对土地进行利用,在一定的期限后可能不再有利用该建设用地的需要。因而,就非住宅建设用地的整体情况而言,其土地利用活动相比于居住活动来说具有短期性的特征,期限往往需要配合生产和经营周期的规律。

二者,从受众范围上来说,非住宅建设用地在进行开发后,其土地使用权往往不会以分散的形式广泛存在于大量私人业主手中,而是相对集中于少数个人或组织,如商业用地之上的商场、工业用地的工厂,其建设用地使用权往往只掌握在少数人手中。因而,相比于住宅建设用地,非住宅建设用地所涉及的个人业主相对较少,受众范围相对较窄,因此其续期问题也相对地集中在特定的范围之内。

三者,非住宅建设用地之上的土地利用活动也与住宅建设用地有着显著的区别:1)非住宅建设用地之上的土地利用活动以追求私益为经营或生产的目标,主要以私人投资为主;2)非住宅建设用地之上的土地利用活动具有多样性,由此

---

① 按照《城镇国有土地使用权出让和转让暂行条例》规定,商服用地出让用地最高年限为40年。

产生的现实需求也难以统一而论,既存在长期性、固定性的需求,也存在侧重短期性与自主性的需求;3)在社会功能上,主要起到促进经济发展,为居民生活提供服务,保障公民基本福利的作用,是每个人的社会生活中的重要部分。但相比于住宅用地作为特殊生活必需品的地位,非住宅建设用地上的土地利用活动的必要性相对较低,营利性目的较强,多以追求个人利益的最大化为目标。

非住宅建设用地上土地利用的特殊性决定了非住宅建设用地使用权到期后的续期不宜采法定续期的方式,而应选择申请续期制度,为土地使用者提供表达个人续期意志的空间和途径,以满足非住宅建设用地之上差异性土地利用活动的多样化续期需求。

6.1.2.3　非住宅建设用地申请续期的内涵

(1)非住宅建设用地申请续期的解读

2007 年《物权法》之前单轨制下的申请续期制度,是国有土地出让制度中的一部分,它与国有土地使用权出让的其他制度安排是相辅相成、内在贯通的。在现行土地使用权出让制度框架中,土地使用权出让是一个不动产物权设立行为,土地出让合同是不动产物权设立合同。一经签订合同,并经登记,国家与土地使用权人之间在国有土地之上便产生了用益物权关系。依物权法原理,单轨制下的申请续期本质上是一种合意续期,土地使用权期间届满续期,自然需要再一次达成合意,签订新一个期间的土地出让合同,支付新一个期间的土地使用权出让金,并再经登记,才能设立一个新期间的土地用益物权。在这样的法理逻辑下,土地使用权可以从出让、终止、收回到再次出让,形成一个不间断的循环过程,现行国有土地使用权出让制度也才能得以保持、再现和持续。这一法理逻辑体现和落实在《城市房地产管理法》《暂行条例》等相关法律法规对申请续期的规定上。①

2007 年《物权法》提出双轨制续期制度,其中非住宅建设用地申请续期继承了之前单轨制下申请续期的基本要件,双方仍要达成合意,重新签订土地出让合同、缴纳土地出让金、进行土地登记等。双轨制下的申请续期仍将是优先权约束

---

①　《城市房地产管理法》第 22 条规定:"土地使用权出让合同约定的使用年限届满,土地使用者需要继续使用土地的,应当至迟于届满前一年申请续期,除根据社会公共利益需要收回该幅土地的,应当予以批准。经批准准予续期的,应当重新签订土地使用权出让合同,依照规定支付土地使用权出让金。土地使用权出让合同约定的使用年限届满,土地使用者未申请续期或者虽申请续期但依照前款规定未获批准的,土地使用权由国家无偿收回。"《城镇国有土地使用权出让和转让暂行条例》第 41 条规定:"土地使用权期满,土地使用者可以申请续期。需要续期的,应当依照本条例第二章的规定重新签订合同,支付土地使用权出让金,并办理登记。"

下的合意续期,其要件还是双方合意、重新签订合同及再次缴纳土地出让金,它本质上仍是现行土地出让制度的法理逻辑的要求和展开。

(2)现行申请续期制度的反思

我国建设用地使用权申请续期自 1990 年《暂行条例》问世至今已 30 余年,观念上已经深入人心,但在制度建设层面,申请续期制度仍然是不完善的,可以说是一项无法落地的制度。

首先,申请续期制度没有实现续期的差异化和合意性。一方面,我国现行的申请续期制度是面向所有类型的非住宅建设用地,进行统一范式的申请续期,缺少了多样化续期的逻辑思路,无法针对不同用途、功能的各类非住宅建设用地的现实需求而进行差异化的续期安排。另一方面,现行《出让合同》中的续期规则没有体现出"合意续期"之合意性,完全体现的是土地所有权人,即政府一方的意志,土地使用者只能够服从,如就续期期限、续期次数、地上物处理等问题,在现行申请续期制度框架内,土地使用权人无法根据实际需要与政府进行协商、表达自主意愿。对政府而言,面对不同属性、不同需求的各类非住宅建设用地,也难以面面俱到地维系公共利益与个人利益的平衡,反而可能导致社会资源的浪费与行政成本的大幅度增加。

其次,目前非住宅建设用地实行申请续期的大方向已然明了,可以明确地说,非住宅建设用地使用权人在使用权期间届满时,依法享有向政府部门申请获得一个新期间的建设用地使用权的权利。而关于非住宅建设用地申请续期制度的若干关键性问题,如申请续期的模式、续期的期限、续期的纠纷处理、土地出让金的评估以及无法续期时的法律后果等,现行法未提供具体内容。面对现行法框架下申请续期制度遗留的诸多悬而未决的、亟待改革的问题,不应继续采取回避的态度,否则将会造成公众对不确定预期的不安,影响生产与经营活动的稳定性与投资信心。

再者,关于非住宅建设用地使用权期间届满且未实现续期的,其地上物的处理问题,根据国地批〔1996〕89 号的规定,土地使用权期间届满后地上物的处理仍按照《暂行条例》的规定,即土地使用权期满未申请续期或申请未批准的,国家无偿收回土地使用权,并无偿取得地上物的所有权。2007 年《物权法》新增的规定在地上物处置方面有一定发展和突破,明确可以按双方约定的方式处理地上物的产权转移,即"有约定的依约定,没有约定的,依照法律、行政法规的规定",但其中的"依照法律、行政法规的规定"又直指前引的《暂行条例》和《房地产管理法》的规定①。并且,根据我国 2000 年和 2006 年颁布的《国有土地使用权出让合同》和《国有土地使用权出让合同补充协议》示范文,凡采用《国有土地使用权出让合同》出让的国有建设用地使用权,其未续期时,地上建筑物的法律后果仍是由政府无偿收回,这在当前社会现实发展状况下显然不具有正当性与合理性,并且与宪法中保护公民合法财产的基本原则相违背。

不仅仅是制度内容上的不完善,国内学界关于非住宅建设用地使用权续期问题的研究也存有不足,学界关于续期问题的讨论往往集中于住宅建设用地上,非住宅建设用地使用权的续期成为被忽视的问题,学界的相关讨论少之又少。从 1990 年《暂行条例》算起,到 40 年后即 2030 年,距今已很近,届时全国范围内将迎来商业、旅游、娱乐用地使用权陆续到期的大潮,非住宅建设用地使用权续期的问题比住宅建设用使用权自动续期问题在时间上更加紧迫,如何从理论以及现实操作层面解决这一问题应当得到更多的重视与讨论。

6.1.3 集体经营性建设用地续期

在我国城乡土地二元体系与土地两权分离架构下,国有土地之上设立了可收益、可流转的用益物权性质的国有建设用地使用权,为个人利用国有土地提供了渠道。基于物权法确立的“所有权一体平等保护原则”,在集体土地之上设立具有相同法律地位的土地用益物权,使其成为集体成员的一项土地财产权利,也是应有之义。基于此,党的十八届三中全会通过的《中共中央关于全面深化改革若干重大问题的决定》(以下简称《决定》)提出了集体经营性建设用地使用权入市流转的改革②,这一制度改革的目标就是使集体建设用地使用权成为农民集体的一项财产性权利,并且让集体经营性建设用地与国有建设用地能够形成一个统一的市场,在这个统一的、自由运转的市场中提高农村集体经营性建设用地的资源配置效率。2019 年新修订的《土地管理法》正式确认了集体经营性建设

---

① 国家土地管理局关于执行《城市房地产管理法》和《暂行条例》衔接问题的批复(即国地批〔1996〕89 号)规定:《城市房地产管理法》施行后,《暂行条例》继续有效,《暂行条例》的规定与《城市房地产管理法》的规定相一致的,应结合起来执行;《城市房地产管理法》没有规定而《暂行条例》已有明确规定,应按《暂行条例》执行。根据这一规定,由于《城市房地产管理法》回避了未续期情况下的地上物处理问题。国有土地使用权期限届满且续期时,地上物的处理仍按照《暂行条例》的规定由国家无偿取得。
② 《决定》提出:“建立城乡统一的建设用地市场。在符合规划和用途管制前提下,允许农村集体经营性建设用地出让、租赁、入股,实行与国有土地同等入市、同权同价。”

用地使用权以出让、出租等方式直接入市的法律路径。①

在集体经营性建设用地入市改革中,续期问题是无法回避的重大问题。农村集体建设用地使用权到期后产权处置问题关系到土地产权的稳定性和预期,由于目前缺乏关于农村集体建设用地使用权到期后产权处置的法律法规或政策规定,使集体建设用地的产权存在不确定性。唯有明确到期后用地主体和农民集体对于集体建设用地及地上物的权属关系和续期规定,提前给予规范,稳定产权归属,保障农村集体与用地主体双方的良好预期和利益,才能真正实现集体建设用地使用权的长久有序。

故而,集体经营性建设用地使用权期间届满后的续期问题,要放入我国土地产权制度的大框架内而观之,结合集体经营性建设用地及其上的土地利用活动的特征及需求,以现行农村土地产权制度改革与现行法的要求作为约束,形成集体经营性建设用地使用权续期的法律方案。

6.1.3.1 集体经营性建设用地及其使用权界定

我国现行法尚没有对"农村集体经营性建设用地"这一概念作明确阐释,地方试点工作大都按地方相关政策进行,在实务中不可避免地出现不同的概念解读②。事实上,在实际调查中也出现了地方工作人员认为工业用地不在经营性建设用地之内,商业、房地产、旅游等用地门类才属于此列的情况。根据《土地管理法》,我国实行用途管制制度,根据用途的不同,土地可分为三大类:农用地、建设用地与未利用地。其中,《土地管理法》第 4 条将"建设用地"定义为:"城乡住宅和公共设施用地、工矿用地、交通水利设施用地、旅游用地、军事设施用地等"。落脚到集体土地上,集体建设用地主要涉及宅基地、公共设施用地和公益事业用地以及农村集体经济兴办乡村(镇)企业等用地。基于此,"农村集体经营性建设用地"作为"集体建设用地"的下位概念,就是指农村集体建设用地中用于生产经营性质土地利用活动的用地,因而"农民宅基地"和"农村公共设施用地"应被排除于此范围。具体来说,集体建设用地中的经营性用地包括一切具有营利性质的用于经营用途的土地,包括商服及工矿仓储用地、批发零售用地、商务金融用

---

① 2019 年修改的《土地管理法》删除了原来土地管理法第 43 条所做的任何需要使用土地的单位或个人必须使用国有土地的规定。增加规定农村集体建设用地在符合规划、依法登记,并经 3/2 以上集体经济组织成员同意的情况下,可以通过出让、出租等方式交由农村集体经济组织以外的单位或个人直接使用,同时使用者在取得农村集体建设用地之后还可以通过转让、互换、抵押的方式进行再次转让。

② 如在《江苏省委贯彻落实十八届三中全会〈决定〉的意见》中提到"完善经营性用地和工业用地招标拍卖挂牌出让制度",这里将"经营性用地"与"工业用地"并列分开表达,可能引起"经营性用地"不包含"工业用地"的歧义。

地、住宿餐饮用地等,但一般不包括商品住宅开发用途①。2019 年新《土地管理法》第 63 条对集体经营性建设用地的范围作出了说明,即土地利用总体规划确定为工业、商业等经营性用途,并经依法登记的集体建设用地为集体经营性建设用地。②

设立在集体经营性建设用地之上的集体经营性建设用地使用权在我国现行法中也并不是既有的法律概念。要界定农村集体经营性建设用地使用权的财产权属性,就要在《物权法》规定的物权体系中对其进行定位(房绍坤,2015)。从"集体经营性建设用地使用权"的上位概念"集体建设用地使用权"来看,《物权法》并未明确承认集体土地之上的建设用地使用权的用益物权性质,仅在第 151 条对集体建设用地使用权作出原则性规定,即"集体所有的土地作为建设用地的,应当依照土地管理法等法律规定办理"。据此,有学者认为,《物权法》未就集体建设用地使用权的性质及得丧变更等问题进行规范,而是通过转介条款将规制依据指向公法性质的《土地管理法》,这种做法冲淡了该权利的私权属性,无法体现其私法的权利本位(陈小君,2014)。但这并不意味着我国现行法已经排除了"集体经营性建设用地使用权"的用益物权性,主要理由在于:

其一,《物权法》之所以只对集体建设用地使用权未作出明确规定,是因为立法当时对集体建设用地之流转作出立法规定的时机尚不成熟,故只能作原则性规定,以便为将来的土地制度改革预留空间(王胜明,2007,p.327)。据此,有学者认为,《物权法》第 151 条规定的立法意旨绝不在于否定集体建设用地使用权的用益物权属性,相反,该规定已经将"集体建设用地使用权"确立为"建设用地使用权"的子物权,其用益物权的权利属性是完全可以确立的(房绍坤,2015)。

其二,在现实中,《土地管理法》和其他行政法规中,用益物权的集体建设用地使用权是存在的。2019 年新《土地管理法》已经承认了集体经营性建设用地使用权可直接入市流转的地位,在实质上已经承认了其用益物权的法律地位。温世扬(2015)认为,尽管《物权法》对其用益物权性质语焉不详,集体建设用地使用权的用益物权性作为一种"事实物权"是客观存在的。

---

① 农村集体经营性建设用地入市后能否用于经营性住宅建设,即能否进行房地产开发或商品房建设的问题,仍存在争议。有人主张,既然农村集体经营性建设用地与国有土地同等入市、同地同价,在用途上就应当允许集体经营性用地进行商品房住宅开发,而对于可能出现的问题应通过相应的法律制度予以明确和规范。参见:彭建辉、杨珍惠(2014);房绍坤(2015)。

② 2019 年《土地管理法》第 63 条:"土地利用总体规划、城乡规划确定为工业、商业等经营性用途,并经依法登记的集体经营性建设用地,土地所有权人可以通过出让、出租等方式交由单位或者个人使用,并应当签订书面合同,载明土地界址、面积、动工期限、使用期限、土地用途、规划条件和双方其他权利义务。"

从应然的角度来看,集体经营性建设用地使用权具有完善的用益物权权能是建立城乡统一的建设用地市场、实现集体与国有建设用地使用权"同权"的前提。根据《决定》,我国新一轮农村土地改革遵循着"赋予权利和回归权利"的逻辑主线,其主旨在于进一步恢复农地财产权利的应然属性(陈小君,2014)。如若集体经营性建设用地使用权无法实现在法律性质、物权种类和权能内容上与国有建设用地使用权的"同权",则无从成为农民的一项财产性权利,集体土地权利的市场价值亦将无法实现。只有集体建设用地使用人对集体建设用地享有法律意义上的支配权,集体建设用地才能入市交易。因此,集体建设用地使用权的用益物权性质,是集体建设用地"同等入市"的前提(温世扬,2015)。

综合来说,不论从实然还是应然的角度,集体经营性建设用地使用权都应是一项用益物权。集体经营性建设用地使用权续期问题的研究应将集体建设用地使用权视为真正的用益物权,将其置于与国有建设用地使用权平等的法律地位,在此基础上赋予其相同的权能并平等保护集体建设用地使用权人利益。基于此,集体经营性建设用地使用权的续期问题需要遵循用益物权理论的基本原则,在我国物权法基本框架内予以解决。

要注意的是,本书讨论的是集体经营性建设用地使用权入市所形成的用益物权性的权利。在入市中还可能产生一些债权性的租赁权利,但这些债权性质的权利不是本书讨论的内容。

6.1.3.2 集体经营性建设用地的特质

由于国家土地所有权和集体土地所有权的外部关系与内部治理机制截然不同,国家和集体土地所有权对竖立其上的用益物权的束缚和要求也会存在很大的不同,所对应的续期制度也自然具有差异。回答集体经营性建设用地使用权的续期问题,必须关注到财产归属的差异所带来的法律关系与社会生活方面的区别,深刻理解农村"熟人社会"建构的关于集体土地产权的非正式制度安排的共性及差异性,揭示集体土地所有权对竖立其上的用益物权的特殊要求,明确国有和集体土地之上的建设用地使用权的差别所在,才能实事求是地夯实集体经营性建设用地使用权续期问题的内涵和要义,避免机械照搬国有建设用地相关制度的做法。

(1)私法主体特征

集体所有权具有私法主体和公法主体的双重特征。一方面,集体内部的关系需要公法的规范予以维持。集体所有制是由国家强制力与村民意思自治相结合而维持的制度,集体内部的关系并非单纯是以契约关系维系的私法自治,国家势必要通过一种公法的手段对内部治理秩序进行塑造,才能维护集体结构和秩序的稳定,保持集体的公有制特征,如集体内部的成员权、成员与集体之间关系的调整不能采用完全的意思自治,农村集体合作经济组织委托代理关系也并非基于完全的契约关系,而是具有强烈的公法规范的特征。同时,集体在外部关系上又具有民事关系的特征。集体作为一个整体,相对于其他集体或集体之外的其他主体而言,可以被视为一个私法上的主体,与其他私法主体之间享有相互平等的地位。集体作为一个私法主体所进行的民事行为,受到私法的调整。易言之,集体所有权兼具对内的公法主体特征和对外的私法主体特征,集体土地之上的利用关系既要接受公法的介入,也接受民法特别是物权法的深入调整和规范。诚然,针对国有土地的续期,基于国有土地所有权"公私二重性",理论上国家也可以作为一项特殊的私法主体。然而,在国有建设用地使用权的续期关系中,国家并未作为私法主体,这体现在国家通过立法权直接规定了国有住宅建设用地的法定自动续期机制,以及公民应当遵守的法定义务、法定程序等。显然,在这种情况下,国家在续期关系中绝非是一项私法主体的地位,这是国家和集体土地所有权主体在续期关系中的根本性区别。

基于集体土地所有权主体所具有的私法主体特征,对其建设用地使用权的续期也产生了深刻的影响:

其一,在集体经营性建设用地续期关系中,就集体与土地使用者之间的法律地位而言,法律赋予了两者以对等的私法主体地位,任何一方不得在法律上享有高于另一方的权利。私法就是需要依赖主体间的平等地位关系,才能保证交易的平等顺利进行,同时也可以体现各方的意志。

其二,集体经营性建设用地使用权流转过程所涉及的利益主体更加复杂。农村集体经营性建设用地的入市流转主体包括了农村集体组织、村民、地方政府组织、用地单位等多方关系,各方之间的关系也更加复杂,既有利益共同点,也有利益冲突。对于农村集体组织来说,其目的在于保障农村集体和农民的权益,从而制止地方政府基于非公共利益性质的土地征收行为。但现实中也常常发生村民群体与集体经济组织发生意见不合的情形,集体经济组织往往不能代表多数村民的意见。对于地方政府而言,一方面要保障集体土地管理秩序,另一方面也力求在集体建设用地流转过程中获得更多利益分配。而用地单位承租或者竞购农村集体经营性建设用地都需要面对地方政府和集体经济组织,其目标在于企业自身发展与获地成本的最小化。在集体经营性建设用地使用权流转的过程中,四方主体处于相互作用、相互制约的局面。尤其是目前随着农民的物质生活水平不断提高,观念逐渐向现代化转型,集体组织与村民的经济自主性不断得到强化,对交易的公平性、自主性提出了更高的要求。

其三,政府法律角色的转变。在国有建设用地使用权续期中,政府作为土地所有权人,参与到具体的续期事宜中。但在集体土地之上的各主体中,集体与土地使用者是直接的利益主体,而政府此时仅具有旁观者和监督者的身份,是续期规则的制定者,不直接干涉续期中纯粹合意的部分。

（2）地域性

相对于国有建设用地,集体经营性建设用地具有地域性特征,且社会化程度较低,在各地试点的实际调查中发现:一者,集体经营性建设用地的投资者往往是来自本集体或是本地其他村集体,具有明显的"集体所有、集体使用"的特征(陆剑、陈振涛,2019),权利双方之间的契约关系往往需要熟人关系或血缘关系加以维系,并非完全的市场化;二者,集体经营性建设用地使用权往往集中在少量个人或个体机构手中,而不是分散成大量的土地产权人;三者,相较于国有建设用地具有面积较大、分布连片的特征,集体建设用地尤其是集体经营性建设用地往往地块面积小,分布非常分散,大多存在不成规模、未连片等问题。同时,集体经营性建设用地上的土地利用活动也往往呈现出投资金额相对较低、用地规模不大的特征,究其根源是因为集体土地之上挥之不去的身份性色彩与农村"熟人社会"的传统,基于所谓"熟人"关系的非正式契约关系传统使得产权关系的主体往往都是限于群体内部的、在一定地域范围内的有限主体。

（3）经营性

农村集体经营性建设用地之"经营性"意味着土地利用活动具有生产性、收益性、服务性质的特征,以增加集体组织收益为经营生产目的,因而经营性建设用地应以有偿、有期限的方式获得,并且可以直接入市。综合而言,集体经营性建设用地制度的改革以市场化为基调,《决定》之所以突出集体"经营性"建设用地的概念,就是为了给了这类非公益性建设用地以特殊的地位,为其提供了入市流通的渠道,将其纳入市场竞争机制,以充分发挥"经营性"之壮大农村集体经济、增加集体成员收益的功能。

就土地利用活动类型而言,集体经营性建设用地的主体多为乡镇企业。根据1996年《中华人民共和国乡镇企业法》,乡镇企业是指农村集体经济组织或者农民投资为主,在乡镇(包括所辖村)举办的承担支援农业义务的各类企业。① 从该定义可以看出,乡镇企业具有如下特征:1)投资主体必须为农村集体组织或

---

① 《乡镇企业法》第2条第2款规定:"前款所称投资为主,是指农村集体经济组织或者农民投资超过50%,或者虽不足50%,但能起到控股或者实际支配作用。"

农民个人;2)地理位置必须在农村,包括乡镇和管辖村;3)经营范围必须对农业有所支援。然而,随着国内外经济社会环境的变化及自身改制的完成,乡镇企业的内涵和特征已经发生了根本性变化(陆剑、陈振涛,2019),乡镇企业的投资者和经营者已经不仅仅局限于农村集体经济组织和农民(夏永祥、成涛林,2004)。现在的乡镇企业也不再只承担支农等超经济的任务[①],生产与经营的范围也不断扩大,逐渐具有独立性,对集体组织与基层政府的行政依赖性也逐渐降低。综合而言,现在的乡镇企业已经褪去了"三农"的特征,演变成为真正的现代企业形式,呈现出现代企业的一般特征(陈锡文,2008,p.195)。在集体经营性建设用地使用权的续期问题中,按照市场经济竞争的基本原则,原先乡镇企业改制后的企业其经营目标是利润最大化,并且不再具有三农属性和行政依附性,应该将其和其他现代企业同等看待,保障所有市场主体的平等法律地位和发展权利(夏永祥、成涛林,2004)。

(4)高风险性

集体经营性建设用地使用权的续期相较于国有建设用地使用权的续期具有更高的风险。对于土地使用者而言,集体经营性建设用地使用权流转的自主合意性,使其相对于国有建设用地使用权而言具有一定的不稳定因素,如农村集体建设用地到期后产权处置的问题。相比较而言,现行法对国有建设用地使用权的续期规范虽不够完善但已然指明了续期的大方向,明确赋予了土地使用者法定的自动续期或申请续期的权益。而集体经营性建设用地使用者目前还未被法律赋予法定的续期权益,集体建设用地的产权因此存在一定的不确定性。基于集体建设用地市场的各自为政、自主定价和自行分配流转收益的局面(徐万刚,2018,p.108),加之农村土地流转的手续更加复杂,村民集体众多利益关系难以协调等,集体建设用地投资开发模式产生出众多生态,投资者面临更大的风险。同时,集体建设用地还随时面临着被城市征用的潜在风险,不利于土地使用者形成对建设用地长期投资的信心及获得稳定收入的预期。

综合来看,基于集体土地所有权以及集体经营性建设用地的特殊性,我们要承认集体经营性建设用地使用权的续期问题具有其独立性,不可草草照搬国有建设用地使用权的续期规则,而要将其续期制度的建设作为独立于国有土地的一项制度创新来看待,避免直接遁入国有建设用地使用权的续期逻辑。

---

① 《中共中央关于完善社会主义市场经济体制若干问题的决定》指出:"非公有制企业与其他企业享受同等待遇,保障所有市场主体的平等法律地位和发展权利。"

6.1.3.3 集体经营性建设用地续期实践之验视

早在我国 20 世纪末与 21 世纪初,出于推进经济发展和城镇化建设的需要,一些地方政府曾探索性地开展了集体建设用地使用权流转的改革,如广东、湖北、河北等省出台了一些关于农村集体建设用地使用权流转的规章制度,在此过程中对集体建设用地使用权的续期也进行了一些探索,积累了一定的实践经验。各地方的相关文件均对续期问题有所规范,处理方式也较为统一,为当前集体经营性建设用地使用权续期问题的研究提供了一些有益的经验。

从各集体建设用地使用权流转试点省市颁发的相关规范性文件中,可归纳出集体建设用地使用权期间届满后的基本法律后果与制度安排,基本分为两条路径①:一是集体建设用地使用权出让合同约定的存续年限届满,土地使用者要求继续使用土地的,应当在土地使用年限届满前与土地所有者(农民集体组织)进行协商,或于土地使用年限届满前向土地所有者提出续期申请,经同意后重新办理集体建设用地使用权出让手续,签订出让合同。二是未申请续期的或申请续期未获批的,土地使用权由土地所有者无偿收回。就地上建筑物的处理来说,各地均使用了较为模糊的说法,即规定按合同的约定处理,或直接按照国有土地使用权到期地上建筑物、其他附着物处置办法处理。就各地集体建设用地使用权流转合同来说,大多未在合同中给出可以协商的空间。若直接采用国有建设用地的相关规定,在现行法中国有建设用地使用权期限间满后地上物的处理仍按照《暂行条例》的规定由国家无偿取得。

而目前各地集体经营性建设用地使用权流转的地方实践,在续期问题上仍然沿用上述集体建设用地使用权的续期安排②,即到期后由土地使用者申请续期,同意续期的,重新协商出让价格,签订出让手续;未申请或申请未获准的,集体建设用地使用权由出让人无偿收回。在地上建筑物的处置上,目前各地集体经营性建设用地流转的通行规则是,土地使用者因公共利益而未获得续期批准的,地上的建筑物、构筑物及其附属设施由出让人收回,并根据收回时地面资产剩余价值,给予土地使用者相应补偿;对于土地使用者未申请续期的,地上建筑物由土地所有者无偿收回。

---

① 参考:2008 年《广东省集体建设用地使用权流转管理办法》;2008 年《河北省集体建设用地使用权流转管理办法(试行)》;2007 年《湖北省农民集体所有建设用地使用权流转管理试行办法》;《重庆市农村土地交易所管理暂行办法》;2002 年《安徽省集体建设用地有偿使用和使用权流转试行办法》。

② 参考:《上海市松江区农村集体经营性建设用地入市管理办法》《德清县农村集体经营性建设用地入市管理办法(试行)》。

综合来说,各地相关规范性文件均对集体经营性建设用地使用权到期后的安排作出了原则性的规范,但是,现有集体经营性建设用地使用权到期后续期的做法仍然是对国有非住宅建设用地使用权申请续期制度路径与规则的沿袭,一方面没有基于自身特殊属性而设置相对应的规则,另一方面先行续期规则使土地所有者和使用者处在不对等的地位,尤其是土地使用者处在相对劣势地位,主要表现在以下方面。

一是目前集体经营性建设用地使用权流转的出让合同中,虽涉及期间届满的法律后果及安排,但仅限于原则性规则,仍然是不能落地的,并且多是格式条款,即是由出让方事先拟定,在谈判中不容对方协商的内容。故而,目前集体经营性建设用地使用权的续期问题并不存在可容双方约定或协商的空间,这体现了双方在事实上的不平等地位。随着集体经营性建设用地使用权入市流转实践逐渐趋于规范和成熟,建设用地使用权流转合同上对期间届满的条款应为土地所有者和使用者提供按自主意愿选择和协商的空间,在双方能够达成一致的情况下,预先明确集体经营性建设用地使用权的续期安排及地上物的处置。

二是目前续期规则未授予土地使用者以优先续期的权益。在国有非住宅建设用地使用权续期中,土地使用者享有优先续期的权益。而目前集体经营性建设用地使用权续期规则缺少了此类规定。诚然,集体经营性建设用地使用权流转市场中,土地所有者与土地使用者作为私法上的主体,在市场机制中处在平等的地位,续期制度应秉承双方利益平衡的原则而不应所有偏颇。但在土地所有者与土地使用者的关系中,土地所有者所享有的绝对支配权使得土地所有者本身就处在相对强势的地位,赋予当前土地使用者以优先续期权是帮助土地使用者在面对土地所有权人绝对支配权时,能够尽可能保障其续期意愿,维护土地之上经营居住活动的稳定性。这实质上是兼顾两者的利益,维护市场交易秩序稳定,保障市场公平与正义精神的必然要求,缺失了优先续期权益的土地使用者在集体经营性建设用地的续期中难以保障其合理的利益。

三是土地所有者的续期裁量权过大。在现行集体经营性建设用地实践中,相关文件只规定了两种无法实现续期的情形,一是因公共利益的需要,二是因土地使用者自己未申请续期。根据私法"法无禁止即自由"的基本理念,这意味着只要不在这两种情况下,土地所有者都有绝对的自由裁量权,来决定是否同意土地使用者的续期请求。诚然,私法主体以追求利益最大化为目标,这是市场机制自身存在的潜在规律,土地所有者在其土地上拥有绝对支配权。但在事实上,不论是在大陆法系的地上权,还是英美法系的租赁地产中,立法都未给予土地所有者完全自由地收回其土地的权利。如在日本借地权制度中,《借家借地法》规定了土地所有人拒绝借地合同续期理由的具体考量,将"正当事由"的内容明确了下来,如若土地所有人不被法院认可有拒绝续期的正当理由时,则土地所有人不得再表述异议。又如在英国长期住房租赁中,出租人若想收回其地产,必须向法院申请恢复对土地和房屋的占有。根据1977年《租金法》规定,除非出租人能够证明存在该法附件15所列的20种情形,或者能够证明承租人拥有其他合适的住宅、或是承租人拒绝了出租人提供的可替代住宅的情况下,出租人才能终止租赁,恢复对土地和房屋的占有。相比之下,依目前土地所有者所拥有的续期裁量权而言,集体经营性建设用地使用者的经营生产活动之稳定性存在着巨大的风险,这也将大大地削弱土地使用者土地投资的信心。

四是只有因公共利益而无法续期的情形下,土地使用者才可以得到地上建筑物剩余价值的补偿。这意味着,集体经营性建设用地到期后,如若因土地所有者的个人意愿而拒绝了土地使用者的续期请求,土地使用者则可能无法得到地上物的经济补偿。这不仅与宪法中保护公民、法人合法财产所有权的规定相违背,而且损及资源的有效和永续利用,造成整体性社会资源的浪费(林炳锋、介鸽,2013)。除此之外,各地实践中的已有规则还缺少了维护市场运行机制以及防范不正当市场行为的机制,对当事双方在遭受不公平待遇时如何实现救济也未作出规定,诸如土地所有者提高续期费用,或通过其他技术手段而达到将土地"另作他用"的情况,以及土地使用者以地上建筑物要求高额补偿的"坐地起价"行为,续期规则应制定相应的防范与应对措施。

综合而言,目前各地方实践中对集体经营性建设用地使用权到期后续期问题的相关规范,在一定程度上未能为体现出土地所有者与使用者之间的平等、公平的地位,致使土地使用者在双方利益关系中处于明显的弱势地位。

6.2   建设用地续期制度设计的理论方法

不同国家和地区土地产权的续期方式虽差异很大,但有一点是相同的,即在本质上都将续期问题视为合同关系,但同时大多国家和地区并不完全把续期问题视作是单纯的私人之间的合意(靳相木、欧阳亦梵,2017)。大体上,不同类型的土地产权通过两种机制实现续期。

一是基于双方合意的续期。不论是大陆法系还是英美法系,当事人之间的合意是实现续期的基本机制。合意理念以当事人的自由意志为核心(罗豪才,2004,p.146),合意的过程是在交涉基础上的相互妥协并趋于意见一致的过程

（胡建淼、蒋红珍，2004）。具体的合意形式包括当事人预先约定或权利到期后由土地使用者向土地所有人申请等，在合意续期机制下，当事人双方可以就是否续期、续期的条件、地上物的处理等内容进行自由约定。

二是基于法定的续期。法定是指土地使用者依据法律规定实现续期，而非双方的自由约定。法定续期的方式在英美法系中更加普遍和直观，在英国法和我国香港特区相关法律中，特殊用途和特殊情况下的续期多采以法定续期的形式，在出租人未表达异议的情况下，承租人在租赁地产权到期后直接依法获得新的租契。基于承租人与出租人平等的法律地位，以及出于对弱势一方利益保护的原则，在英国住宅与商业租赁中，承租人甚至可以在出租人反对的情况下，依法或由法院授予直接实现续期。而在大陆法系中，由于土地所有权具有至高无上的地位，土地使用权受制于所有权，加之当事人之间的契约具有优先的法律效力，故而一般来说，续期与否需要基于土地所有权人的意志，法定续期并不常见，大陆法系中的法定续期集中体现在日本借地权的续期制度中，法律规定在土地所有权人没有立即提出反对或异议的情况下，借地权人可以直接实现续期。

6.2.1　国有住宅建设用地的法定续期

住宅建设用地使用权的自动续期问题并非是在现行国有土地出让制度的法理逻辑下的法律问题，而是一项涉及公有地权改革、事关政治和社会长治久安的改革议题。结合住宅用地的特殊性与住宅用地续期所反映出的社会问题，住宅用地自动续期制度改革需要遵循以下的逻辑路线。

6.2.1.1　法定续期权

对于自动续期的实现形式，《物权法》留足了探索空间。但可以明确的是，自动续期是非合意续期，最终要以法定续期的形式来实现，自动续期权是住宅建设用地使用权人享有的法定权利。若此，住宅建设用地使用权期间届满后，使用权人便可依法自动延展一个新的期间。

依据域外经验，大多国家和地区都以当事双方的意思自治作为续期的基本实现形式，然而，并非所有类型的土地产权的续期一律采取意思自治，具有特殊用途或是关系到国计民生的住宅用地，各国和地区往往都加以强制性法律规定，充分体现了以私法自治为主、公法介入为辅的续期原则。采用法定方式实现续期的，如日本借地权、英国法上受到特殊管制的住房租赁、我国香港特区的土地租契等，这已经成为通行惯例。简言之，虽然不同国家和地区的立法例在土地使用权的续期规则上都崇尚契约自由的原则，但事实上，却大都不把以住宅用途为代表的特殊用途的土地使用权的续期视作私法自治的领域。

在我国公有产权制度下,住宅建设用地使用权本身就是福利性质的土地财产权利,住宅建设用地使用权续期问题更加具有公益属性,并且相较于其他大陆法系国家更具复杂性与特殊性。具体来讲,在我国现行建设用地使用权出让制度下,建设用地使用权出让是一种民事行为,当事双方之间处于一种契约关系。然而,落脚到住宅建设用地上,却不再是土地所有者和使用者之间的“私事”,国家既是土地所有权人,又是社会公共利益的维护者,在处理土地用益物权续期问题时有着与私有产权社会中的私人土地所有权人不同的考量。公民的居住权与生存权不可侵犯,政府对公民的居住权和住宅建设用地使用权的长期稳定存续负有保障义务,这不仅是《宪法》的要求,更是政府的公共职责所在。如若住宅用地的自动续期问题处理不好,可能会造成公众对不确定预期的不安,甚至会带来大范围群体事件(浩然,2016)。基于此,“自动”的含义反映到制度层面上则必定落脚到“法定”的方式上。自动续期之法定性体现在,凡符合法定要件的,续期便会统一地、自动地地发生,无需经过与土地所有权人的合意,无需以申请和交付对价为前提。当然,土地使用者有权主动放弃自动续期的权益,此为土地使用者的私法上的权利。唯有通过法定续期机制,才能够对自动续期予以法律保障,建设用地使用权在期间届满时,免去再次达成合意的过程,自行开启一个新的期间。同时,法定自动续期规则作为强制性规范,不允许政府单方面制定相关的规范性文件予以排除。

采用法定续期机制的另一重要目的就是要排除当事人之间的合意行为,当然住宅建设用地使用人可以主动放弃续期,但除此之外不应允许适用其他意思表示。一方面,相对于政府,住宅用地使用权人处于弱势地位,如果由当事人协商,则很难保证住宅用地使用权人的真实意思表示;另一方面,住宅建设用地使用权人不仅人数众多且各自独立、分散,很难形成统一的续期意见和意愿,即使通过多数决,仍然可能会损害到部分权利人认为自己的权利受到损害,从而引发不必要的矛盾(王利明,2017b)。故而,直接采用法定续期的方式能够在最大程度上保障每一个土地使用人的合理权益和自主意志,体现《物权法》定纷止争的立法宗旨。

因此,住宅用地的自动续期最终要落脚到法定续期的框架内,其制度设计应当体现公权对契约自由的限制、对个人土地权利续期提供保护,以及对土地所有者和使用者双方当事人续期行为的制度化干预,通过立法来保障居住者在公有土地之上享有法定的、自动发生的续期权益。

土地使用者自动续期权的法定化不仅意味着自动续期权得到立法的确定性

赋予,更应该反映在自动续期的制度内容上,我们要以物权法为基础协调《土地管理法》构建法定化的自动续期制度方案。住宅用地使用权人在行使这一法定权利时,要符合法定条件,遵从法定程序,履行法定义务。住宅用地使用权人与土地所有人之间的权利义务关系,如续期的期间、续期费用与否以及金额多少等问题,也应一概由法律直接规定。

所谓"有恒产者有恒心",但在我国土地公有产权制度与土地"两权分离"的结构下,公民只拥有房屋的所有权并不能算是拥有了"恒产",在公有土地之上拥有长久稳定并且有序的土地使用权才算是真正拥有了"恒产"。在制度层面上来说,只有通过法律强制性规定的方式保障公民续期的权利,实现住宅建设用地使用权从创设到续期完整的法定路径,才能够真正消除住宅建设用地使用权的制度性障碍,使得城市住房成为真正的"恒产",公民获得真正的"恒心"。

6.2.1.2 土地出让制度的重大创新

住宅建设用地使用权到期后的自动续期问题,绝非是单纯地在出让合同中延长期限的问题。不论自动续期的具体条件、程序和义务为何,单就基于政治逻辑将住宅建设用地推向自动续期轨道这一点,自动续期就已构成对现行国有土地使用权出让制度的重大变革与突破,是对现行国有土地使用权出让制度框架的重大修正,是一个要打破甚至颠覆现行国有土地有偿使用制度框架的重大改革问题:

一方面,法定自动续期制度的实现,意味着在国有土地之上设立了一项"准永久"的土地用益物权,权利人可以在一定程度上拥有"准永久"性的住宅用地使用权,连同土地之上的无期限的房屋所有权,解决了申请续期制度下土地使用权有期性与房屋所有权无期性的矛盾。但必须清醒地认识到,一旦实施了自动续期制度,国家土地所有权实现形式将发生重大变化,公民在国有土地之上取得的住宅建设用地使用权在事实上将成为一项接近于无限延展的用益物权,在《物权法》制度内容的探索过程中,对这一点要有充分的警醒和认知。

另一方面,将自动续期制度放入"法定续期"的大框架内予以设计,这代表着我国用益物权的设立方式将实现从契约到法定的转变。住宅建设用地使用权从过去以出让合同的方式设定,转换到以法定形式直接设立,不再是单纯的《合同法》上的民事行为。不仅于此,在国有土地之上,公民作为土地使用人与国家的关系也发生了从契约到法定的重大变化,其制度和社会的连锁效应是深远的。

综合而言,住宅建设用地使用权到期后的自动续期制度并不是在土地出让制度框架内的一项单纯的期限延展的问题,而是对土地出让制度的改革和创新,事关人民与国有土地的权利义务关系的再造,那么对自动续期的法律安排的探索和设计,就必须慎之又慎。

6.2.1.3　续期制度运行成本最小化

不同于非住宅建设用地的续期,住宅建设用地的续期问题要尤其考虑到制度执行成本。我国住宅建设用地使用权被分割给独立的个人,每一栋建筑都有数十甚至数百、千位业主,住宅建设用地使用权的续期规模极大。如果自动续期走上个案申请的路径,那将耗费大量的人力物力财力等行政成本(靳相木、欧阳亦梵,2017)。从最小化制度执行成本的角度来看,自动续期在程序上应从简,在税费问题上应从轻,以实现人人皆可在没有过重的行政与经济负担的情况下自行启动和完成续期程序。

6.2.1.4　防止土地占有不公的长期固化

一方面,防止土地占有不公的长期固化是土地正义精神的要求。在申请续期制度下,住宅建设用地70年到期后,使用权人与原出让人需要达成新的合意,重新签订土地出让合同,土地利益分享及土地占有不公的问题可以周期性地得到矫正。但在住宅建设用地自动续期逻辑下,如果自动续期最后走向无偿、无期限续期或者是显失公平的低价无期限续期,则会导致土地使用权人免费或以极低的成本永久占有国有土地,这将直接导致土地资源占有不公的长期固化。古往今来,民众向来"不患寡而患不均",与拥有多套房的人相比,这种局面对那些无房或者只有一套房的人群显然是不公的,可能带来严重的社会负面效应。

当前,社会上要求住宅用地无偿、无期限续期的呼声很高,似是舆论主流。但这种声音未必能代表社会各阶层的公意。有多套住房的人群站在利己角度,期待并且要求无偿续期,希望期间届满后永久且无偿占有多套住房的国有土地使用权。由于这类人群的影响力相对较大,其主张比较容易上升为显性民意。而对于只拥有一套住房甚至无房的人群则可能希望有偿续期或者有条件的有偿续期,但这个群体声音较小,且目前续期问题造成的影响不具有切肤性、紧迫性,他们的意见成为了隐性民意,往往无法成为主流舆论。因此,台面上活跃着的民意其真实性及代表性需要仔细推敲,绝不能机械地认为声音大的民意就自然代表着社会上大多数成员的公意。当前社会舆论要求保障公民的居住权,但是对于居住权的理解不能走向极端,不能忽视无偿无期限续期可能带来的社会负面影响。对于人民的居住权及财产权的保护,应当建立在土地公平与正义原则的基础上,防止个别群体对土地资源的过度占有和抢夺。

另一方面,防止土地占有不公的长期固化也是我国土地公有制的制度内核,这要求自动续期的法律制度设计必须坚持两个基本点：一是坚持土地使用权存续的有期性，二是坚持土地使用权设立及续期的有偿性。这两个基本点缺一不可，否则土地公有制将徒具其形而无其实，与土地私有化无异。事实上，经过 40 余年的改革和法制建设，我国在公有土地之上为公民设立的土地使用权已经在朝向公民的财产权方向发展，在很大程度上已经"不是所有权，胜似所有权"，实在没有必要再去追求法律内涵模糊、前景高度不确定性的土地私有化。如果在自动续期问题上"明修栈道，暗度陈仓"，滑向土地私有化的泥沼，很可能犯颠覆性错误，带来巨大的制度建设及社会稳定风险。

6.2.2 国有非住宅建设用地的合意续期

6.2.2.1 公私法交融下的合意续期

在法理层面，我国现行的申请续期在本质上是一种公私法共同约束下的"合意续期"。"合意"是与"法定"相对立的概念，其核心是意思自治，属于私法领域的民事行为。而公法对合意续期的干预行为，则具体表现为国家出台相关法律在一定程度上对双方当事人的行为给予调节与管制，其主要目的还是要防范不正当竞争等破坏市场机制的行为，维持社会经济秩序的稳定。故而，公法的引入是为了让合意续期的私法性更加完善，而非改变合意续期的私法自治之本质。总体来说，私法以调节自身利益为己任，公法以实现共同利益为重点，两者的结合可以更好地实现社会利益的最大化以及体现平等公正的原则（惠大帅，2014）。

在其他大陆法系国家和地区中，地上权的续期也以"合意"为主要方式，但地上权续期的"合意"与我国国有非住宅建设用地使用权续期中的"合意"有着根本上的区别，私有产权制度下的地上权续期是私人主体之间的利益博弈，双方合意的出发点是追求个人利益的最大化，除非双方无法达成协议，否则公权力不进行干涉。与此不同的是，我国非住宅建设用地使用权的续期是在公有土地之上为私人的土地使用权续期，土地所有权主体具有公共性，其所代表的绝非仅是作为土地所有权人的个人利益，而是以内部全体成员的公共利益及其公共职能作为考量依据，故而非住宅建设用地使用权的续期问题不是完全意义上的私法自治，而具备公法性色彩。

6.2.2.2 反映非住宅建设用地利用的多样化需求

在市场经济条件下，经济活动复杂多样，更新换代也愈加频繁，国有非住宅建设用地之上既有长期的经营活动也有短期的土地利用活动，其中长期经营活动，如建造大型工厂、商业大厦、矿场等，该类经营性活动需要通过稳定的续期制度固定土地使用人与所有人的关系,使土地利用关系稳定化。而短期土地利用活动一般以直接利用土地的自然生产能力、支撑功能等为目的,如开设小型商店、小型加工厂、临时仓库等活动,具有临时性、灵活性的特点。相对应的,非住宅建设用地使用权的续期方式也要适应我国市场经济中土地利用活动多样化的特征,根据土地利用活动的实际需求创设灵活的续期方式,避免拘泥于统一的续期范式,不再采用一刀切的续期期限与续期次数规则,优先以土地使用者自身意愿为依据,给予充分自主选择的空间。

在其他大陆法系国家和地区地上权续期中,当事双方对续期条件享有很大程度的自由裁量权,法律对于普通地上权续期所做的干涉和管制一般较少。如德国法对地上权的续期期限完全不予干涉;日本法虽然规定了借地权的续期期限,但也允许当事人对借地权的续期期限自由协商;我国台湾地区对地上权续期期限采取的是优先当事人的约定,未有约定或无法达成约定的,由法院予以裁定。就续期次数来说,在德国法中,地上权的续期次数不受法律限制,日本法也同样如此;我国台湾地区的地上权规定地上权的续期次数只有一次,但若当事双方另有约定的,则不受此限。

我国公有产权制度下的非住宅建设用地使用权续期制度自然不可直接照搬地上权的合意续期模式,但地上续期制度所具有的自由性与灵活性优势仍可以为我们带来一定的启发。我国非住宅建设用地使用权申请续期制度必须联系社会现实,以灵活多变的合意续期模式丰富法律对社会现实的诠释能力,全面地满足土地使用者的各项具体需求。

6.2.2.3 体现非住宅建设用地使用权人地位的相对优越性

两大法系下各国和地区对地上权抑或是不动产租赁权,大都会采取保护土地使用人导向的立法政策,强化土地使用者的法律地位,政府还会通过诸多的行政管制措施来强化对土地使用人的保护。深究其原因,一方面,在土地所有人与土地使用者关系中,土地所有人在财产初始分配中处于强势地位,但这种初始分配中的强弱之分并不是土地使用者的能力所致,并且土地所有人在初始分配中过度强势的地位反而不利于土地得到最为充分的利用,会对市场经济规律的发挥产生一定的限制,在公有土地产权制度下更是如此。另一方面,政府作为社会公共利益的维护者,理应对于处在财产分配链条上弱势地位的土地使用人以特殊的保护,防止民众因无法实现续期而遭受利益损害。因此,政府介入到土地交易活动中,通过立法方式给予土地使用者以特殊保护,以矫正完全市场下的不公平现象就成为必要。而反观我国现行建设用地使用权申请续期制度,土地使用者的续期完全依据政府的决定,以及地上建筑物无偿归国家所有等政策,无不体现出以保护土地所有者为核心的政策倾向。

基于此,非住宅建设用地使用权的续期安排应当满足两点要求。

一者,申请续期制度应在尊重契约自由的基础上体现非住宅建设用地使用权人地位的相对优越性。一方面,在我国的出让关系中,政府作为土地管理者与土地所有权人,处于绝对强势的地位。基于政府与私人土地使用者之间的悬殊地位,在事实上,所谓双方"合意"往往难以展现当事人的真实意志,个人土地使用者一方的利益更易受到侵害。另一方面,从我国产权制度改革的角度来说,改革的目标就是要强化公有土地之上的用益物权,建立稳定的个人用益物权制度。欲实现这一目标,续期制度在设计上需要特别的为土地使用者的续期权益提供一定的保护性和救济性机制。

二是续期制度应当对政府行为加以管制。公权力对申请续期的干预程度应当有所约束,避免公权力过度管制合意的过程从而挤压了土地使用者维护自身利益的空间。基于此,续期制度需要预先建立一定的防范措施,防范一些自利型地方政府在非住宅建设用地续期环节上拥有过大的自由裁量权,从而能够在操作中通过一定技术性手段阻碍土地使用者的续期,如通过刻意提高续期的费用等行为为续期制造障碍。

6.2.3 集体经营性建设用地的合意续期

6.2.3.1 对等私法主体之间的合意续期

集体土地所有权人与土地使用者是对等的两个私法主体,其对等主体关系是由法律所赋予的,由此集体建设用地使用权的得丧变更等问题均为对等私法主体之间的民事行为,双方以平等的身份进行自由合意。根据民法的私法自治原则,在私法领域,"法无明文禁止即为自由",易言之,每个私法主体都有在一定范围内通过意思自治行为来调整相互之间关系的权利,只要不违反法律法规的强制性规定和公序良俗,国家就不得对私法主体的行为自由进行干预(王利明,2014)。将这一逻辑应用到续期问题上,集体经营性建设用地使用权到期后的续期自然归属于"合意续期"。

6.2.3.2 保持双方利益的相对平衡

集体经营性建设用地的续期制度应以保持双方利益相对平衡为准则,兼顾土地所有者与使用者双方的利益,尊重市场自由竞争机制的支配,而不应有所偏颇。私法主体追求利益最大化并不是盲目营利,仍然要遵循市场竞争规律以及价值规律,保证交易平等公正地进行(惠大帅,2014)。故而,集体经营性建设用地使用权续期的制度安排应通过制定合理的交易规则对续期关系中双方的平等地位与公平合意提供保护,对双方之利益衡量作周全的考量,预先建立一定的防范措施,防止双方采取任何不合理甚至极端手段来实现不正当的利益诉求,避免市场运行机制遭破坏甚至停摆的情况发生。由此,针对集体经营性建设用地使用权,基于其当事人的私法主体地位以及相互对等的关系,其续期制度应以保持双方利益的相对平衡为价值取向。

6.2.3.3 私法调整为主、公法调整为辅

集体作为土地所有权人,在集体土地上享有自主决断的权利,此为私法上的关系。在公法层面上,法律授权政府在集体土地上拥有行政管理权。可见,集体经营性建设用地之上存在着公私法交融的关系。诚然,集体经营性建设用地的双方主体均是私法主体,但任何的私法自治都不是绝对的自由,而是相对的、有限制的自由,区别只在于公权力限制的程度问题。集体经营性建设用地关系中,公权力干预的范围和程度就国有建设用地而言相对较低,但绝非是不受限制的。公权力在私法主体交易过程中的定位与作用在于:一是公权力代表着公共利益。私法主体只有在不违背社会公共利益与不违反法律法规的情况下,所有权人才享有决定所有物命运的权利(綦磊,2015)。私法主体以追求利益最大化为目标,这是市场机制本身存在的潜在逻辑。在此逻辑的支配下,集体经营性建设用地使用权流转会为集体和其成员带来经济利益,在利益的驱动下也可能产生危害公共利益的行为,故而集体经营性建设用地使用权的流转应当接受公法规范的合理约束,集体经营性建设用地使用权的续期也不例外。二是在市场无法实现公正的市场秩序,某一方处于弱势地位而受到不公平待遇或利益受损时,公权力应出场维护市场秩序、确保土地利益合理分配,并为市场主体提供能够自主伸张权益或是司法救济的渠道。除此之外,公权力不应通过限制或干预流转,实现地方政府的私利。

依上述,集体经营性建设用地之上的公私法关系可归纳为"私法自治为主,公权介入为辅"原则,这与其他大陆法系地上权制度的理念是相似的。针对地上权的续期,往往有约定的依约续期,未有约定则依习惯或相关推定规则,但同时法律对地上权交易、续期等秩序也都有所规定。如在大陆法中地上权人有权依法请求土地所有权人按照市价补偿地上建筑物,即补偿请求权,同时,法律规定土地所有权人可以通过延长地上权的期限来免除其补偿的义务,若双方当事人就续期事宜产生纠纷,可寻求法院的裁定。这些规定体现了公权力对私人财产

权关系的干预,并且对干预的尺度进行了适度地把握,公私法各司其职,尽量调整双方的利益平衡,可为我国集体经营性建设用地使用权的续期提供有益的经验。

第 7 章

国有住宅建设用地续期制度的基本要素

  住宅建设用地使用权的自动续期方案虽然要充分反映其背后的民意诉求，但最终还是要上升到法律方案，落脚到法定续期的框架内。本书将续期制度的内容拆分成若干关键性的科学问题，以形成完整的住宅建设用地使用权法定自动续期制度方案。

7.1　法定自动续期

  依据《物权法》中住宅建设用地使用权的自动续期对外界所传达出的信息，我们可以确定的是，自动续期至少应当包含四个关键点：(1)可续期的；(2)法定续期；(3)无需以业主申请或获得许可为前提；(4)无需重新签订合同，也不必再次缴纳土地出让金。

7.1.1　自动续期的域外范式

  自动续期制度并不是我国所独有的，事实上，其他国家和地区普遍存在具有"自动"机制的续期制度。即使都是以"自动"的方式实现续期，但是综览域外经验与实践，自动续期仍然存在着不同的运行机制，在法律规定、程序等方面各具特点，为我国住宅建设用地使用权的续期提供了可参考的范式。

  (1)日本的"默认续期"范式

  根据《借家借地法》第 3 条的规定，当日本借地权存续间届满时，借地权人继续使用土地的，且土地所有人不立即提出异议或进行事实上默认的，则被视为按照与以前相同条件自动设立了新的借地权,开启了一个新的期间;首次续期的期限为 20 年,之后为 10 年。日本借地权"默认续期"制度在续期的启动机制上是"自动"的,具体表现在借地权人在权利到期后可继续使用土地,在一定期限范围内双方没有异议的情况下,无需任何操作或程序就依法获得了新的借地权,实现了借地权的续期[①]。

日本"默认续期"制度的最大特征在于该制度兼顾了借地权人和土地所有权人双方的意愿,能够最大程度地反映现实需求。一方面,默认自动续期的机制保证了借地权之上的土地利用活动在借地权到期时无需被迫中止,而是能够维持正常稳定的运行,免除双方当事人在程序上和经济上的额外负担;另一方面,为土地所有权人提供了表达合理意愿的渠道,如若土地所有权人确有收回土地之正当事由并且能够为借地权人提供合理的补偿,则法院根据实际酌情考虑,作出合理的裁判(法务省民事局参事官室团,1992,p. 7)。在此情况下,土地所有权人拒绝续期的"正当事由"由《借地借家法》通过列举的方式予以明确限定在实务中,法院往往就该土地在借地权人和土地所有权人生活中的必要性为主要依据。除此之外,建造建筑物的可能性、对于生活的影响程度、借地权人的收益等等也是考虑的因素。

如若借地权人迫于维持生计,需要利用该土地进行生活与营业,而土地所有权人相对来说不具有迫切性,法院则会裁决借地权人继续使用土地,具体案例如案例 7.1。

案例 7.1:

某地块土地所有人为老年人,且目前无经济来源,需要收回其土地作为停车场,作为该老者以后唯一的生活经济来源,而借地人则无此类似的迫切情势,故裁判所认为该老者拒绝续期具有正当性。[②]

而若当事双方均无土地使用之必要,则法院通常会以土地所有人愿意支付一定的补偿金(立退金)为土地所有人收回土地的正当性依据,如案例 7.2。

案例 7.2:

借地人为经营一家烤鸡店和居住而借了一块土地,土地期间届满时土地所有人以自身需要利用这块土地修建大厦为理由拒绝续期,虽然法院认为,无法判

---

① 需要注意的是,土地所有权人享有的表达异议的权利具有时效性,法律上的字面描述为"立即",通常解释为一种相对的概念,要根据实际情况进行解释。

② 参考案件:东京地判诏 59.7.10 判时 1159 号 130 页。

断双方谁的土地使用必要性更高,但是土地所有人愿意提供一笔高达借地权价格六成的立退金(1700万日元),作为借地人交还土地的对价,则法院认为土地所有人更具有收回土地之必要性,允许其拒绝续期并收回土地。^①

除此之外,其他因素,包括借地的过程,如是否授受权利金与续期费、土地的利用情况、租金的支付情况、存续期间的长短、是否有违约的行为等因素,都会成为法院裁判的依据。可见,借地权人、土地所有权人以及法院三方都享有各自的权利或权力,但又能够相互制约,从而处于一种相对平衡的关系中。

(2)我国香港地区的"可续期租契"范式

香港地区"可续期租契"是一种享有自动续期权益的政府租契类型,租契上明文规定了租契在75年期限届满之后可再续期75年,其续期权益在土地登记册上标注为"Lease Term:75 Years Renewable for 75 Years(土地租契期限:75年,可再续75年)"^②。

"可续期租契"的续期是一种自动续期,租契期间届满之日的翌日,新的租契便自动生效。从程序上来说,租契在到期前至少6个月,有意愿续期的租户以书面形式通知土地管理机构。在届满之日,若年度租金已全部付清,且无任何违反原契约规定的行为,原租户无须付任何罚金或额外费用,即自动获得了新的租契。政府部门会批出契约续期文件将契约续期,政府及业权人均须在该契约续期文件上签字。续期后,承租人所有权益仍保留,无需缴付额外费用,但需要重新计算地租。如遇公共用途的需要,政府拥有收回该处所的权力。但会按规定提前3个月告知住户,并给予全部土地或建筑物的补偿,该补偿由土地管理机构以公平合理的市场估价计算。

综上所述,我国香港地区"可续期租契"的自动续期模式最显著的特征在于,这种自动续期是"有条件的",也就是说,承租人本身享有续期权益,但只有在符合条件的情况下,承租人才可以实现自动续期。承租人需要满足两项条件:一是具备续期意愿,需要承租人在租契到期前向政府部门发出通知,共有产权的租契还需要统一内部的续期意愿;二是承租人不存在任何违约行为,如在土地利用期间擅自改变土地用途或是欠有地租仍未缴清等。在符合条件的前提下,"可续期租契"的自动续期之所谓"自动",不仅体现在承租人无需采取任何程序上的操作,更在于承租人在租契期间届满的翌日便自动获得了新的租契,新租契紧接着原有租契生效。自动续期完成之后,业权人还需要在土地注册处对新租契予以

---

① 参考案件:东京地判诏59.12.21判夕553号185页。
② 参见地段编号为RURAL BUILDING LOT NO. 387的土地登记册文件。

登记注册。[①] 针对新租契,承租人享有与原租契相同的期限、土地份数及其权益。[②] 对于新期间内需要缴纳的地租,地政总署将该地段应缴新地租款额通知土地注册处,土地注册处将该地租款额注明于该地段的注册记录册内。[③]

(3) 我国香港新界地区"集体官契"的续期范式

1898 年 6 月 9 日,清政府与英国签订了《展拓香港界址专条》,将新界地区租借给英国,期限为 99 年,英国接管新界之后,在确定每块土地的产权后,政府会给予每位土地产权人一份纸质的证明,标注土地产权人的姓名、土地地号以及其他测量信息等,作为土地产权的凭证。新界地区被划分为 477 个街区,每个街区都有一份集体官契(block crown lease),拥有土地凭证的居民可以被列入他所在街区的集体官契,并标注其对应地块的用途、面积及其年租金(Nissim,2012,p.14)。集体官契对土地的用途是有限制的,未经政府的许可,不得在农地或者园圃土地上兴建楼房。集体官契制度的建立相当于一项简化了的土地注册制度,土地产权人及其所对应的地块的信息都在集体官契中予以记录及明确。

集体官契的年限及续期问题也有明确的规定。由于新界是租借地而非割让地,其集体官契的期限不能长于新界本身的租借期限 99 年,即集体官契租期不能超过 1997 年。所有的集体官契都会在新界地区租借期届满的前 3 天(即 1997 年 6 月 27 日)到期(Nissim,2010,p.14)。

20 世纪 70 年代中英两国政府开始对新界的土地租契将于 1997 年到期的问题进行商议,并于 1984 年签订了中英《联合声明》。中英《联合声明》规定,土地批租制度将继续实行下去。新界的土地租契超过 3 万个,不可能单独对每一个契约进行确认然后续期(李泽沛,1987,p.160),因而采取了统一立法的方式。由此,1988 年 1 月 21 日,当局规定于 1997 年 6 月 30 日到期的所有新界集体官契一律续期至 2047 年 6 月 30 日,不用补交地价[④],由此集体官契便统一实现了续期。[⑤]

显然,与香港岛和九龙半岛相比,新界地区的土地批租体系及其续期方式是比较简单的,也最接近当地居民习惯,被新界地区居民普遍接受。新界集体官契的自动续期范式最大的特点在于其统一性与强制性,无需像"可续期租契"一般要确认每一位承租人的续期意愿及是否存在违约行为,而是将集体官契统一依

---

① 参考《政府租契条例》(香港法例第 40 章)第 4、5 条。
② 参考《政府租契条例》(香港法例第 40 章)第 6 条。
③ 参考《政府租契条例》(香港法例第 40 章)第 10、12 条。
④ 续期后仍需缴纳地租,金额为应课差饷租值的 3%,并随着应课差饷租值的调整而调整。
⑤ 《新界租契(续期)条约》。

法实现了续期,不以个人承租人的意愿为转移。

综合比较以上三种"法定续期"的范式,日本借地权的自动续期范式的核心是法律对土地所有权人在土地期间届满时收回土地的权利进行严格限制,而土地使用人最终能否真正实现续期,由法院裁决。显然,这种自动续期模式具有一些不确定因素,土地使用人的续期权益存在着风险。尤其是在日本,借地权续期后的存续期限统一为 10 年(首次续期为 20 年),这意味着,每 10 年借地人便将面临土地所有人凭"正当事由"回收土地之风险,这对于借地人而言负担过于沉重,有损居住权之安定性。

相对来说,我国香港地区土地租契的自动续期模式更加适应大陆的制度背景,也更具借鉴意义:

一是我国香港地区与大陆地区同样实行土地批租制度,20 世纪 90 年代大陆地区国有土地使用权出让制度建立之初,在很大程度上借鉴了我国香港地区的土地批租制经验。香港地区土地租契的续期问题同样不是私人双方之间的事宜,而是个人与政府之间的权利与义务,政府作为公共事务管理者,有义务依法保障承租人的续期权利。

二是"可续期租契"的期间届满之日的翌日,新的租契便自动开始生效,新旧租契无缝连接,保障了土地之上居住或经营活动的稳定,充分体现了"自动"之宜。

三是"可续期租契"的续期模式能够保障产权的稳定性。承租人的租契期限届满时,在没有违约行为的情况下,承租人不必担心政府会拒绝续期,并且承租人一旦实现了续期便真正获得了新的租契,除因社会公共利益之外,承租人也不必担心土地出让人会出于个人利益的考虑要求终止续期。

可见,我国香港地区的续期模式避免了"默认续期"模式中可能出现的土地所有权人因个人利益要求终止续期的情况,消除了承租人的续期风险以及续期之后土地产权的不稳定因素,相比于日本"默认续期"模式,更加适合我国内地的现实情形。然而,香港地区的"可续期租契"续期模式是"有条件"的续期,不仅要提前对每一户的续期意向予以确认,并且要对其续期条件予以审查,最后双方签署新的租契,这将产生巨大的行政成本。香港地区目前之所以可以适应这种续期模式,最重要的原因在于香港地区目前每年需要续期的租契数量并不多,绝大多数租契将会在 2047 年或更晚的时间到期。根据香港特区地政总署的官方数据①,2016 年香港特区续期个案为 17 例,2017 年无续期个案,2018 年仅出现 6 例续期个案。可见,香港特区目前只需面对极少的续期量,因而政府部门有能力实现对每一个案例的核查。显然,在简化程序方面,香港新界地区集体官契的续期模式更具优势,能够应对大规模、大批量的产权到期后续期的情况,适合应用于稳定性、长期性的土地利用活动,能够满足政府具有长期发展性的规划或项目。

7.1.2　法定自动续期的实现

纵览自动续期的域外范式,它们均有其独特与可资借鉴之处,但同时也存在着与我国现实情况不完全相符之地。相较而言,我国住宅建设用地的自动续期问题更具复杂性和特殊性,无法完全照搬某一个自动续期的范式,而是需要在深刻理解不同自动续期模式的基础上,加以修正及改造,以形成适应于我国土地公有产权制度及符合国情与民意的自动续期模式。基于此,我国住宅建设用地使用权自动续期制度的法定续期制度方案可归纳为以下内容。

(1)法定条件

住宅建设用地使用权自动续期的法定续期机制,其要义在于凡符合法定要件的,自动续期的实现不以申请和交付对价为前提,也无须以地上建筑物存在为前提,所有合法的国有住宅建设用地使用权到期之后均自动、统一实现续期。从法理上来说,若以申请、合意和交付对价为前提条件,由于这些行为均为民事行为,当使用权人不予配合,自动续期就无法进行下去,那么住宅建设用地的业主就可能会面临着无法续期的风险,有损居住权之安定性。因此,自动续期权作为住宅建设用地使用权人享有的法定权利,除根据社会公共利益需要应该收回这一情形之外,住宅建设用地使用权期间届满的,使用权人皆可自行启动和完成续期程序。这种法定自动续期的模式在程序上也最简单、最省时、资源耗费最少,能够最小化制度执行成本,适应大规模的批量操作的需求。

就自动续期是否以建筑物存在为前提的问题,在国际上,如德国地上权设立后建筑物倒塌时,地上权不随同消灭。建筑物倒塌后地上权人仍可以重新建筑,原定地上权的期限与续期不受此影响。与之不同的,日本借地权人请求借地权续期时,需要以借地上有建筑物为限。当前,住宅建设用地使用权是公民最重要的财产权形式,日本的以建筑物存在为前提的续期制度显然会导致土地产权更

---

① 整理于香港特别行政区地政总署官方网站,《年度已签立续期签约个案汇总》,https://www.landsd.gov.hk/tc/lease_ext/ extension.htm.

具不稳定性,不符合中国财产权制度建设和发展的大方向。根据我国现行的"权利人一致"原则,土地使用权和房屋所有权必须归属同一个主体,但这两项权利是独立的,土地是永续存在的,房屋是有自然寿命的。随土地之灭失,其上的房屋亦将不复存在,但反过来,则不然。在中国土地与房屋的法律关系设计中,土地应是主物,房屋应为从物,住宅建设用地使用权人断不能因为地上房屋的毁灭而丧失自动续期权,地上物存在与否不能作为自动续期的法定前提。同时,在自动续期期限内,即使房屋灭失,则当事人可以在原住宅建设用地上翻建房屋。

（2）法定期限

住宅建设用地使用权期间满之时,原建设用地使用权消灭,业主自动获得了一个新期间的建设用地使用权,新的住宅建设用地使用权在上一期间满后便紧接着自动生效,新的期间从上一期间届满的翌日自动开始计算。

从赋权于民的角度来思考,新的期间应以 70 年为宜。70 年既是对既往实践经验的总结,也符合人的生命周期对置业的需求。只要符合法定条件,遵从法定程序,履行法定义务,住宅建设用地使用权期限就可以不间断地自动延展下一个新的 70 年,如此一来,人民对于财富创造的预期,以及人民的安居乐业,便有了坚实的制度基础。

（3）法定程序

自动续期的法定程序应至为简单。在符合社会公共利益的前提下,住宅建设用地使用权期间届满后,业主自行持《不动产证》到不动产登记机关,办理一个新期间的建设用地使用权登记,并换发更新的《不动产证》,至此,自动续期即告完成和生效。

（4）出让合同中的自动续期条款

在住宅建设用地使用权的自动续期制度内容确立后,现行《国有建设用地使用权出让合同》(以下简称《出让合同》)的第 5 章"期限届满"也将依据相应的制度内容予以修改。自动续期的相关制度内容进入《出让合同》,需要对该条款的性质进行界定。而在此之前,首先需要对现行《出让合同》的性质予以明确。

总体来看,现行《出让合同》中的已有条款,从性质上可以分为两类:一类是民事性质条款,如有关土地出让金的缴付、有关双方主要权利义务、有关违约责任和仲裁方式的条款都具有明显的民事性质;第二类是行政性质条款,在内容上或是纯粹的法定条款或是对法律规定的管理措施予以细化或进一步约定的条款,如合同中有政府对土地使用者是否按合同规定的期限和条件开发、利用和经营进行监督、处罚等反映行政法律关系的条款(如有关竣工时间、开发的用途、容积率以及未按约定进行开发所需缴纳的违约金、无偿收回土地使用权等行政处罚等的约定均属于这类条款）。这些限制性规定，其权力依据是法律规定的用途管制制度以及"珍惜、合理利用土地"的基本国策，不论是否将其写入《出让合同》，双方当事人都依法受到这些法定规范的约束，因而带有鲜明的行政属性。

鉴于《出让合同》中既有民事性质的条款，也有行政规范属性的条款，即其同时具有民事合同和行政合同双重法律属性，我们难以简单地将其归为民事或行政的单一合同类别，因此必须对两种性质的条款有明确的认识和区分，不能混为一谈，行政属性的条款要由公法来约束，民事部分由私法来调整。

基于上述分析，自动续期条款应被认定为行政性质，主要出于以下两点考虑。

一是自动续期的价值目标。行政性质条款通常是以社会公共利益与政府的公共职能目标为目的。政府在《出让合同》的行政条款中享有行政优益权（王林清，2018），这种优益权是合同的行政主体单方享有的权利，其存在的合理性源于合同内容所具有的公共利益目的。土地管理部门作为公权力机关，对《出让合同》的履行具有监管职责，为确保国有土地管理目标的实现，行政机关可以采取任何必要的措施执行和管理合同，如：对合同履行过程的检查、监督权，采取强制措施权，单方合同的解除权和制裁权等权力。显然，住宅用地自动续期是关乎整个社会公共利益的事宜，保障住宅用地的续期是政府的行政职责。

二是行政条款以行政法律规定为依据（余凌云，2006，p. 27）。在《出让合同》中，如果土地使用人违反了行政条款的约定，土地管理部门有权依法纠正，并可根据具体情节的轻重，作出警告、罚款甚至无偿收回国有土地使用权等行政处罚。行政主管部门在《出让合同》中拥有行政处罚权，并非由合同约定赋予，而是来源于法律法规的授权。因此，《出让合同》的行政条款是基于法律的规定，而民事条款则是基于双方合意而赋予土地使用者充分的自主权。同样的，建设用地使用人的自动续期权是法定权利，并不以和建设用地使用权人之间签订合同为前提条件。

虽然自动续期可以被写入《出让合同》，成为出让双方当事人之间的权利与义务关系，但这不是必需的。易言之，住宅建设用地的自动续期即便不被写入《出让合同》，也是住宅建设用地使用权人所享有的法定权利，不受合同约定的影响，而违反自动续期条款的行为也须依法受到行政处罚。将自动续期写进合同的根本之目的在于用私法的手段来完成公法的目的。在我国公有产权制度下，《出让合同》应尽量减少行政机关对土地使用权人及其所获得的土地用益物权的干预，从而让受让人享有更全面、完整与稳定的土地财产权。出于此目的，在合同中设置行政性条款的做法，相比于行政命令，相对缓和得多。在《出让合同》

中,行政机关只有得到相对人的同意,合同所设立的权利义务才对相对人具有法律约束力,这样能够使行政机关推行国家法律法规及政策的过程不具有过度的强制命令的色彩,使相对人乐于接受。因此,政府通过契约形式达成政府公共职能的目标、实现社会公共利益,不仅能够更加清晰地明确出让双方当事人的权利与义务关系,增强土地使用权的稳定性,也有利于使市场主体对土地使用权保持信心。

7.2　自动续期的法定义务:年金制

针对自动续期是否应当有偿的问题,根据对《物权法》中"自动续期"条款的法律解读与释义,凡符合法定要件的,住宅建设用地使用权自动续期无需以再次缴纳一笔土地出让金为要义,所有合法的国有住宅建设用地使用权到期时均以无偿的方式自动实现续期。这是《物权法》赋予自动续期的特别"优待",更是《宪法》基于保护公民财产权所提出的要求。然而,自动续期无需以一次性缴纳一笔类似土地出让金的"地价"为要件,这并不意味着续期后使用权人无须承担任何法定义务。相反,待完成自动续期程序、新建设用地使用权生效之后,在新的期间内土地使用权人对公有土地的使用理应遵循一贯的土地有偿使用原则,支付土地使用的对价是使用权人应当履行的法定义务,这是我国土地公有制的基本内核,也符合国际上的普遍经验。事实上,根据本书对杭州住宅二手房市场交易数据的实证分析可以发现,住宅二手房市场动向所反映出来的民意并非对续期的有偿性毫无预期,一定程度上的有偿性是在民意预料之中的且可以接受的,但重新缴纳高昂的土地出让金或相类似的高额续期费用的方式则超出了购房者的心理预期,可能是不被市场接受的。为回应这样的制度需求,本书引入"年金制"来实现自动续期的法定义务,即在自动续期生效后,住宅建设用地使用权人应当依法缴纳土地使用的年金。

7.2.1　年金制的基本理念

所谓年金,就是自动续期后的住宅建设用地使用权人应依法按年缴纳的国有土地有偿使用费。年金不是针对续期环节所征收的所谓"续期费",也非"土地出让金",而是续期之后,在新的期间内,土地使用人有偿使用国有住宅建设用地所按年定期支付的费用。年金制的要义,在于回应民意对土地正义的诉求,在于调节土地利益在不同人群之间的分配关系。

20 世纪 90 年代我国国有土地使用权出让制度建立之初,在很大程度上借鉴了我国香港地区的土地批租制经验。当今天探索住宅建设用地使用权自动续期后土地使用费的缴付方式时,我国香港地区的批租地续期经验可以再次为我们提供借鉴。按照 1984 年《中英联合声明》附件 3 以及此后《香港特别行政区基本法》的规定,目前香港地区土地租契期满后的续期,不用补交地价,而以每年缴纳租金代之,金额为当日该土地应课差饷租值的 3%。这种按年收取的租金,以前称之为"地税",这种定期支付地租(地税)的逻辑值得我们思考与借鉴。

就我国国有建设用地使用权的出让制度来说,主流观点认为出让关系与租赁关系在本质上是一致的,出让是租赁的一种具体形式(周诚,1999;詹蕾、杨继瑞,2001)。土地权利人都是通过支付一定金钱换取土地使用权,并在期限内拥有土地使用权的处分权,期满后拥有获取地上物价值的补偿权。两者的区别仅在于租金支付方式的差异,实行出让制时,用地者一次性缴付整个出让期全部年度地租的贴现值总和;而实行土地租赁制时,则是按年缴租(周诚,1999)。土地出让与土地租赁在不同的外在表现形式下,具有共同的核心,即两者都是基于长期契约而生效(詹蕾、杨继瑞,2001)。出让与租赁所对应着同一种社会关系,出让制度在实质上是采取了一次性缴付地租的租赁制度,而支付方式的差异仅仅是技术上的问题,对两者的性质并无实质性的影响。因此,出让制与租赁制之间没有不可跨越的鸿沟,是能够互相转换的(周诚,1995)。出让的住宅建设用地使用权续期后自然可改采定期支付年金的方式。通过年金制缴纳使用土地的对价,这种方式的优势在于以下两个方面。

一是社会接受程度相对较高,符合市场的预期。在我国目前出现的少数已到期的房地产续期案例中,青岛阿里山小区与温州鹿城区住宅到期案例中地方政府部门都曾提出过一次性补交土地出让金的续期措施。2004 年,阿里山小区的部分业主办理了产权延期,以当时每平方米 465.92 元的土地价格续期至2039 年,对于这样的价格许多业主表示难以接受,因此大多数人依然是在等待和观望。而在 2016 年 4 月的温州案例中,一次性补交的消息一出,立即在社会上掀起了轩然大波,引发了各界的广泛讨论。媒体以"需要缴纳几十万续期费用"为标题的报道铺天盖地,形成了巨大的社会舆论压力。至此,暂且不论该做法是否合理,但依社会各界对此的激烈反应,可以明确的是,续期后一次性缴纳费用的方式不仅难以得到社会大众的认可与接受,甚至已经成为舆论场的一根高压线。定期支付年金的方式则相对来说更加温和、灵活,也能在一定程度上缓和土地使用人的经济负担,更易被社会大众所接受。

二是一次性支付续期后未来 70 年的土地使用对价,使得这笔对价无法反映出房地产市场价值的波动,从而失去了调节土地利益分配关系,激励地方政府更好地提供公共服务的社会经济功能。

年金在金额的设定上以不为土地使用人带来过重的经济负担为价值目标。土地有偿使用最重要的意义在于体现土地的公有属性,维护和实现土地国有制,具有象征性的意义,而非政府对于经济利益的追求。因此,在金额的设置上不应是一刀切的,而是需要对不同经济水平和房地产价值有所区别对待,既要避免年金成为居民的居住负担,有损居住之安定,也要避免金额过于具有象征性而无法起到调节土地利益的作用,造成土地收益分配不公的问题。

新期间的建设用地使用权生效后,土地使用人支付年金的义务便随之自动生效。年金的金额、支付方式与计算标准应由法律直接规定,而非政府与土地使用人之间通过合意所达成。

需要注意的是,自动续期的年金并不是指房产税,两者是不可相互替代的。住宅建设用地使用权续期后,土地使用人缴纳的年金是继续使用国有土地而应当支付的对价,是利用土地资源的价格。而房产税则是产权人对其财产的保有所应当支付的代价,而并非利用土地资源的对价(浩然,2016)。

7.2.2　年金制的域外经验与规律

(1) 我国香港地区"可续期租契"的地租与差饷税

我国香港地区"可续期租契"的地租及其评估制度一直处在不断发展变化之中。在1985年之前,土地租赁的承租人所缴纳的地租(government rent)被称为"地税",由地政署负责征收,采用的是象征性的固定金额,由地政署署长根据每块土地的情况评定金额水平。因地税金额相对较低,又被称为"名义租金"。在续期后,新期间的地税需要重计算。1973年,地税金额的计算方式改为统一按照续期当日应课差饷租值(rateable value)的3%来计算,新的地税金额一旦确定,在整个租期内金额将维持不变,直至有关土地重新开发为止。届时地税会以重新开发后的新房产的应课差饷租值的3%来计算。① 地税在整个租赁期间收取的是固定金额,不会随着通货膨胀而增加。随着香港经济的不断发展,在租赁的后期,该固定金额的地税与业权人所持有的房地产价值相比较来说往往不值一提。当时,当局并不依赖征收地税来筹集公共资金,征收目的仅仅是表征香港地区政府所拥有的土地的永业权,是政府与承租人之间"房东—房客"关系的象征。

1985年开始,我国香港地区将"地税"制度改为"地租"制度,规定1985年及

---

① 参考《政府租赁条例》第9条。

以后获批或续期的土地契约,不再采用固定金额的"名义租金"方式,而是改采"实际租金"制度,金额仍是按照续期当日应课差饷租值(rateable value)的 3％,但日后地租金额在租赁期间内不再是固定的,会按照应课差饷租值的变动而调整①。就仍在原有批租期内的地契而言,应缴地税为地契上述明的金额,待其续期后采用此新地租。该新地租由估价署负责征收,每半年缴纳一次,一般每年的 6 月和 12 月为租金交付日期。②

　　地租或地税是政府根据土地契约向有关业主征收的款项,不管物业(土地和楼宇)是被占用或空置,均须缴纳。业主所缴纳地租或地税的款额是固定的,抑或会随应课差饷租值的变动而改变,要视有关物业(土地和楼宇)的土地契约所属类别而定。地税和地租各个方面的区别见表 7.1。

表 7.1　香港地区"可租赁租契"的地租与地税的比较

	地税	地租
适用范围	在 1985 年 5 月 27 日以前获批或获续期的港岛和九龙物业	在 1985 年 5 月 27 日或以后批出或获续期的港岛和九龙物业
征收部门	地政署	估价署
适用条例	《政府租赁条例》	《地租(评估及征收)条例》
针对的政府租契类型	可续期的政府租契,例如年期 75 年并且可以再续 75 年的	新批出或待续期的可续期以及不可续期的政府租契
款额	1973 年前,应缴地税为地契订明的固定金额,即"名义租金";1973 年后,应缴地税为续期当日物业应课差饷租值的 3％,且在期间内金额保持不变	应课差饷租值 3％,随应课差饷租值的变化而变化

资料来源:由香港特别行政区差饷物业估价署的地租简介整理而得

　　这里的"应课差饷租值"是指假设物业(土地和楼宇)在一个指定估价依据日

---

① 《地租(评估及征收)条例》

② 参考香港特别行政区差饷物业估价署的地租介绍,http://www.rvd.gov.hk/sc/public_services/govern ment_rent.html.

期空置出租时,按年出租,估计可得的年租[1],简单来说就一项地产每年的租金总额。为了更准确地反映物业(土地和楼宇)市场租值变化,估价署每年会全面更新物业(土地和楼宇)的应课差饷租值。不同类别和位于不同地区的物业(土地和楼宇),其租金水平会随着经济、社会和人口转变等因素的影响而调整。所有类别的房产物业,包括私人及公营房屋,都是按相同基准评估应课差饷租值。

　　香港地区"可续期租契"的业权人除需要定期支付地租之外,还需要与地租一同缴纳房产税,即"差饷税"。差饷是就使用和保有物业(土地和楼宇)而征收的税项[2]。差饷税的课税对象是附着于土地上的所有建筑物以及香港地区内的土地。差饷税的纳税人为业主或物业使用人,一般是拥有土地及楼宇等不动产的业主。房产用于出租的,差饷税由谁缴纳要根据业主与租客所签订的合同确定,若无约定,则一般默认由租客来支付。差饷税的税率采用比例税率,计税依据为应课差饷的租值,它是根据物业(土地和楼宇)的应课差饷租值乘以一个百分率征收。香港特区政府每年都会根据预算来调整差饷的税率,并经由立法会决定税率。以 2001—2022 财政年度而言,差饷征收率为 5%。全港所有房产物业均须根据《差饷条例》评估差饷。

　　在地租与差饷的缴纳与管理方面,地租与差饷税均由差饷物业估价署负责征收,每年分 4 季预缴,每季初,估价署会对物业(土地和楼宇)发出征收差饷和地租通知书,最后缴交日期为每季的首个月月底。

　　依表 7.2 可见,针对土地的使用而缴纳的地租,以及针对房地产的保有而缴纳的差饷税,是基于相同的评估基础,即都以应课差饷租值体系为基础。全港房地产均须评定应课差饷租值,作为确定差饷和地租的基础。目前,香港地区的业主因使用土地和保有房产而所要缴纳的最基本的税费为应课差饷租值的 8%(5% 的差饷税和 3% 的地租)。以一套价值 800 万港元的住房为例,假设经评估该房地产每年有 15 万港元租金收益,那么,业主需要缴纳的差饷税是 7500 港元/年,地租是 4500 港元/年。单从金额上来看,地租与差饷的金额并不高,"实际租金"制度在香港地区推行了 30 年也普遍获得了业权人的接受。

---

　　① 参见《差饷条例》第 7 条。在评估租金时,必须假设租客承担支付一般由租客支付的所有差饷及税项,业主承担支付地税、修葺费、保险费,以及维持该物业于能得到该租金的状况所需的其他开支。假设业主支付维修费和其他必需开支,以维持物业于得到该租金的状况,这意味在评定应课差饷租值时,无须理会一般的失修情况。然而,无法修复的严重失修或只有耗费不菲才能修复的情况,则应加以考虑。评估应课差饷租值时,估价署会参考同区类似物业于估价日期或接近该日期,在公开市场所议定的租金,并按照面积大小、位置、设施、完工质素及管理水平等因素分别加以调算。

　　② 早期的差饷主要用途在于维护警队开支,后来扩大到用于支付街灯、洪水、消防等市政开支。现在的差饷已经演化成为政府的一般税收,由政府分配给各部门使用。

表 7.2 香港地区土地承租人应缴纳的差饷与地租的对比

	差饷	地租
法例	《差饷条例》(香港法例第 116 章)	《地租(评估及征收)条例》(香港法例第 515 章)
性质	向物业征收的税项	政府租契的租金
评估基础	应课差饷租值(每年重估)	应课差饷租值(每年重估)
征收百分率	每年由立法会厘定	根据《联合声明》订定的 3%,所有自 1985 年 5 月 27 日起新批出的契约均适用
每年应缴金额	应课差饷租值的指定百分比,目前为 5%	应课差饷租值的 3%
记录册	差饷估价册	地租登记册
缴纳责任	拥有人和占用人同样有缴纳责任	土地契约持有人(即拥有人)
发通知单	差饷与地租一并发单	差饷与地租一并发单
征收	每季预缴	每季预缴
迟交附加费	限期届满时征收 5%,6 个月内一直未缴可再征收 10%	限期届满时征收 5%,6 个月内一直未缴可再征收 10%
性质	《差饷条例》(香港法例第 116 章)	

资料来源:参考香港地区地政司网站资料

(2)我国台湾地区公有地上权的地价税与地租

在我国台湾地区,土地所有人保有土地需要缴纳地价税[①],作为公有土地所有人的政府管理机构也同样需要缴纳地价税。就地价税的计税基础而言,早期,地价税以地方政府制定的"公告地价"为计税基础,目前改以"申报地价"为税基。其中,公告地价是指由地方政府官方公告各个辖区内各宗土地的价格,公告地价一般接近土地正常交易价格,为民众申报地价税的参考之用,原则每 2 年会公告

---

① 在台湾地区,不动产税采取的是对土地和住房分别计税的方式。因而,业主持有不动产固定要缴纳的税为"地价税"与"房屋税"两笔税款。

一次。① 而"申报地价"是指,当土地所有权人申请所有权登记时,其所申报的地价,就是申报地价。申报地价同样以公告地价为计算标准,一般来说,土地所有权人在公告地价80%～120%范围内申报地价,土地所有权人未于公告地价公告期间申报者,统一以公告地价的80%为申报地价。② 公告地价与申报地价均是计算地价税及地租费用的基础。

在税率上,地价税采取累进税率,基本税率为10‰,1到6级累进税率分别为10‰至55‰。而针对特殊用途的土地不适用累进税率,直接采用特别税率,如自用住宅用地,税率为2‰,公有土地则按照基本税率征收,为10‰。③

以自用住宅为例,假设张三在某市有土地100平方公尺,公告地价每平方公尺1万新台币,申报地价则为公告地价的80%,即0.8万新台币,则每年需要缴纳地价税的计税总额为:

$$0.8 万 \times 100 = 80 万新台币$$

那么,张三每年需要缴纳的地价税总额为:

$$80 万 \times 2‰ = 1600 新台币$$

在土地所有权人向政府缴纳地价税的同时,地上权人须向土地所有权人缴纳使用土地的对价——地租。鉴于地租采用与地价税相同的计算基础,即公告地价或申报地价,我国台湾地区的通行做法是,土地所有权人向地上权人所收取的地租之金额高低,以能够覆盖地价税为基本标准,因而地上权地租的最低金额往往都比拟着地价税的税率标准,用以抵付地价税。

台湾地区私人土地之上设立的普通地上权的地租金额,法律并无统一标准,一般由双方自由合意而定。而针对我国台湾地区公有土地之上设定的地上权(被称为"标售地上权"),由于政府收取地上权地租的目的在于缴交公有土地地价税与维系基本的管理成本(林秋绵、刘维真、郭国任等,2015),故而其地租金额

---

① 参考台湾地区"地政司"官方网站资料,以及平均地权条例第14、40条,"土地税法"第33条,https://www.land.moi.gov.tw/chhtml/content/65? mcid=2976&qitem=1.依照现行规定,当局在进行规定地价时,会先分区域调查最近一年内的土地买卖价格或收益价格,依据各街道的市况、繁荣程度及地价水准,划分成不同地价区段。同一个地价区段内土地使用的同质性高,不同地价区段间的土地使用则会差异比较大,以此来估计区段内地价,计算土地平均行情,之后提交给各县市地价评议委员会作评议,然后根据评议委员会的结论,核算每一笔土地的单位地价,同时进行为期30天的公告,若民众没有人提出异议,该核定土地价格将自动拍板定案,成为课征地价税的计算基础,这就称为"公告地价"。

② 参考:("平均地权条例"第16条);台湾地区财政主管部门税务网页资料,https://www.etax.nat.gov.tw/etwmain/web/ETW118W/CON/407/5903500342315058616? tagCode=.

③ 我国台湾地区财政主管部门税务网站之地价税手册,https://www.etax.nat.gov.tw/etwmain/web/ETW118W/CON/407/5903500342315058616? tagCode=.

之高低往往由法律法规予以明定,一般以公告地价或申报地价年息 1%~5%计算,具体的百分比依当时社会经济发展的状况而制定(详见表 7.3)。

表 7.3 我国台湾地区 20 世纪 70 年代至今公有地上权的地租计算方式的演变

	地租	地租案例
20 世纪 70 年代	5%,台北市属为 1.5%	华航大楼、花莲天祥晶华酒店地租为 5%,台北晶华酒店为 1.5%
20 世纪 80 年代	1.75%~10%	台北君悦大饭店、台北世贸大楼等案例,地租均为公告地价年息 1.75%,太平洋 SOGO 百货地租为申报地价年息 10%
20 世纪 90 年代	10%	高雄万大工业区、永康统一公司以及永康鸿利公司等地租为申报地价年息 10%
21 世纪初	5%	环泥晶华 D.C.、宝成皇家河畔、台北国际金融大楼、宜兰县南澳农场招商兴建营运度假园区等,地租均为公告地价年息 5%
2010 年	1%~5%	
2018 年	1%~5%,其中:(1% 的部分随申报地价的调整而调整;其余部分按照得标签约当期申报地价为准)	

资料来源:参考台湾地区"地政司"网站资料

具体来说,在 20 世纪 70 年代,我国台湾地区处于房地产经济繁荣时期,在当时公有土地之上设立地上权的,地租统一为公告地价年息 5%,而属于台北市市有土地的,则以公告地价年息 1.5%计算,华航大楼、花莲天祥晶华酒店等均为在公有土地之上设立地上权之案例,地租为当时公告地价年息 5%。到了 20 世纪 80 年代,台湾地区的房地产经济开始衰退,当时公有地上权的设定以配合政府政策目的为主,且多为政府主动提供给私人使用,地租依当期公告地价年息 1.75%~10%计算,如当时的台北君悦大饭店、台北世贸大楼等案例,地租均为公告地价年息 1.75%,而太平洋 SOGO 百货的地上权地租则为申报地价年息 10%。在 20 世纪 90 年代初期,我国台湾地区的房地产市场处于低迷状态,地租多以申报地价年息 10%计,如高雄万大工业区、永康统一公司以及永康鸿利公司等项目,地租均为申报地价年息 10%;而至 20 世纪 90 年代后期一直到 21 世纪初,地租则又统一回到公告地价年息 5%。为了鼓励民间通过地上权的方式使用公有土地,2010年台当局规定[①],公有土地之上设定地上权的,根据用途不同,地租为土地申报地价年息1‰～5‰,特殊用途的(如兴建学生住宅、老年住宅)一般为3‰,而其他未限定用途一般为5‰。

2018年,台湾当局进一步规定,将公有地上权的地租分为"随申报地价调整的"与"不随申报地价调整的"两个部分,即实行"部分固定、部分改动"的模式,地租中"随申报地价调整的"部分为申报地价的1‰,这部分用以覆盖地价税,具体金额随着申报地价的调整而调整,其余部分按照得标签约当天的公告地价为准,在地上权的存续期间内金额固定保持不变。这种计算方式,目的在于减少公告地价与地租的联动性,即使公告地价调涨,地租调整的幅度也不会太大,减少公民投资的风险。

以自主住宅为例,假设张三在某市有土地100平方公尺,签约当年的公告地价每平方公尺1万新台币,申报地价则为公告地价的80％,即0.8万新台币,地租年息率为3.5‰,其中1‰随地价的调整而调整,而剩余2.5‰则以签约年的地价为准,则签约当年需要缴纳地租计算方式如下:

0.8万新台币×100＝80万新台币(申报地价总额)

80万新台币×0.035＝2.8万新台币(张三签约当年需要缴纳的地租总额)

若3年后公告地价调升10％,则申报地价调至0.88万新台币,则经过计算,张三该年需要缴纳地租总额升至2.88万新台币,比三前年的年地租总额多出800新台币。可见,目前地租所采的"部分固定、部分改动"计算模式可使公民所缴纳地租的金额更加稳定,公告地价的变动对地租金额的影响较小。

基于上述比较,可以发现我国台湾地区地上权的地租制度有以下特征:一是地租计算的百分比由当局政策法规直接规定,是统一的,但地租的百分比在不同时期又是不一样的,能够反映出不同时代社会经济发展状况与政府的政策导向;二是地租的计算是以地价为评估基础,虽然不同时期下的评估基础具体又分为公告地价与申报地价,但实质上,申报地价也是以公告地价为基础进行计算的,一般是公告地价的80％～120％,故而可以说地租与地价税采用的是相同的评估基础。

(3)英国住宅租赁的租赁管制制度

在英国,普通不动产租赁的租金由双方自由商议,政府不予干涉。但是政府对私人住宅租赁的租金则采取了严格的管制措施,以保障低收入群体的住房问

---

① 参考我国台湾地区财政主管部门于2010年01月07日颁布的《国有非公用土地设定地上权作业要点》,该《要点》于2018年03月01日进行了修订。

题。根据《租金法》，私人住宅租赁的租金管制存在着不同的方式。早期，英国采取"标准租金"模式（Cheshire，1962，p. 370），即针对每套住房计算出一个"标准租金"，并以此为基础允许一定的增加额度，作为该房屋的租金。1957 年之后，英国政府采用"租金限额（rent limit）"①的方式，以房屋的总体价格为基础，再乘以其他影响因素的系数，加之出租人需要支付的一些费用作为租金的最高限额，租赁双方可以在租金限额的范围内进行协商。1965 年之后，"租金限额"的计算方式由简单的直接以建筑物总价为评估基础，转变为"公平租金"的规制方法，即由专门的租金评估委员会（RAC）为每个住宅确定一个公平合理的租金，租金测算的主要因素：一是房屋的年限、特征、地理位置和修理的状况；二是家具的提供情况②；三是不考虑住宅短缺的情况而是完全根据房屋的不同状况而形成的租金，力求排除房屋的供求状况对租金的影响。该"公平租金"经过租金登记后，便成为出租人可以请求的最高租金，登记的租金在两年内有效，任何超出该标准的租金都是违法的。③

（4）结论和启示

比较以上三种不动产租金的评估模式，英国住宅租赁的租金模式能够对私人住宅的租赁市场起到有效的管制作用，对租赁中的契约自由行为起到一定的约束力，防止住宅租赁的承租人负担过重的经济压力。但必须看到，这种方式只适用于私人产权制度下的不动产租赁市场，这种租金制度实质上仍然是合意，只是法律对双方合意的内容和范围进行了一定程度的限制，而我国公有产权制度下的住宅建设用自动续期后的租金从评估到缴交均应采用法定方式，不应也无法通过当事双方合意达成。在程序上，以目前我国住宅建设用地使用权人的存在规模来看，对每一个住宅定期进行定期年金测评将要耗费的行政成本巨大，也会加重建设用地使用权人的负担。

相比较来说，我国香港地区的"可续期租契"与台湾地区公有地上权的租金模式，即法定租金制度，其租金模式、评估体系、缴纳方式等经验能够为住宅建设用地自动续期的年金制度提供探索方向。

一是地租的计算搭乘了不动产税的评估体系。我国香港地区和台湾地区地租评估模式的共同特征在于其都采用了不动产税收的评估体系。香港地区"可

---

① 这个限额是 1956 年 11 月 7 日估价清单所示房产的总应课差饷租值，具体参考：The Rent Act，1957，s. 1；The Rent Act，1957，Sche. Ⅵ，para. 1

② Rent Act，1977，s. 70(1)

③ The Increase of Rent and Mortgage Interest（Restrictions）Act，1920，s. 14(1)

续期租契"的地租与差饷税都是以应课差饷租值为评估基础,按比例征收,百分比分别为应课差饷租值的 3% 和 5%;台湾地区公有地上权的地租与地价税都采用了以地价为税基,地租与地价税分别为申报地价年息 5% 与 1%。并且台当局发布的《促进民间参与公共建设公有土地出租及设定地上权租金优惠办法》提到:"公有土地之租金,按该土地依法应缴纳之地价税及其他费用计收租金",即确认了台湾地区公有土地的地租是比照着地价税来缴纳的。

二是地租的缴纳比例由法定。我国香港地区与台湾地区的地租缴纳的比例均非由双方协商而得,而是由政府部门根据经济情况决定或由法律直接规定。

三是地租在存续期间内并非固定金额,都存在着金额的调节机制。我国香港地区的地租随应课差饷租值的调整而调整,而香港估价署每年都会全面更新物业(土地和楼宇)的应课差饷租值,故而不同类别和位于不同地区的物业,其租金水平会随着经济、社会和人口等因素的影响而调整。[①] 在我国台湾地区,公告地价每两年即重新评估一次,并于当年的 1 月 1 日公布,当局再依据申报地价作为征缴地价税和地租的标准。可见,我国香港地区和台湾地区的地租在其存续期间内并非固定不变的,而是会定期更新。一方面,地租不会与市场脱节,能够合理地反映当前经济发展与土地市场的状况,避免出现金额过低难以起到经济调节的作用,或是金额过高加重业主经济负担。另一方面,这种机制为政府通过调节地租水平而进行市场宏观调控提供了路径与空间,强化了政府宏观调控的手段。

四是地租以定期方式缴纳。以我国香港地区为例,地租与差饷的缴纳方式与时间是一致的,通常分四季预缴,缴纳人一般会在季初收到《征收差饷/地租通知书》(以下简称《征收通知书》),并在《征收通知书》所列明的"最后交款日期"或之前清缴有关款额。"最后缴款日期"通常是每季的第一个月,即 1、4、7、10 月的最后一天,缴纳人可利用《征收通知书》上所列明的任何方法缴交地租与差饷。[②]可见,地租不仅采用了不动产税收的评估体系,同时还搭乘了税收的缴纳体系,具有固定可循的缴交方式和时间。

五是以住宅为用途的地租之金额应当所有法定限制。涉及住宅这种特殊用途,其地租则往往受到法律规定的特殊管制。

---

① 参考香港地区差饷物业估价署官方主页资料,https://www.rvd.gov.hk/tc/public_services/rates.html#objections

② 参考香港地区差饷物业估价署官方主页公开资料,https://www.rvd.gov.hk/tc/public_services/rates.html#objections.

综上所述,我国香港地区与台湾地区的土地租金制度所具备的经验与规律可以为住宅建设用地使用权自动续期制度指明一个探索方向,本书接下来将沿着此逻辑路径,展开我国住宅建设用地年金制的讨论。

7.2.3　年金制的实现方案:房地产税附加

(1)"房地产税附加"的逻辑路线

我国住宅建设用地使用权的年金制度可以采用设置"房地产税附加"的模式。目前,我国居民个人拥有房产在保有环节处于无税的状态,但随着个人住房的商品化、住房条件的不断改善以及住房在个人和家庭财产中主体地位的确立,对个人住房征税已具备了现实基础,房地产税的开征是大势所趋,势在必行[1]。而本书所探讨的"房地产税附加"是指,在房地产税的基础上,针对自动续期后的房地产额外计征房地产税附加。通过设置合理的房地产税附加税率,对期间届满续期后的不同价值的房地产"钉"住其房地产税而征缴数额不同的年金。住宅建设用地使用权的年金与房地产税一同构成我国以土地为基础的"土地财政",两者都能够对我国房地产市场起到的调节作用。

当然,这里提出的以房地产税附加的方式征收年金,无法孤立地推进,需要"搭车"中国房地产税体系改革和建设,即必须首先要开征房地产税,才能对自动续期后的房地产征缴房地产税附加。

房地产税附加的模式能够起到调节自动续期的土地利益分配关系的作用,有助于实现社会公平,并为地方政府提供稳定的收入来源。让年金以一定比例"钉"在房地产税上,这种方式通过搭上未来房地产税评估及征收体系,便于政府的统一管理,大大节省了制度实施成本。不仅如此,我国住宅建设用地使用权自动续期后,以房地产税附加的法定方式征缴年金,年金水平亦由法律直接规定,这将在更大程度上限缩用益物权更新时双方当事人的意思自治成分,其物权性质反而可能由此得到加强。

(2)"房地产税附加"方案内容

① 缴纳人和征缴对象。缴纳人界定为我国境内拥有国有住宅建设用地使用权与土地之上住房所有权的自然人和法人,国有住宅建设用地使用权人与住

---

[1]　从官方的政策动向来看,2018 年政府工作报告中对房地产税的相关表述为"稳妥推进房地产税立法"。2019 年政府工作报告中的表述改了一个字,变为"稳步推进房地产税立法"。从"稳妥"向"稳步"的转变意味着房地产税改革逐渐步入正轨,进入一定的法定程序当中。而 2019 年 3 月 1 日,新不动产登记权证正式启用,并将于 2019 年内在全国进行推广。可以推测,正式启用新的不动产登记权证是房地产改革程序的重要一步。

房所有权人应保持一致。房产上负担有租赁关系的,即土地使用权人或住房所有权人与实际使用人不一致的,默认由土地使用权人为法定缴交人。

征缴对象应当是缴纳人所拥有使用权的国有住宅建设用地,且该住宅建设用地使用权期间届满后自动续期,新的期间已经开始生效。简单来说,征缴对象的范围包括三个内容:一是必须为国有建设用地,因此排除了集体土地;二是该建设用地在性质上为住宅用地;三是该建设用地已经期间届满,并通过自动续期进入了新的期间。

② 评估依据。住宅建设用地使用权的年金直接采用未来开征的房地产税的计税依据,在此基础上设置房地产税附加税率,从而得到住宅产权人应缴纳的年金额。

③ 附加税率。附加税率统一采用比率税率的形式,由中央政府决定。该附加税率只针对住宅用途的建设用地,但不对该住房用于自住、出租或空置等实际用途作具体区分,只要性质上属于住宅用途的建设用地使用权人,均采用统一的附加税率。

在各种税率形式中,固定税率是指按照课征对象的一定数量,直接规定固定的税额(又称定额税率),虽然具有简便易行、税收成本低的优势,但却无法起到调节土地利益分配的作用,由于房屋所占有的面积是固定的,房价所体现的地域差异是明确的,若采用固定税率形式,最后得出的年金金额将只与不动产面积相关而与房屋价值无关,将使年金与房地产价值脱离。累进税率形式虽然能够较好地体现纵向税收公平,但却因计算复杂不容易把握,从而导致房产税成本相对较高。比例税率是指对同一课税对象,不论其数额大小,统一按同一比例征税。采用比例税率,有利于促进流通行为和流通额的扩大,且计算简易,易懂易管,征收费用也比较低(谢伏瞻,2006,p.13)。因此,改革后的房产税应仍采取比例税率形式,这也是符合国际惯例的做法。

附加税率的确定应当考虑保护公民基本财产权、经济活动的自由和人格发展的自由。若税率设计过低,则起不到增加财政收入、激励地方政府更好地提供公共服务的立法目的;如果税率设计过高,则会增加纳税人负担。附加税率的水平同样可以比照房地产税的税率,本书总结域外国家或地区现行的以及国内房产税改革试点的房地产保有类型的税率(表7.4),结合我国住宅建设用地自动续期制度改革的逻辑路线,对我国住宅建设用地使用权年金的附加税率水平的大概范围进行分析与预判。

表 7.4　国内外房产税税率及计税依据

国内现行保有环节的房地产税			其他国家或地区保有环节的房地产税		
税种	税率	计税依据	国家/地区	税率	计税依据
现行房产税①	从价计征的,按房产原值一次减除 10%~30% 后的余值计征,税率为 1.2%;从租计征的,按房产出租的租金收入计征,税率为 12%	房地产计税余值/房地产租金	我国香港地区差饷税	应课差饷租值的 5%	应课差饷租值
现行城镇土地使用税②	土地使用税每平方米年税额如下:(一)大城市 1.5 元至 30 元;(二)中等城市 1.2 元至 24 元;(三)小城市 0.9 元至 18 元;(四)县城、建制镇、工矿区 0.6 元至 12 元	按面积从量计证	我国台湾国有土地上权地价税③	申报地价的 1%	申报地价
上海房产税试点④	0.4%~0.6% 均价超过价格 2 倍:0.4%;均价低于价格 2 倍:0.6%	近期:交易价格的 70%;远期:评估价值	美国房地产保有税⑤	0.2%~3.1%	房地产总价值

---

① 目前,在我国现行的税收体系中,针对居民个人房地产保有环节的税收项目是房产税。我国现行房产税的基本规范是 1986 年 9 月 15 日国务院发布的《中华人民共和国房产税暂行条例》。根据该条例,现行的房产税是以房屋为征税对象,征收范围仅限于城镇的经营性房屋,不包括国有建设用地之上的个人拥有的住宅。

② 参考 1988 年《中华人民共和国城镇土地使用税暂行条例》、2006 年《中华人民共和国国务院关于修改〈中华人民共和国城镇土地使用税暂行条例〉的决定》第 4 条。土地使用税的征税范围是城市、县城、建制镇、工矿区范围内使用土地的单位和个人,需要缴纳土地使用税。其中,国有住宅建设用地是暂免征收房产税和土地使用税的。

③ 参考我国台湾地区财政主管部门税务主页。

④ 参考《上海市开展对部分个人住房征收房产税试点的暂行办法》第 5 条。

⑤ 财产税通常由不动产业主所在州或当地政府制定征收准则并负责收取,50 个州中的每个州都有自己的财产税收标准。总体来说,不动产的征税对象为土地和永久附着在土地上之物,业主要支付的税额是根据财产的总价值或价值的某个百分比计算的,税率主要集中在从 0.2% 到 3.1%。参考美国联邦政府官方网站税务主页,HTTPS://WWW. USA. GOV/STATE‑TAXES # ITEM‑211641;HARRIS, BENJAMIN H. , BRIAN DAVID MOORE, AND URBAN‑BROOKINGS TAX POLICY CENTER. "RESIDENTIAL PROPERTY TAXES IN THE UNITED STATES . " URBAN‑BROOKINGS TAX POLICY CENTER WORKING PAPER (2013).

续表

国内现行保有环节的房地产税			其他国家或地区保有环节的房地产税		
税种	税率	计税依据	国家/地区	税率	计税依据
重庆房产税试点[1]	0.5%～1.2%	近期：交易价格；远期：评估价值	新加坡房地产税[2]	累进税率业主自住住房：4%～16%；业主非自住住房：10%～20%	房地产年租金

资料来源：由相关文件以及政府官方资料整理得

在国内外的针对保有环节的房地产税实践中，房地产税主要以从价（按房地产余值）和从租（按房地产租金收入）两种方式计征。按从价计征的，其房地产税税率集中在 10% 上下；按从租计征的，其房地产税率集中在 0.5% 上下。落脚到我国的住宅建设用地使用权续期后的年金制度，其制度目标是保障每一位公民的居住权、保障其住有所居，因此在处理这个问题时应从以人为本的基本理念出发，适当减轻居民负担，稳定社会财产关系。同时，住宅建设用地自动续期的年金制度最重要的意义并不仅是为地方政府提供稳定的收入来源，更是出于维护和实现土地公有制的需要，因而年金具有一定的象征性意义。在开征的近期，年金水平不应高于房地产税，这有利于稳定社会预期、维持社会经济关系，以避免为公民带来过重的经济负担及对社会造成过大冲击。基于这一逻辑，若以从价计征的房地产税为例，房地产附加税率应为 0.3% 上下范围内；若以从租计征的房地产税为例，则房地产附加税率水平应在 8% 上下范围内。

我国住宅建设用地使用权续期后的年金，即房地产税附加的计算公式为：

房地产税附加＝房地产税计税价值×附加税率

假设一套计税价值为 100 万元的住宅，附加税率为 0.3%，业主每年应缴纳的年金额为 3000 元；若从租计征，假设该套住宅的月租金收入为 3000 元，房地产附加税率为 8%，那么业主每年应缴纳的年金额为 2880 元。

④ 课征期间与方法。房地产税附加课征期间为住宅建设用地使用权期间

---

① 参考《重庆市人民政府关于进行对部分个人住房征收房产税改革试点的暂行办法》第 5 条。

② 新加坡房地产税的计税依据为"年度价值"（AV，ANNUAL VALUE），即该房地产拟用于租赁时每年的预计租金总额（不包括家具和保养费用）。年度租金总额是根据类似的房地产的市场租金的评估值，而非根据世纪租金收入来确定的。参考新加坡税务总局主页，HTTPS://WWW. IRAS. GOV. SG/IRASHOME/PROPERTY/PROPERTY-OWNERS/WORKING-OUT-YOUR-TAXES/PROPERTY-TAX-RATES-AND-SAMPLE-CALCULATIONS/

届满之日的翌日起直至新的期间届满之日。按年计征,不足一年的按月计算应缴年金。

⑤ 缴纳程序。房地产税附加由税务部门负责征收,缴纳人应在法定缴纳期限前自行前往有关部门,缴清当年应缴年金。

⑥ 拖欠租金的法律后果。针对自动续期后住宅建设用地使用权人延迟或不缴纳房地产税附加的行为,应规定相应的追缴措施和罚则,则会产生以下法律后果。

首先,在年金缴交最后期限当日或之后仍未缴交年金即为欠缴,年金收缴部门下发催缴通知书,限定缴纳期限,并且可增收不超过欠款 5% 的滞纳金;如年金及其滞纳金在首次欠缴日期起计的 6 个月期间内一直未有补缴,则年金收缴部门可增收不超过欠缴地租及已产生的滞纳金总额 10% 的款项。

其次,限制仍存有年金未缴清的住宅的流转,待其补缴年金与滞纳金后,方可办理登记手续。

最后,针对长期拖欠年金的不排除通过法律程序向当事人采取执法行为等强制措施,但应明确,年金交付延迟或拒交,不应构成土地所有权收回的要件。

7.3 不予自动续期的情况及纠纷处理机制

在正常情况下,住宅建设用地使用权期间届满时无需得到批准,将自行开启一个新的期间,任何个人或单位都不得终止自动续期。但在特殊情况下,即因社会公共利益的需要,政府有权不予国有住宅建设用地使用权自动续期,并待其现行的期间届满后收回该建设用地。除此之外,不存在其他任何特殊情况。

需要注意的是,本书所讨论的住宅建设用地使用权到期后不再自动续期的情形,与现行出让制度中政府因公共利益的需要而提前收回建设用地的情况,有本质上的不同。政府因公共利益而提前收回建设用地行使的是征收权,是在建设用地使用权还未到期、仍然有效时,通过具有强制性的公权力将建设用地使用权强制注销。而在自动续期制度中,政府是因公共利益的需要停止了土地使用权人自动续期的权益,待该建设用地期间届满时不再予其续期,土地使用权到期后未实现续期而自然归于消灭,土地回归到土地所有权人手中也实属当然。

(1)公共利益界定

住宅建设用地使用权不予自动续期情况中"公共利益"的限制性条件应当实现具体化,并通过程序性规则进行明确,以达对公共利益界定的便捷和统一,防止实践中的社会公共利益概念过于宽松和模糊,使得政策执行具有高度的不确定性。目前主要的困境在于公共利益的内容难以周全、明确地列举。考虑到当前我国正处于急剧的转型发展阶段,经济情势以及人民的意识、思想、文化等正处快速变化中,在这个阶段制定公共利益目录,若过于笼统,则达不到制定目录的初衷;若过于细致,则可能无法适应快速变化的社会生活(陈潇,2016)。

公共利益范围界定的话题在土地征收领域已经展开了充分的讨论,自动续期制度中的公共利益与土地征收领域中公共利益的理念是相同的,相比而言不具有特殊性,因此自动续期制度中不必开设单独的公共利益目录,应当遵从当前法律法规对公共利益的界定,采用土地征收领域的公共利益目录。

2019 年新修订的《土地管理法》在土地征收领域明确界定了公共利益的内容与范围,采用列举的方式,军事外交,政府组织实施的基础设施建设、公共事业、扶贫搬迁和保障性安居工程,以及成片开发建设等六种情况属于公共利益的范畴,确需要征地的可以依法实施征收。① 住宅建设用地使用权因公共利益而无法续期情形的界定,也适用此标准。

(2)法定程序

停止自动续期的法定程序应该包括以下三个环节的程序。

一是认定公共利益的程序,主管部门在作出公共利益认定时,要求这一过程保持公开性与公正性。主管部门在向土地使用者发送"不予自动续期"的通知时,应公开所对应的公共利益的类型及原因。

二是停止自动续期的决定做出之后,主管部门组织和实施对业主的通知工作。须在该建设用地使用权现行期间届满前 6~12 个月向业主发出终止自动续期的通告,并依法对业主展开地上物补偿问题的协商工作。

三是建设用地使用权期间届满后主管部门组织和实施建设用的收回。住宅建设用地使用权期间届满后便不再自动续期,建设用地使用权消灭,应由社区负

---

① 2019 年新《土地管理法》第 45 条规定:"为了公共利益的需要,有下列情形之一,确需征收农民集体所有的土地的,可以依法实施征收:(一)军事和外交需要用地的;(二)由政府组织实施的能源、交通、水利、通信、邮政等基础设施建设需要用地的;(三)由政府组织实施的科技、教育、文化、卫生、体育、生态环境和资源保护、防灾减灾、文物保护、社区综合服务、社会福利、市政公用、优抚安置、英烈保护等公共事业需要用地的;(四)由政府组织实施的扶贫搬迁、保障性安居工程建设需要用地的;(五)在土地利用总体规划确定的城镇建用地范围内,经省级以上人民政府批准由县级以上地方人民政府组织实施的成片开发建设需要用地的;(六)法律规定为公共利益需要可以征收农民集体所有的土地的其他情形。前款规定的建设活动,应当符合国民经济和社会发展规划、土地利用总体规划、城乡规划和专项规划;第(四)项、第(五)项规定的建设活动,还应当纳入国民经济和社会发展年度计划;第(五)项规定的成片开发应当符合国务院自然资源主管部门规定的标准。"

责组织督促业主交还不动产权证,并办理注销登记。

（3）公平补偿

因公共利益的需要,政府待该住宅建设用地期间届满后,建设用地使用权自行消灭,政府在收回建设用地时,无需针对建设用地使用权进行补偿,但应当针对地上建筑物提供补偿。2019 年新修订《土地管理法》对征地补偿的原则和标准下了定论,即保障被征地农民原有生活水平不降低,长远生计有保障。这一规定改变过去以土地的原用途来确定土地补偿,即以年产值倍数法来确定土地补偿费和安置补助费的做法,实行区片综合地价法。另外在原来的土地补偿费、安置补助费、地上附着物三项基础上又增加了农村村民住宅补偿和社会保障费,这样就从法律上为被征地农民构建了一个更加完善的保障体系。

自动续期问题中地上物补偿的标准也同样适用土地征收补偿的理念,保障土地使用者原有生活水平不降低,以在城市中能够负担新的住所为补偿标准,以业主现持有的、即将期间届满的房产,在其期间届满之时的市场价值作为补偿标准,是较为公平合理的。这个最有资格评定"业主所失去的价值"的主体就是市场,市场对被征收不动产价值的认定是最权威的,双方当事人必须予以尊重。客观地按照房产的市场价值进行衡量和补偿,可以起到定纷止争的作用。

但需要注意的是,在我国房地产市场中,一般商品房流通的价格是房屋和土地合在一起的,但国家对土地使用者的补偿只针对地上房产的价格,故而需要建立起一套针对地上房产的评估鉴定体系,将土地的价格从目前通行的房地产价格评估中剥离出来。

（4）纠纷处理

虽然自动续期以法定机制实现,住宅建设用地使用人与政府之间几乎没有协商的环节,但这一过程仍可能会出现纠纷和争议,如住宅建设用地使用人对政府部门给出的不予自动续期的结果存在异议,或住宅建设用地使用人对地上房产补偿的结果存在异议的,使用人可以首先自行与土地管理部门进行协商或向上级行政机关申请行政救济,在仍无法实现自身利益诉求的情况下,可向法院提请诉讼寻求司法救济。

第 8 章

国有非住宅建设用地续期制度的基本要素

在法理上,我国非住宅建设用地使用权期间届满后的法律后果已经相当明确了,但要契合我国目前现实需求,形成可落地的、具有操作性的续期规则也绝非易事。本书拟在上文已经形成的国有非住宅建设用地使用权申请续期的制度逻辑的基础上,结合我国现行申请续期制度存在的问题,同时借鉴域外续期经验,就申请续期制度的具体制度方案进行探索。

8.1　格式化合意续期

在域外视野中,地上权合意续期制度存在着不同模式,分别适用于不同的土地利用活动,为我国非住宅建设用地使用权的申请续期提供了可参考的范式。总体来说,大陆法系地上权的合意续期可归纳为两种续期模式。

一种是大陆法系国家和地区的地上权"顷先约定"续期模式,当事双方在签订契约时就对地上权到期后的续期事宜达成合意并在契约中予以明确。待地上权期间届满,按照约定地上权便自动实现续期。以我国台湾地区公有地上权为例,大量的公有地上权通过竞标的方式设立,用以商业目的(谢明瑞,2011),例如凯撒饭店的地上权开发案例(案例8.1),即是通过预先约定方式实现地上权的续期。

案例 8.1:

1994 年 7 月,凯撒饭店通过竞标的方式,与台湾地区"交通部观光局"达成协议。"交通部观光局"提供一块面积约为 9952 坪(约 32898 平方米)的土地,并将其地上权授予凯撒饭做,用作建设垦丁凯旋饭店,地上权存续期间为 20 年,并在合同中约定 20 年的初次存续期限届满后,可自动续期,续期的期限不超过 50年。地租为当期公告地价年息 4%。地上权期间届满后,地上建筑物将无偿收归政府。除此之外,地上权存续期间,不得将占有使用土地之权益转让、出借、分租、赠与、分割、设定典权、抵押权及其他负担或其他方式之处分。①

预先约定续期的优势在于当地上权到期时,地上权依约实现自动续期,适于具有稳定性、长期性的土地利用活动,这种土地利用活动一般不随经济形势的变化而经常更换经营生产方式,也不具有产业周期性,能够满足具有长期发展性的规划或项目,如大型能源水电等公共设施等。

另一种是申请续期,即在双方没有提前达成协议的情况下,在地上权期限届满之前,由土地使用人发出续期的请求,土地所有权人同意或是默认同意,相当于双方达成了合意,该地上权得到续期。申请续期方式以日本借地权最为典型。在申请续期的情形下,地上权期间届满时,续期是否能够真正实现依赖于土地所有人的意愿,这在一定程度上增加了地上权人产权之不安定性,存在无法续期的风险。但从经济角度来看,申请续期的方式更加适用于经济环境变化快、具有灵活性的土地商业利用活动。

相比较来说,申请续期的方式更加适用我国非住宅建设用地使用权的续期问题。非住宅建设用地之上的土地利用活动主要为生产、经营与服务类活动,这类土地利用活动并非一贯是长期性的,随着经济环境的改变、市场需求的变化,在一定的期限后土地使用者可能不再有利用该建设用地的需要。故而,非住宅建设用地的存续期限更加强调灵活性。这就决定了非住宅建设用地使用权到期后的续期不宜采法定续期的方式,而应选择申请续期制度,为土地使用者提供表达个人续期意志的空间和途径,以满足非住宅建设用地之上差异性土地利用活动的多样化续期需求。同时,国土空间规则、土地用途管制政策以及国家产业政策等规范都会随着国家宏观经济状况的变化而得到修改。非住宅建设用地经过土地使用者几十年的利用之后,在新的阶段土地利用的条件也可能需要加以改变。故而,政府需要在建设用地每一段期间开始之前,对土地利用的条件与资格进行审核,与现行规范相冲突的土地将不再具备续期的资格。而在预先约定模式下,非住宅建设用地使用权到期后依约自动实现续期,这可能会使政府失去对非住宅建设用地的宏观管控,因而并不适用于我国非住宅建设用地的续期制度。

---

①　根据吴清辉(2001)整理所得。

在法律关系上，非住宅建设用地的申请续期是一种在公法规范约束下的意思自治，土地使用权人与原出让人通过达成约定、订立合同的行为来实现新的合同期限的延展，亦即通过合意与法定相结合的方式来确定续期的各项要义，赋予土地使用者一定的固定格式范围内的选择权，如允许土地使用权人既可以选择长期稳定的续期方式，也可以选择短期的、成本更低的续期方式，不仅能够应对土地利用实务的复杂性，满足经济能力弱、规模小、经营时间短的企业或住宅的土地利用需求，同时还能够保障政府能在一段时间内收回土地的可能性。但同时，也需要把握好尺度，以保障土地管理秩序的稳定。

比较国有非住宅建设用地与国有住宅建设用地，两者均为国有土地，但其续期机制却存在"合意"与"法定"的巨大鸿沟，其根本原因在于土地用途差异所产生的公法和私法调整的程度不同。诚然，住宅建设用地与非住宅建设用地续期关系均受公法和私法共同调整，但由于住宅建设用地承载着公民对居住权与财产权的特殊期待与诉求，从而处于"优待"地位，我们必须以"法定"的方式保证其续期之"自动"，故而在住宅建设用地的法定自动续期关系中，公法调整占据支配性地位，当事双方之间合意的空间小。而非住宅建设用地使用权申请续期中，私法占据支配性地位，续期意思自治的广度和深度更高，续期双方的合意空间也更大，当事人在法律界限范围内可通过合意实现其自主意愿，法律对续期的达成不具有强制约束，土地使用者可以放弃续期，土地所有权人也有权拒绝续期。

8.2 申请续期程序

事实上，我国非住宅建设用地使用权申请续期的大方向与制度的主要架构已经比较明朗，接下来的主要任务在于填补制度中一些关键性节点上的空白，并在借鉴域外经验的基础上，以现实中土地利用活动的多样化需求为出发点，在现行申请续期制度的基础上提供弹性的续期方案，以满足社会各领域生产与经营活动的现实需求。

在现行续期制度下，申请续期往往被简单地理解为"土地使用者发送续期申请""续期申请批准后，双方重新签订出让合同"这两个最简单、最直观的过程，但事实上，申请续期作为一项"合意"，其过程中涉及双方利益的协调，在每一个程序步骤都需要综合考量与权衡双方的诉求。故而，相比较于住宅建设用地使用权的法定自动续期，申请续期在程序和制度内容上更加复杂，整个申请续期制度涉及五个过程，即：(1)土地使用者向受理机关发送续期申请；(2)受理机关对申请进行审核;(3)土地使用者对续期审批结果存在异议,对此提出申诉;(4)受理机关批准续期,并重新签订建设用地出让合同,办理权属登记;(5)建设用地使用权未能实现续期,或续期后再次到期,建设用地使用权被收回。具体的流程可参考图 8.1。

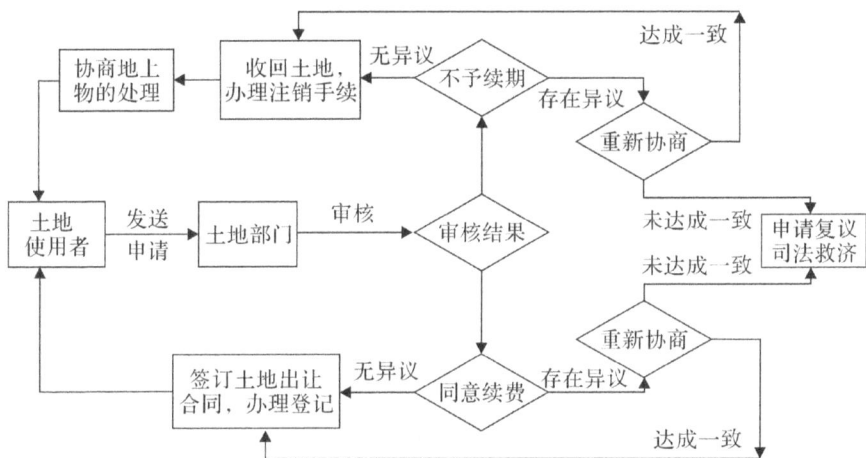

图 8.1　非住宅建设用地使用权申请续期流程

8.2.1　续期的申请

（1）申请之"邀约"性质

非住宅建设用地使用权期限届满之前,土地使用者有意继续使用该宗土地的,须提前一定期限向主管部门提出续期申请。土地使用者所发出的续期"申请",从法律意义上理解,可以视为一种"要约"关系。申请续期制度中的"要约"应是指土地使用者以缔结合同为目的,向主管部门提出合同条件,希望对方当事人接受的意思表示。根据合同法的一般原理,要约作为一种意思表示,虽然它能够对要约人和受要约人产生一种拘束力,但其拘束力只体现在"不能反悔"即不能擅自撤回、撤销或者变更上,要约人提出"要约"必须经过受要约人的承诺,才能产生要约人预期的法律效果(即成立合同),并不能约束对方强制性接受其邀约(柳经纬,2014)。同样的,在土地使用者的续期"申请"对土地所有权人而言也不具有强制性的约束,土地所有权人可以同意,也有权拒绝土地使用者的申请"要约"。因此,土地使用者仅仅发出了续期的申请,并不代表着续期合意的达成,还需要主管部门批准土地使用者的续期申请,即经过受要约人的"承诺",才能够完成关于续期的"合意"过程,订立新的土地出让合同。在我国,"要约"与"承诺"是当事人达成合意的最主要方式①,也是各国合同法律制度均明确规定的合意方式。

值得注意的是,申请续期制度中的"申请"与"行政许可"中的"申请"有着本质上的区别。申请续期中的双方当事人通过"要约"与"承诺"形成了合同关系,旨在就协商的内容达成一致,属于私法上的关系,也是申请续期之合意性的本质体现。当然,申请续期并不是单纯受私法调整的过程,当事双方所签订的续期合同也包含了私法主体对国家应承担的义务,即公法上的要求和规范,作为具有行政性质的合同条款。而申请"行政许可"则完全属于公法领域,其目的不在于双方达成合意,而旨在由行政主体赋予相对方某种法律资格或法律权利。由于申请续期的情形中,土地使用者已经享有法定的申请续期权益,无需行政机关再次授予。因此,申请续期制度中双方当事人的"要约—承诺"关系并不属于"行政许可"的"申请—许可"行政管理关系。

(2)申请需要明确的问题

"发送续期申请"作为申请续期制度的首要步骤,也是申请续期的前提,无申请则无续期。同时,土地使用者发送续期申请不仅是续期意向的表达,更是对续期条件与合同内容进行协商。因此,土地使用者在发送申请时,需要明确以下关键性问题。

① 发送申请的时效问题。针对土地使用者向土主管部门发出续期申请的时效问题,现行的相关规则也存在着混乱。《房地产管理法》第 21 条第 1 款规定:"土地使用权出让合同约定的使用年限届满,土地使用者需要继续使用土地的,应当至迟于届满前 1 年申请续期。"其中,根据"至迟于届满前 1 年"的表述,以产权登记上该建设用地使用权到期当日作为届满之日起计,在此之前均可视为期间届满前,该规定意味着自建设用地使用权设立起,直至期限届满前 1 年,这期间内土地使用者可在任意时间发出续期申请。这样的规则将带来续期管理实务上的困扰,土地使用者倘若在建设用地使用权届满前 40 年的时间发出续期申请,则土地管理部门进行续期审核时所考虑的诸多因素在 40 年后是否还成立,则不得而知。除此之外,《房地产管理法》第 21 条第 2 款又提出了土地使用者发出续期申请的另一种期限要求,即在建设用地使用权"使用年限届满"之前,土地使用者发送续期申请仍是有效的。② 可见,同一法规的不同条款对土地使

---

① 《合同法》第 13 条规定:"当事人订立合同,采取要约、承诺方式。"

② 《房地产管理法》第 21 条第 2 款规定:"土地使用权出让合同约定的使用年限届满,土地使用者未申请续期或者虽申请续期但依照前款规定未获批准的,土地使用权由国家无偿收回。"

用者发送续期申请的时限作出了不同的规定。又如《土地管理法实施条例》第 7 条"……合同约定的使用期限届满，土地使用者未申请续期……"，该条规定同样认为发送续期申请的有效期限不受届满前一年的限制。现行续期制度在申请续期时限规则上的冲突可见一斑。

就土地使用者申请续期的有效时限问题，本书认为申请续期的时限设置应当尽量为土地使用人提供合理的时间与机会对其续期意愿加以判断、作出合理的生产经营规划。同时，该时限也能保证土地管理者充分地对该土地利用活动进行全面的考核。若土地使用者未能实现续期，则该时限也应当能够为土地使用者提供必要的时间以申诉或寻找其他方式对地上物进行处理。结合上述分析，非住宅建设用地使用权期间届满后，土地使用者有意继续使用该宗土地的，应提前 12～24 个月向主管部门发出续期申请。如若土地使用者在该建设用地使用权期限届满前，但距离届满之日不足 12 个月的时间发出申请的，仍可以在主管部门规定的特定期限内补办续期手续。如若土地使用者在该建设用地使用权期限届满之日仍未发送续期申请，该建设用地使用权则因期间届满而自然消灭，土地使用者失去了其建设用地使用权，也就失去了申请续期的依据，因而不能再向管理机构发出续期申请。

②续期期限问题。土地使用者需要在向政府发送的续期申请中表达自身对续期期限的意向。就国有非住宅建设用地使用权续期的期限要求来说，结合商服、工矿等非住宅建设用地的主要土地利用方式的特征，土地使用者往往只在特定期限内对土地进行利用，在一定的期限后可能不再有利用该建设用地的需要，故而《物权法》不可能规定非住宅建设用地使用权实现实质上的准永久期限。现实社会经济生活中，不同类型土地利用活动在不同经营生产状况下对存续期限的需求具有差异性，续期期限的制度安排应给予土地使用者一定的自主选择空间，提供有弹性的续期期限范围，允许土地使用者根据产业发展要求和自身经营情况，在法定续期期限范围内进行申报。在我国现行出让制度中，《暂行条例》对建设用地出让的最高年限作出了规定，但在出让实务中，法定最高年限往往作为法定固定年限。事实上，在出让时，对于在该最高年限范围内的约定理应是有效的（高圣平，2012）。根据《物权法》第 138 条规定，建设用地使用权出让合同一般应当约定使用期限。可见，建设用地使用权的存续期限本就属于可以约定的内容，只要不超过法定最高期限，均属有效。相类似的，建设用地使用权到期后的续期期限也理应属于当事人可以约定的条款。

需要注意的是，目前我国建设用地使用权的期限限制只有上限，而无最低年限的约束，从理论上来说，半年乃至几个月的权利都可设立成建设用地使用权。

从土地利用的层面来说,如若实践中出现了只有几年期限的建设用地使用权,加上建筑物本身的建设周期,土地实际使用的时间非常有限,难以达到建设用地利用的目的,不足以发挥该建设用地应该具有的社会功能,有损建设用地使用权的物权稳定性。从物债二分的角度来说,土地权利的存续期限是区隔物权性质与债权性质的重要表征之一,最低年限的缺失会造成两种不同性质的土地权利设立时在期限问题上的混乱。因此,在非住宅建设用地使用权续期法定期限设立时,不仅要设置最高年限,还必须要加以最低年限的约束。

在非住宅建设用地最高续期年限的设置上,既应考虑到权利人长期使用、长期投资、长期收益的需要,还应将土地利用活动的经营、收益回报情况、国家产业政策、土地利用的规模等因素纳入考量范围(高圣平,2012)。例如,商服用地之上的经营活动本身就具有自主性与灵活性,尤其是娱乐消费行业,土地收益率高,投资回收期短,经营活动更新换代速度较其他行业更为显著。就工矿用地来说,最初设置50年的出让年限,主要是考虑到工业项目利用利润率相对较低,投资回收期长,并且部分工业项目规模较大。但近年来工业用地的出让年限呈现出明显的短期化趋势特征,我国工业用地领域正在探索"弹性出让"制度,旨在提高工业用地利用效益,而非一味追求期限之"长"。过长的续期期限将可能带来工业用地的利用效率低下乃至闲置的问题。

基于此,结合我国经济发展的现实需求与市场经济运行规律,本书建议非住宅建设用地使用权的法定续期期限为20~50年,土地使用者可依其生产经营状况需要,在发送续期申请时,在法定最高期限范围内按需自主申报意向的续期期限。这种具有弹性的续期限制度在一定程度上能够起到降低企业用地成本,提高土地市场周转效率的作用,为企业的生产经营活动提供充分的灵活性。

③ 续期次数问题。在续期次数的问题上,如果允许土地使用者无限次续期,则与我国土地公有制度产生事实上的违背;如果只允许续期一次,那么政府与土地使用者将频繁地面对期满后地上物所有权的归属难题。而对续期次数加以明确的限制,则可以预防上述问题对土地管理秩序所带来的潜在危害。

本书建议申请续期制度在续期次数上为土地使用者提供自主选择空间。土地使用者根据生产经营的规模与规划,在首次续期时可向政府土地管理部门申请多次的续期次数,并在新的出让合同中予以明确。以某企业申请2次续期、续期期限为30年为例,该企业完成首次续期,获得30年新的期限。该30年新的期限届满时,根据出让合同中有关2次续期次数的约定,该企业在其建设用地使用权期限届满时可依合同自动续期一次,续期期限与上一次续期相同,即为30年,当该企业的建设用地使用权再次到期后,则无法再自动续期,需要向土地管理部门再次申请续期。

④ 出让条款的修订问题。建设用地首次出让时所设定的土地利用条件是否可以在续期时得到修改,这个问题需要联系经济发展的现实需求加以判断。土地使用者最初以出让方式获得土地,经过几十年的生产与经营,自身规模、商业规划与战略,乃至外部环境,如城市化发展阶段、城市整体规划都可能发生了巨大的变化,土地利用的条件也应随之加以修订与改善,这符合市场优化配置土地资源的原则,也是提高土地利用效率、防止社会资源浪费的要求。基于此,土地使用者向土地管理部门发送续期申请时,有意向修改土地使用条件的,应在申请时予以表达。

综合上述,关于非住宅建设用地使用权到期后申请续期制度的首要步骤"发送续期申请"的操作内容,可以明确的是,土地使用者原则上应于建设用地使用权期间届满前 12～24 个月向土地管理部门发出续期申请,最晚不得迟于建设用地使用权期间届满之日。土地使用者所发送的申请,除了表达续期意向之外,还需根据自身实际需求,在限定范围内对续期期限、续期次数以及土地使用条件修订等方面内容进行申报。

8.2.2　续期的审核

依现行法规定,土地使用者享有法定的申请续期的权益,当权利人行使申请续期权益时,受理机关必须履行受理义务,不得拒绝。政府主管部门对非住宅建设用地续期的审核,最核心的问题在于如何设置审核的依据,以及如何保证政府审核的客观性与公正性。

(1) 续期优先权

立法首先需要承认并明确非住宅建设用地使用权人享有的续期优先权,这就意味着,只要土地使用者符合续期条件,原则上土地管理部门就应当批准土地使用者的续期申请。优先续期的法律关系不是按照平等原则来解决的,而是土地使用者凭借法律赋予的特权,优先实现自己的权利。

赋予土地使用者续期优先权,不仅是贯彻优先保护土地使用者利益的价值取向,也符合了物尽其用以实现更高的经济效率的目的。在国际上,不动产租赁或地上权续期制度中普遍存在续期优先权,如德国《地上权条例》第 31 条规定,若地上权双方未预先达成协议,地上权人在续期时也可行使续展优先权,即当地上权期间届满时,地上权人可以优先和土地所有权人签订合同续展其地上权期间的优先权。在英国商业租赁中,《不动产租赁法》同样赋予了承租人在续租时的优先地位,旨在保护商业租赁的承租人在租赁物所在的地点因经营所建立起来的商誉；出租人不同意续签合约就应当补偿承租人的商誉损失。

对于土地使用者应如何获得续期优先权的问题，在英国，商业租赁承租人具有法定的续期优先地位。但在德国，地上权人并非一概享有这种优先续期的权利，而是需要在设立地上权时和土地所有权人预先约定该项权利。可见，德国地上权人享有的续展优先权是通过约定获得的，是一种债权请求权。目前，我国现行法未对土地使用者在续期时的优先权作出明确的法律规定。《深圳市经济特区房屋租赁管理条例》曾对房屋租赁承租人的优先承租权有所说明，即其第42条规定："租赁期限届满，承租人可按本条例第二十三条规定向出租人提出续租要约，在同等条件下，承租人有优先承租权。"这意味着，在深圳的房屋租赁中，承租人享有的是法定的续租优先权。

在我国申请续期制度中，土地使用者应当自动享有法定的优先续期权。从经济视角来说，土地使用者经过几十年的生产经营者活动，在该区域已经形成了较为稳定的经营基础和影响力，赋予土地使用者优先获得续期的权利，有利于维护我国市场经济活动稳定运行。从法律关系上来说，非住宅建设用地到期后，地上建筑物并非由土地所有人自然取得，基于土地与地上财产的牵连关系，使原建设用地使用权人在一定时间内形成了可以对抗他人的效果（陈飚，2018），使得土地使用者所享有的续期优先权具有合理性。

（2）制定续期准入规则

为了确保续期审核的可操作性与客观性，保护土地使用者的合理利益不受侵害，续期制度应当采"非禁即入"的原则对非住宅建设用地的续期准入条件进行具体化，即法律对不予续期的特殊情形进行列举，凡是在所列举的特殊情形之外的，均可续期，类似于为续期设立"负面清单"。这种方式源于"法无禁止即自由"的法治理念。这种法治理念是私法自治精神的集中体现，易言之，所有公法不加以禁止的范围，均可由私法主体进行意思自治（王利明，2014）。政府对土地使用者享有的续期权益和自由加以法律限制，那么在此限制之外，土地使用者均可自由地实现其续期。若政府采取对所有可续期的情形进行正面规范的方式，一方面，政府难以对社会经济活动进行事无巨细的管理，另一方面这将使政府获得极大的自由裁量权，难免出现暗箱操作现象。而"非禁即入"的续期准入条件审核的模式，将政府的裁量权限制在法律明确列举的规则之内，在一定程度上确保了续期审核的公正性与公开性。基于此，本书建议，非住宅建设用地到期后土地使用权人申请继续使用土地时，存在以下3种特殊情况的，政府应不予续期。

① 土地使用者逾期发送续期申请的。土地使用者在该建设用地使用权期限届满日之后未发送续期申请，该建设用地使用权则因期间届满而自然消灭，土

地使用者的续期申请不再具有法律基础,理应不予批准。

② 因公共利益需要。政府作为公共利益的维护者与公共事务的管理者,依公共利益的需要而拒绝土地使用者的续期申请,具有合理性。政府须应以特定公共利益内容为依据,在该建设用地使用权现行期间届满前 12～24 个月向业主发出通告,或在该土地使用者申请续期时予以及时告知。与"住宅建设用地"的自动续期制度相同,申请续期制度中的"公共利益"应实现具体化和程序化,采用当前法律法规中通用的"公共利益"界定的标准。

③ 存在违反土地出让合同,以及其他有关法律、法规规定的行为。土地使用者发送续期申请之后,经主管部门审查,如若土地使用者在该建设用地首次出让期间存在未按出让合同规定的用途和条件开发利用的土地的、未经出让人同意转让、转租或未按合同约定支付土地出让金的、未依法登记的、未合法取得不动产权证(包括《国有土地使用权证》和《房屋所有权证》)、有查封等限制权利等情形,应不予批准续期。

除以上情况,其他土地使用者的续期申请原则上应予以批准。

经过几十年的开发利用,建设用地到期后,其土地利用活动可能会出现不符合现行国家产业政策、现行土地利用总体规划或城市总体规划、城镇总体规划、国土空间规划等的情况。这并非是由土地使用者自身原因造成的,故而政府原则上仍应批准其续期申请,但在批准其续期时应督促其在限定时间内改变土地利用活动类型,直至与现行政策、规划不产生冲突。

(3) 出让条款的审核

在非住宅建设用地使用权符合续期条件的前提下,有关非住宅建设用地续期期限、续期次数以及相关土地使用条件的审核,原则上应满足土地使用者意愿。若土地使用者对续期后土地利用条件的要求与区域发展规划的目标以及产业调整政策、现有土地供应政策要求和当地产业发展等实际需要,无法实现最优匹配,主管部门可对土地使用者的申请要求进行必要的调整。根据 2016 年国土资源部办公厅发布的《产业用地政策实施工作指引》,市、县国土资源主管部门编制国有建设用地供应计划时,应根据产业用地政策相关要求,按照《国有建设用地供应计划编制规范(试行)》(国土资发〔2010〕117 号),对"国务院及其职能部门发布的产业发展规划与产业促进政策中明确的重点产业,以及县级以上地方人民政府依据前述规划、政策明确的本地区重点产业等"优先安排产业用地供应。在续期审核时,原则上应满足这类用地在续期期限、续期次数以及土地使用条件上提出的特殊需求。

8.2.3　续期的出让方式

凡符合续期条件的非住宅建设用地,其续期申请原则上将予以批准。土地使用者应自接到土地管理部门批准文件之日起 15 日内与主管部门重新签订出让合同,办理登记手续,领取新的不动产证。建设用地使用权的新期限从上一期间届满之日的翌日起计。

从法律关系上来说,建设用地使用权的续期是建设用地的再一次出让。比较建设用地的首次出让与续期出让,这两个过程均表现为签订建设用地出让合同,但两者有本质上的差异。建设用地首次出让的时候就已经具备了同意出让的意思表示,出让条件以及该建设用地的使用条件也已经单方面地确定了,并不是真正的"合意",所谓"合意"的过程已经被内部化了。而续期时的出让是双方就是否续期以及续期的条件进行协商的过程,这个"合意"的过程是外部化的、显性的。

首次出让一般以招拍挂的方式为主,以体现土地市场公平竞争的原则,土地出让人往往面对多个竞拍人,土地价格的形成具有竞争性。而续期时,基于土地使用者享有的续期优先权,土地出让人需要面对的只有原土地使用者一个主体,土地价格自然无需竞价所得。因而,续期出让不宜再次采取招拍挂的方式,目前国有建设地使用权有偿出让方式中,针对唯一用地意向者,协议出让方式是唯一也是最为合适的出让方式。在 2006 年原国土资源部颁布的《协议出让国有土地使用权规范(试行)》,扩大了协议出让的范围,其第 4.3(4)条①将土地使用权续期纳入用协议方式之中,这正是对续期性质和方式选择的力证。

8.2.4　续期土地出让金

非住宅建设用地使用权申请续期的实现以签订出让合同,并支付土地出让金为要义。就用益物权的基本法理而言,建设用地使用者在他人土地之上取得新的土地使用权,自应支付对价,用益物权有偿使用原则之适用,不因建设用地的用途是住宅还是非住宅而存在差异,只是住宅与非住宅用地采用了不同形式来实现其有偿性。具体而言,住宅建设用地使用权使用的有偿性以年金制的方式实现,年金的高低由国家直接规定;而对于非住宅建设用地,其续期的有偿性以土地出让金的方式实现,其土地出让金要经过土地所有人与土地使用者达成

---

① 《协议出让国有土地使用权规范(试行)》第 4.3(4)条规定:"出让土地使用权人申请续期,经审查准予续期的,可以采用协议方式"。

合意,并在建设用地出让合同中予以确认。

非住宅建设用地使用权续期后的土地出让金制度,可以借鉴我国台湾地区地上权制度中的权利金。在我国台湾地区,地上权人除了承担在存续期间内定期支付地租的义务之外,还需在地上权设立以及续租时缴交一笔权利金。我国台湾地区公有地上权,其地租一般用来覆盖公有土地地价税及一般的管理成本,而权利金则是政府的财政收入。权利金的金额与地租高低并无直接的联系,权利金之多寡一般视个案而定,主要取决于该土地利用活动的用途、开发收益及成本分析。在计价方式上,权利金一般以土地市场价格为计价基础,自 2011 年以来,根据地块区位与经济发展形势的差异,权利金为市价的 30%～143%不等,其中以占市价 30%～80%为主流(林秋绵、刘维真、郭国任等,2015)。权利金的支付方式存在一次性缴纳与分期支付两种方式(吴清辉,2001),可由双方商议而定。在实务中,权利金一般以一次性缴纳为主,分期缴纳权利金对于政府来说存在较高的风险,越到后期拖欠的风险越高,政府可能会面对无法收取的情形。当然,实务中也存在分期付款的案例,如 1976 年华航大楼地上权开发案例,其权利金约为 6900 万新台币,按期缴付,双方约定签约时缴 1/3,余额加收 10%,分 3年 12 期摊缴。但若该地上权以竞拍方式设立,则一般采一次性缴纳方式。

基于我国台湾地区地上权权利金的经验范式,反观非住宅建设用地使用权续期土地出让金的设定,应以续期之时、同一条件下周边新出让建设用地的市场评估地价为基础,同时按照以下原则实行一定的折让。

一者,土地使用者取得建设用地使用权所应支付的土地出让金,自应是一定期限内土地所有权人放弃土地所有权的使用权能而取得的对价(高圣平、杨旋,2012),也就是说,土地使用者为一段新期间的建设用地使用权所缴纳的土地出让金应与使用年限直接关联。

二者,非住宅建设用地使用权人所缴纳的一段新期间的土地出让金,在理论上应当低于新增用地的土地出让金。原因在于,建设用地在首次出让时,土地使用者已经支付了全地价款,续期土地与新出让土地相比,不经过土地的基础开发以及征收的环节,因而国家无需再投入开发费用和征地费用,续期时的土地出让金应等同于成本法中的政府增值收益。同时,续期用地有地上物,因此续期时的土地价格要有别于初次出让的价格形成机制,续期土地出让金应等同于成本法中的政府增值收益,其地价必然低于同等条件下的新地价。

三者,非住宅建设用地续期后土地出让金的调整应与我国产业政策挂钩,对符合国家产业政策和省级产业结构调整方向的、具有较高企业投资强度的,或吸纳就业人数达到一定数额的非住宅建设用地项目,在确定土地出让金时应给予一定的折让。如符合省级《优先发展产业工业项目目录》等由当地产业政策已经确定的优先发展产业且符合用地集约要求的工业用地,可按应缴纳土地出让金的 80%执行;企业投资强度(不含土地价款)达到 150 万元/亩以上,或吸纳就业人数达到 200 人及以上的民营企业生产性新建或技改工业项目,可按应缴纳土地出让金的 70%执行。

土地出让金在支付方式上,土地使用者可以选择采用统一支付或按期支付的方式,这种区别在性质上仅理解为支付方式的差异,这在我国现行土地出让制度中已经存在。分期支付建设用地使用权续期出让金的,受让人在支付第二期及以后各期出让价款时,默认同意按照支付第一期土地出让价款之日中国人民银行公布的贷款利率,向出让人支付利息。设置灵活的支付方式,其目的在于满足产业多样化发展的要求。特别是在当前大众创新、万众创业的时代背景下,国内企业,尤其是乡镇企业及小微企业的发展往往受到空间与资金的制约,迫切需要资金投入少且受保障的、灵活的用地形式。为土地使用者提供分期支付土地出让金的选项,能够暂时缓解小微企业存在的资金短缺问题,降低企业前期土地资金投入,使其在发展初期将资金集中到研发等生产性支出上。

若土地使用者存在欠缴行为,政府主管理部门可下发催缴通知书,限定缴纳期限,并且可增收不超过欠款 5%的滞纳金;如土地出让金分期金额及其滞纳金在首次欠缴日期起计的 6 个月期间内一直未有补缴,则主管部门可增收不超过欠缴土地出让金及已产生的滞纳金总额 10%的款项,并限制仍存有土地出让金未缴清的建设用地的流转,待其补缴剩余土地出让金与滞纳金后,方可办理登记手续。针对长期拖欠土地出让金的,政府可收回其建设用地使用权及其地上物。

8.2.5 地上物的处理

非住宅建设用地使用权期限届满后,符合续期条件的自然可以实现续期,地上物继续由土地使用者所有。若非住宅建设用地使用权未实现续期,该建设用地使用权到期后消灭,地上物失去了其存在的法权基础,土地所有权人不当然获得地上物所有权,此时则出现了地上物应如何处理的问题。

(1) 地上物处理的国际经验

针对非住宅建设用地使用权到期后未能实现续期时,地上物应如何处理的问题,在域外视野中,一般情况下地上权双方对此有约定的,应从其约定。在没有预先约定的情况下,不同国家和地区的处理规则所有不同。基于对土地与地上建筑物关系问题的不同理念,以德国、荷兰为代表的国家采取建筑物与土地不可分为原则(也称为"结合主义")(房绍坤,2007,208),认为附着于土地上的建筑物是土地的重要部分。① 由此,在地上权消灭后,地上建筑物直接归土地所有人所有(鲍尔,施蒂尔纳,2004,p.64),地上权人自然不能损毁或移走建筑物之主要部分,而仅得要求补偿。土地所有权人若想要避免赔偿责任,可以延长地上权的期限,若地上权人拒绝延长期限,则丧失赔偿请求权。②

　　而在日本及我国台湾地区则采取的是所谓"分离主义",即地上物与土地是相互独立的物权客体,虽然土地与建筑物主体不一致时,地上物仍然需要正当的土地权源,但地上权消灭时,原地上权人的建筑物所有权不随之消灭,地上权人有权取回其所有的地上物③,恢复土地原貌后返还土地。如若地上建筑物难以取回或拆除,地上权人也可不必拆除其地上建筑物,而是行使其补偿请求权,规定:"地上权得于期间届满前一个月以上时间,请求土地所有人按该建筑物的时价作补偿"④,即地上权存续期间届满,地上权人可不必拆除其地上建筑物,可请求土地所有权人按照建筑物的市价补偿地上权人。如若土地所有权人不同意按照市价补偿或在一定期限内未作出回复,则土地使用者享有延期请求权,土地所有权人可以通过酌情延长地上权的存续期限以免除补偿的义务。若地上权人不愿意延长存续期限的,则不得再请求建筑物的补偿。地上权双方对补偿的价格或是延长的期限无法达成协议的,可以请求法院予以裁定。

　　基于上述比较,可以明确的是,在大陆法系民法中,基于土地与地上物结合/分离关系,地上权期间届满后地上物的处理问题在没有提前约定的情况下,存在三种可能的法律后果:一是地上物直接归土地所有权人所有,土地所有人对地上权人进行经济补偿;二是地上权人取回地上物,并履行恢复原状的义务;三是土地所有权人为地上权人延长续期期限以免除补偿的义务。

　　在我国现行法中,土地使用权与建筑物所有权的关系问题采取的是两者相互独立的理念⑤,但是在土地管理实务中,为了避免法律关系复杂化,一般对土地

---

　　①　罗马法采纳了"一切建筑物从属土地"的原则,即把一切建筑物都当作添附于土地的从物,这一原则体现于《德国民法典》第94条第1款,规定:附着于土地上的物,特别是建筑物,以及与土地尚未分离的出产物,属于土地的主要组成部分。

　　②　德国《地上权条例》27条第3款。

　　③　《日本民法典》第269条第(一)项。

　　④　台湾地区"民法"第840条。

　　⑤　现行法律有多处表明土地使用权与地上物所有权的相互独立性:(1)《中华人民共和国城市房地产管理法》第60条规定土地使用权和房屋所有权分别登记,各有自己的权利证书;(2)《中华人民共和国城镇国有土地使用权出让和转让暂行条例》第25条第2款规定土地使用权和建筑物、其他附着物所有权可以分别转让,只是须经批准;(3)《中华人民共和国城镇国有土地使用权出让和转让暂行条例》第四章规定土地使用权可以出租,从而使土地使用权和地上物所有权相互分离。

使用权和地上物所有权作一体化处理,使得土地使用权人与建筑物所有权人主体一致[1],并且在两者的处分性上也保持一致[2]。因此,在理论上,基于我国现行法所坚持的土地和地上物关系的"分离主义",在土地使用权期间届满后,建筑物不自动附合于土地所有人,土地使用者有权选择取回地上物。故而,非住宅建设用地使用权到期后地上物的处理可以参考我国台湾地区的经验。

结合我国台湾地区地上物的处理规则,非住宅建设用地使用权到期后地上物的处理思路应体现在以下三个方面。

一是要在一定程度上尊重双方当事人的意思自治,在一定条件下,土地使用者应有选择地上物处理方式的自由,可以选择自行拆除地上物,恢复土地原貌,也可以选择请求政府补偿地上建筑物的剩余价值,使土地使用者的个人意愿有所体现。

二是规则设计要尽量兼顾双方的利益,对利益之平衡作出周全、周密的考量,既要防范在双方协商过程中,地方政府利用行政权力侵吞土地使用者的地上物利益的情形,也要考虑到政府的利益,防止政府背负起"一刀切"的补偿义务,也要对地方政府无力承担建筑物补偿的情况有所考量。

三是应当遵循物尽其用、充分利用地上物经济价值的原则。在地上建筑物仍存有较高经济价值抑或商业声誉时,应尽量避免对建筑物的拆除,以免社会资源的浪费。

（2）地上物处理的现行规则

在我国现行法中,针对建设用地使用权到期后未能实现续期的情况,根据1990年《暂行条例》和1994年《房地产管理法》,土地使用权期间届满未申请续期或申请续期未获批准的,土地使用权消灭,国家无偿收回土地使用权和无偿取得地上建筑物所有权。2007年《物权法》双轨制下的申请续期在地上物处置方面有一定发展和突破,对《暂行条例》关于国家无偿收回地上物的规则进行了限制,提供了按双方约定的方式处理地上物的可能。

除此之外,通过历年国有建设用地使用权出让合同示范文本来看,1994年《国有土地使用权出让合同示范文本》(GF-94-1001)规定,出让年限届满,土地

---

①　如:2001年《城市房屋权属登记管理办法》第6条规定:房屋权属登记应当遵循房屋的所有权和该房屋占用范围内的土地使用权权利主体一致的原则。

②　如:即土地使用权转让、抵押或出租的,土地上的建筑物一并转让、抵押或出租;建筑物转让、抵押或出租的,其占用范围内的土地使用权一并转让、抵押或出租。参见《中华人民共和国城镇国有土地使用权出让和转让暂行条例》第23、24、28、33条,《中华人民共和国城市房地产管理法》第31条,《中华人民共和国担保法》第36条。

使用权及地上物由出让人无偿收回。2000年《国有土地使用权出让合同》示范
文本(GF-2000-2601)以及2008年根据物权法新修订的《国有建设用地使用权出
让合同》示范文本(GF-2008-2601)规定,出让期限届满,土地使用人未申请续期
的,地上物由出让人无偿收回。就因公共利益需要而未获续期批准的情形,出让
人应按地上物的残余价值给予相应补偿。

建设用地出让合同的示范文本在一定意义上来说具有法的规范作用,可见
我国现行规范在一定程度上承认了地上物的经济价值。但对于地上物的处理问
题,仍然存在不完善之处。

一方面,现行规范只涉及"未申请续期的"与"因公共利益"而未实现续期的
情形,然而在土地利用实践中,非住宅建设用地的申请续期可能面临更为复杂的
情形,需要设定更为全面的规则,使得土地管理者在续期实务中有章可循,防止
产生过大的行政裁量权。

另一方面,现行出让合同只提供了两种地上物的处理方式,即无偿收回地上
物或补偿残余价值,但在事实上,对土地使用者而言,地上物也可能具有收回利
用价值,如简易厂房、大型设备等,折旧后的剩余经济价值不高,但具有利用价
值,由土地使用者收回后更能发挥其物尽其用的价值。

故而,非住宅建设用地续期制度需要更为全面和细致地对地上物的处理作
出规范,从资源集约利用的角度出发,在地上物的处理问题上,土地使用者应享
有第三种选择,即选择自行取回地上物,并恢复土地原状。

(3) 地上物处理方案

地上物处理的选择权。在一定情况下,土地使用者享有地上物处理方式的
选择权,即由客观原因而导致土地使用者无法实现续期的,如因公共利益的需
要,这种情况并非是由土地使用者的主动行为所造成的,土地使用者可以请求符
合自身意愿的地上物处理方式,包括请求政府对其地上物的价值提供补偿,或自
行取回地上物。凡需自行取回地上建筑物义务的,土地使用者应在一定期限内
完成对地上物的拆除工作,如规定土地使用者在建设用地期间届满之后6个月
内期不履行拆除地上建筑物义务的,地上建筑物可由政府无偿收回。

相反的,因主观原因未实现续期的,包括:1)土地使用者放弃或逾期发送续
期申请,即土地使用者在该建设用地使用权期间届满日之后仍未提出续期申请
的;2)土地使用者在原出让期间存在违法违约行为的。因主观原因未实现续期
的,是土地使用者个人的主动行为,主要责任在土地使用者个人。在这种情况
下,政府不存在为土地使用者的地上物提供补偿的义务,到期后原则上由政府无
偿收回地上物。土地使用者自行放弃该地上物,意味着该地上物对土地使用者

来说已经不具有其本身的用途和价值,土地所有人无偿取得地上物所有权,自无不当。

需要注意的是,土地使用者的选择权具有时效性,土地使用者不应凭借其选择权而迟迟不作出选择,以获得额外利益为目的而刻意拖延该建设用地的续期程序。在政府主管部门向土地使用者发还拒绝其续期申请的通知之后的两个月内,土地使用者应作出选择。超出法定期限不作出决定的,政府则有权无偿收回其地上物。

延期请求权。如若政府无力承担地上建筑物经济赔偿的,抑或双方就建筑物赔偿问题产生纠纷的,可以参考我国台湾地区地上权制度中的延期请求权,政府无法满足经济补偿时,在不影响公共利益的情况下,可以采取酌情延长该建设用地使用权存续期限的方式来抵补偿费。具体延长的时限可由双方进行协商,无法通过协商达成协议的,可以请求法院予以裁决。

地上物的经济补偿。政府对地上建筑物补偿时,补偿水平应统一市场价格为基准,充分考虑区位、用途、档次、使用年限、规模、建筑结构等等因素进行修正。目前,我国城市房地产市场价格的形成已有其成熟的技术规程,具有客观性和公正性。但需要注意的是,国家对土地使用者的补偿只针对地上房产,需将土地的价格从目前通行的房地产价格的评估中剥离出来。

拒不交还土地的处罚。针对应由国家收回的到期土地,原土地使用权人应当按规定交还土地,交回不动产权证,并办理注销登记。但在实务中可能出现土地使用者但拒不交还的情况。拒不交还土地的,我国现行法中已经存在相应的处罚措施,按照《中华人民共和国土地管理法》第 80 条、《中华人民共和国土地管理法实施条例》第 43 条,责令交还土地,处以每平方米 20 元以上 30 元以下罚款。逾期仍不交还的,申请人民法院强制执行。

总的来说,在我国非住宅建设用地使用权未实现续期时的地上物处理问题中,土地使用者享有地上物取回权、申请补偿权以及延期请求权。其他大陆法系国家或地区中的土地使用者,在无法实现续期时所享有补偿请求权或购买请求权,在私有产权制度下,这种请求权是债权性质的请求权。相比于此,我国续期制度中土地使用者因公共利益而无法实现续期时,所获的地上物补偿的权益是土地使用者所享有的法定权益。

8.3　区分建筑物所有权人的申请续期

非住宅建设用地在进行开发后,其建设用地使用权大多集中在少数个人或单位手中,如大型工厂、办公楼等。但在现实生活中也存在非住宅建设用地使用权广泛地分散于大量个人产权人手中的情形,如目前商品房市场中所谓的商住房,出让时其建设用地使用权性质为商业用途,但每间公寓都售予不同的业主,或是某些大型商场,其间商铺可能由不同的个体业主购得。这些购买了商铺、写字间或商住房产权的业主合法地占有了建筑物专有部分,且依法办理了所有权登记,即拥有该建筑物的建筑物区分所有权(刘璐、缪宇,2009)。我国《物权法》第 70 条规定:"业主对建筑物内的住宅、经营性用房等专有部分享有所有权,对专有部分以外的共有部分享有共有和共同管理的权利。"

这些区分建筑物所有权的产权人呈分散且各自独立的状态。虽然这类非住宅建设用地的实际用途可能是住宅(如房地产市场中所谓的"商住房"),但并不能将其归为国有住宅建设用地。建设用地的用地性质并不依其实际用途而定,在出让时,不论其日后产权是集中还分散,非住宅建设用地的出让性质已经明确为非住宅的性质(一般这类土地利用方式为商业性质),以经营为目的,在存续期限、土地利用条件等方面都与国有住宅建设用地有着明确的区别。故而,在续期问题上,这类拥有数量众多且分散的区分建筑物所有权人的非住宅建设用地采用申请续期制度,是属应有之义。

在续期问题上,虽然国有住宅建设用地所涉及的产权人的范围和数量更加巨大,但住宅建设用地使用权到期后便可通过统一的法定自动续期全部实现续期。而这类非住宅建设用地的区分建筑物所有权人的数量众多,利益诉求多样,并且不同申请人的意愿难以统一,这将使其申请续期实务变得更加复杂,制度执行成本也随之提高。故而,这种情况下的续期,其制度安排的核心问题在于,如何设立规则以约束分散的产权人,统一化不同产权人的利益诉求,并且确保申请续期秩序的稳定。

不同于由血源和成员身份维系的集体组织,同一宗非住宅建设用地之上的各个产权人具有独立性,并不存在相互依存或制约的关系,难以使其形成一个合理有序且联系紧密的组织作为统一的申请人,各业主之间相互的利益诉求与未来的规划也不尽相同。基于此,以个体业主自行申请续期的方式更为合理和简明。相比于住宅建设用地,非住宅建设用地所涉及的个人业主往往集中在特定的范围之内,在数量上相对较少,受众范围相对较窄,因此由个人业主自行申请续期在现实中并非不具有可操作性。

个人业主申请续期时,在续期的程序、审核标准等方面均适用前文所述规则。在符合续期条件的情况下,个人业主的续期申请予以批准的,新期间的非住宅建设用地使用权按原出让条件予以设立。续期申请审批之后,个人业主自应按上述标准与方式缴纳土地出让金。由于同一栋建筑物中的不同公寓在楼层、结构、朝向等因素上的差异,各个业主购买其房产的原始价格也不同,故而各业主所应缴纳的土地出让金也不同,应以该建设用地应缴纳土地出让金总额为基础,根据各影响因素的优劣调整,各自缴纳土地出让金总额的不同比例。未缴清土地出让金的,不得办理新不动产证,并计收罚款。业主应在缴清出让金后,自行持不动产证到不动产登记机关,签订新的建设用地使用权出让合同,办理一个新期间的建设用地使用权登记,并换发不动产证。

如若因公共利益等特殊原因,业主续期申请未予以批准的,建设用地使用权自应得到注销,并由政府收回。针对地上房产的处理,不同业主可能会提出不同的诉求,并且对一栋建筑的部分予以拆除取回在现实中也不具有可行性。基于土地管理秩序以及地上物处理可操作性的要求,在这种情况下应由法律规定,采取统一由政府以市场价值对业主的地上房产进行经济补偿的处理方式,以求简明地处理复杂的法律关系,最小化制度执行成本。个人业主地上房产补偿的标准与方式适用上文所述规则。非住宅建设用地使用权期间届满后,业主仍未申请的,则其产权在到期后自动注销,地上房产由国家收归公有。针对非住宅建设用地的区分建筑物所有权人申请续期流程可参见图8.2。

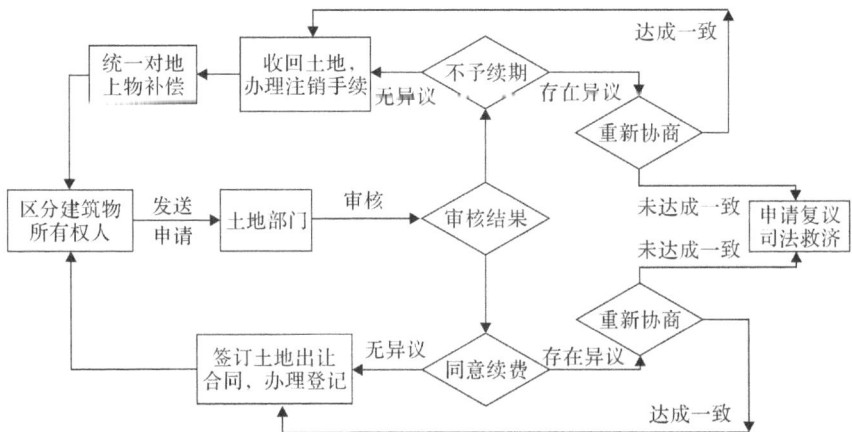

图8.2 非住宅建设用地的区分建筑物所有权人申请续期流程

8.4　续期纠纷的处理机制

土地使用者在与政府部门的协商过程中,作为处于弱势地位的一方,其利益诉求往往更易受到侵害。在申请续期的过程难免出现土地使用者对协商内容存在异议,或认为自身利益受到侵害的情形,因而必须为土地使用者提供完善的救济机制,保障土地使用者续期权益的真正实现。土地使用者的救济方式主要包括以下三种。

第一,自力救济,即土地使用者权利受到侵害,在没有第三方主体介入时,运用自身的力量通过实施自助行为或者自救行为来维护自己的合法权益。如土地使用者对主管部门的审核结果存在异议,或认为土地出让金或地上物补偿的金额存在不满的,可以先自行主动与主管部门进行协商、沟通。

第二,行政复议救济,即土地使用者认为行政主体的行政行为侵犯了其合法权益,依法向上级行政机关提出申请,由受理机关依法定程序对具体行政主体的行为之合法性和适当性进行审查,并对此作出相应决定。如土地使用者对主管部门有关是否予以续期、续期期限、续期次数等审核结果存在异议的,可向上级行政部门提出复议,要求公开审核依据并给出解释。土地使用者认为土地出让金过高或地上物补偿过低的,可在获得通知后 15 天内向主管部门提出异议申请,主管部门在收到异议申请后,应由三家独立评估机构对房屋或土地重新评估,房地产价格评估机构由双方商议,或者采取摇号、抽签等随机方式确定。在三家评估机构评估结果差异不大的情况下,可以采取三家平均值作为最终结果。若存在评估结果差异过大的情况,土地使用者或主管部门可以向房地产价格评估机构申请复核评估。对复核结果有异议的,可以向房地产价格评估专家委员会申请鉴定。

第三,司法救济,当土地使用者认为以上救济方式仍未解决问题时,可以以诉讼的方式向人民法院寻求救济,维护自身合法权益。

第 9 章　集体经营性建设用地续期制度的基本要素

9.1　非格式化合意续期

集体经营性建设用地与国有非住宅建设用地的续期制度均采取合意续期机制,但存在格式化合意与非格式化合意的差异,核心区别在于集体经营性建设用地的非格式化合意续期具有更高程度、更大范围的意思自治。产生这种差异的根源就在于这两种续期关系中续期主体的差异性,集体经营性建设用地的续期是两个地位对等的私法主体之间的意思自治,是公共事务范围外私人领域之法律关系。相比之下,在国有非住宅建设用地的续期关系中,法律赋予了国家与土地使用者以非对等主体的关系,国家虽然是土地所有人,但几乎不享有任何意思自治的自由,国家必须优先保障土地使用权人的续期权益,国有非住宅建设用地只要符合续期条件,国家原则上就要同意其续期申请。很明显,国有非住宅土地使用权人的续期具有"优先性",续期双方的地位是不对等的,难以实现程度更高、范围更广的意思自治。基于这一逻辑,纵览国有住宅建设用地、国有非住宅建设用地、集体经营性建设用地,这三类续期制度设计逻辑中,公法规范介入的广度和深度呈递减状态,而私法规范作用的力度则呈递增状态,即续期合意的程度依次递增。

同时,从实务的角度,基于集体经营性建设用地之上土地利用的地域性和封闭性特征,其土地利用需求往往更具灵活性,更宜以合意的方式达成续期,以满足不同土地使用者的差异化需求和意愿。故而集体经营性建设用地的续期制度设计中法律强制性规范的内容相对较少,是否可以续期、续期方式以及续期中各项要义均可由双方自由协商达成约定,在不涉及公共利益和违背法律法规的情况下,公权力仅承担维护集体经营性建设用地市场秩序的职能。相比较来说,国有非住宅建设用地在用地范围、主体、需求来源、规模等方面则呈现出更高层次、更大范围和更加开放的特征,这决定着其续期制度设计需要更加统一的规范并以法律法规为保障,以稳定土地秩序、最小化行政成本,保障市场运行机制与社会公平公正精神。故而国有非住宅建设用地虽采用合意续期,但其续期在合意的范围和程度上受到公法规范的限制。

在续期制度设计的价值取向问题上,国有住宅建设用地、国有非住宅建设用地、集体经营性建设用地,这三类续期制度呈现出了从"保护土地使用者的绝对优势地位",到"保护土地使用者的相对优势地位",再到"保护双方相对平等地位"的转变规律。对于国有住宅建设用地,其法定续期制度体现出的是一边倒地保护住宅人的价值目标,住宅人的绝对优势地位集中表现为:除公共利益之外,住宅人的自动续期权益几乎是无条件予以实现。在国有非住宅建设用地之上,土地使用者具有相对优势,其逻辑是在兼顾双方利益的基础上,偏向于优先保护土地使用者利益,即在土地使用者拥有续期意愿、符合续期条件的情况下,政府原则上应满足土地使用者的续期申请。而针对集体经营性建设用地使用权,基于其当事人的私法主体地位以及相互对等的关系,其续期制度则以保持双方利益的相对平衡为价值取向。

在续期制度的法律调整层面上,集体经营性建设用地之上的公私法关系可归纳为"私法自治为主,公权介入为辅"原则。在我国现行法下,公法规范对集体经营性建设用地的约束集中体现在土地用途管制的要求、土地规划的管制以及国家产业政策等的限制,这些法律法规构成了对集体土地续期中双方合意自由的限制。基于此,政府部门对续期双方所达成的续期事宜进行审核实属必须。为了防止地方政府利用公权力阻碍集体经营性建设用地使用权的续期,地方政府的审核权力必须得到严格限制:一是要严格限制地方政府在审核中的自由裁量权;二是政府所能够审核的范围须限定在国家的粮食安全、土地资源的集约化与高效利用等公共利益的范围内,对纯粹私法事项则不需要经过行政审核。故而,政府对集体经营性建设用续期的审核行为应采"法无授权不可为"的理念,以使政府的权力能够得到有效的规范和约束,让其权力仅限于保证那些被列由法律明文规范或禁止的事项。根据私法"法无禁止即自由"的理念,除非该集体经营性建设用地与上述规范相冲突,否则政府就不得干涉市场主体的行为自由,易言之,如果该集体经营性用地符合法律规定的条件,地方政府就不得阻碍其续期。

需要注意的是,公权力对集体经营性建设用地使用权续期的规范与其私法自治的核心机制并不相悖,公权力的限制并未改变集体经营性建设用地使用权续期的私法自治的精神实质,反而是对当事双方私法自治的权利和市场竞争机制的保护,给主体提供了一种受法律保护的自由(王利明,2014)。法律只是设定了一定的范围与界限,允许市场主体在不违反市场秩序与公平正义原则的前提下,最充分地实现自己的利益,实现主体所期望的法律效果。强制性规范的存在并不能改变私法性质,强制性规范从某种程度上来说是对私法自治的支撑,最终主要目的是保证公平公正(惠大帅,2014),在集体经营性建设用地的流转中为双方提供安全的保障机制。

9.2   合意续期程序

基于上文所讨论的逻辑路线,集体经营性建设用地续期方案的形成,最本质的问题在于土地所有者和使用者双方利益应当如何平衡,以及公法规范与私法自治之间的界限。故而集体经营性建设用地续期方案应明确出让方(集体组织)、土地使用者以及地方政府三方主体的行为准则和程序规范,并给出具体的尺度。在一般情况下,依私法自治原则,当事人之间就建设用地使用权届满后续期的基本逻辑应是:双方已作约定的,即依其约定,未作约定的,须协商一致,即集体经营性建设用地的具体续期安排应作为出让合同的基本要义在合同中预先予以约定,在集体经营性建设用地期间届满之时以约定为准,未预先作出约定或约定不明时,由双方在土地到期前协商约定为准。

集体经营性建设用地使用权的续期制度方案可分为以下几个步骤。

9.2.1   发送续期通知

首先,土地使用者应在其集体经营性建设用地使用权届满前 12～24 个月的期间内,向土地出让方发送续期通知,最晚不应迟于建设用地使用权期间届满之日。发送续期通知旨在向土地所有人作出续期的意思表示。同时,若土地所有人提前主动询问土地使用者是否续期,土地使用者有及时反馈的义务,从而给予土地所有人合理充裕的时间去寻找下一位土地使用者,避免因长期等待导致土地资源的空置浪费而给土地所有人造成一定的损失。

土地使用者发送的续期通知应包括两项内容:一是表达续期意向,启动续期流程;二是土地使用者应在续期通知中就续期的条件向土地所有者表达意愿,即

土地使用者根据自身实际需求,对续期期限、续期次数以及新期间内土地使用的
条件是否作出修订等内容进行阐述与申请。据此,在发送续期申请环节,土地使
用者可以就以下续期要义向土地所有者表达意向:

(1)续期期限

集体经营性建设用地使用权作为一项用益物权,不应无期限存在,在续期时
必然要对续期期限作出约定。首先,集体经营性建设用地的续期应有最高期限,
如若对集体经营性建设用地的续期期限呈开放的态度,任由当事双方不加以限
制地自由约定,则不排除在盲目追求高额收益的驱使下双方设立过长的续期期
限,不仅使集体土地所有权人失去了到期调整使用权价格的权利,可能导致集体
土地的低效利用或闲置浪费,更可能导致集体土地所有权人面临失地的风险,从
而在事实上违背了坚持集体土地所有权的底线。一般来说,用益物权首次流转
的期限决定了续期期限。根据现有的地方实践,一般集体经营性建设用地首次
流转期限以不超过同类用途国有建设用地使用权的最高年限为限。国有建设用
地使用权的期限制度是参照不同类型土地利用活动的周期性与建筑物的使用寿
命而确定的。集体经营性建设用地之上的生产经营活动已经具有现代产业的特
征,与国有建设用地上的土地利用活动相差无几,因而集体经营性建设用地使用
权续期的最高期限采用国有建设用地使用权的法定最高期限具有合理性。就续
期的最短期限而言,通说认为过短的期限会损害用益物权的物权属性。为与《合
同法》第 214 条所规定的租赁期限相协调,集体经营性建设用地的最低续期期限
应为 20 年。综合来说,集体经营性建设用地使用权的具体期限,应当由双方当
事人在最长期限与最短期限之间自由约定,凡用地需求少于 20 年的土地利用活
动,应适用租赁规则。

(2)续期次数

集体经营性建设用地使用权的续期次数原则上应不作限制。基于集体经营
性建设用地续期的有期限性,每次续期期限届满时,集体组织都有机会收回其土
地或调整土地价格,使集体组织的集体土地所有权得到了保障。故而续期次数
可由双方根据自身现实需求与建筑物使用情况自由协商和约定,法律不作强制
性要求。

(3)土地利用条件

首次流转时,土地所有者与使用者对土地的利用条件,如土地投资强度、建
筑物面积、容积率、限高、绿化率等因素已经达成了协议。在建设用地使用权期
间届满之后续期时,经过几十年的生产与经营,土地使用者自身规模、规划与外
部环境,都将发生巨大的变化,允许土地利用条件随之加以修改实属应然,也是

提高土地利用效率、防止社会资源浪费之举。土地利用条件的修改应符合两项条件:1)属生产经营之必要,且不损害土地所有者权益;2)不违于公共利益与公共法规。基于此,土地利用条件的修改首先需要经土地所有者同意,并报批地方政府主管部门,在不违反规划、用途管制等政策的情况下,应批准土地使用者改变土地利用条件的请求。

9.2.2　续期的集体决议

(1)集体决议机制

集体作为土地所有者,有权决定是否将其土地继续交由他人使用。集体经营性建设用地续期的决策应采集体决策的方式,即由土地所有者对土地使用者发出的续期意愿及续期条件修改的申请在集体内部进行决议。基于集体土地所有权的群体性,集体经营性建设用地使用权的续期问题应是集体财产的处分行为,应体现集体成员的共同意志(温世扬,2015),即由集体成员多数决的方式决定。

集体内部对续期同意与否的决策,则应遵从《村民委员会组织法》、《土地管理法》以及《物权法》中的相关公法规范。其中,《物权法》第 59 条第 1 款规定:"农民集体所有的不动产和动产,属于本集体成员集体所有",即集体土地所有权的主体是本集体全体成员组成的"成员集体"(韩松,2014;管洪彦,2016),但"成员集体"是一个比较宽泛的概念。故而《物权法》第 60 条以及 2019 年新《土地管理法》第 11 条对农民集体所有权的行使进行了规范①,这要求农村地区根据当地的现实情况,如果设立了专门的集体经济组织,那便由集体经济组织行使集体土地所有权,如果未设立专门的集体经济组织,那便由村民委员会来行使集体土地所有权(王乾熙,2018)。针对续期事宜的集体决策机制,可以参考 2019 年新《土地管理法》第 64 条有关集体经营性建设用地流转事宜决策的规定,即"集体经营性建设用地出让、出租等,应当经本集体经济组织成员的村民会议 2/3 以上成员或者 2/3 以上村民代表的同意"。在目前实践中,已经有诸多地方采用了这种集体内部的决策机制,如广东省、安徽省的有关文件规定,出让集体建设用地使用权须经本集体成员的村民会议 2/3 以上成员或者 2/3 以上村民代表同意;乡镇农民集体所有的土地由乡镇集体经济组织负责经营管理。在湖北及上海松

---

① 对于集体所有的土地:(一)属于村农民集体所有的,由村集体经济组织或者村民委员会代表集体行使所有权;(二)分别属于村内两个以上农民集体所有的,由村内各该集体经济组织或者村民小组代表集体行使所有权;(三)属于乡镇农民集体所有的,由乡镇集体经济组织代表集体行使所有权。

江区的实践中，农村集体经营性建设用地入市事项，由本集体经济组织成员或成员代表会议进行表决，经 2/3 以上成员或成员代表同意方可形成决议。这种模式在现行法中获得了《物权法》与《村民委员会组织法》等法律法规的认可，在实践中，这种续期制度建构成本也相对较低。

综合而言，在实践中应根据地方集体组织运行的传统、习惯、农民意愿以及发展的实际需要予以选择。本书建议根据不同地方的条件和发展情况，采取不同的模式，在完善集体成员对土地流转事项民主决策机制的基础上，采取村委员会、集体经济组织、村民小组代表集体进行集体决策的方式，以成员或成员代表 2/3 多数表决的决议方式形成统一意见，并经过公证形成书面形式。

（2）续期的集体决议

在以下情况下，土地所有者可直接拒绝土地使用者的续期申请，并收回其集体土地。

① 土地使用者逾期发送续期申请的，或首次流转合同已明确约定该集体经营性建设用地到期后不可续期的。土地使用者在该建设用地使用权期间届满日之后未发送续期申请，则该建设用地使用权因期间届满而自然消灭，土地使用者的续期申请则不再具有其法权基础。

② 因公共利益需要。因国土空间规划、城乡规划或公共利益需要，政府依法对集体经营性建设用地实行征收的，经县人民政府批准后，集体经营性建设用地所有权人可拒绝续期的请求，并到期后收回土地使用权，但应对相关权益人依法予以补偿，集体经营性建设用地所有权人和使用权人应当服从。政府须应将特定公共利益内容为依据，在该建设用地使用权期间届满前 12～24 个月向土地使用者发出通告，或在该土地使用者申请续期时予以及时告知。

③ 存在违反土地流转合同的行为。土地使用者发送续期申请之后，由集体组织发现土地使用者在使用过程中存在与合同约定不符的行为的，如未按出让合同规定的用途和条件开发利用的土地的、未经出让人同意转让、转租或未依法登记的等情形，可直接拒绝土地使用者的续期请求。

需要注意的是，集体内部的决议应加以时效限制，决议达成过程不应过长，以在无法续期的情况下为土地使用者提供寻找新的生产经营用地、对地上物进行处理或寻找其他方式进行申诉提供充分的时间。故而土地所有者应在土地使用者发送续期请求的 2 个月内完成内部决议，并向土地使用者传达决议结果。

（3）优先续期权

优先续期权的主要目的在于对集体土地所有权人的自由裁量权加以限制，防止其因自利行为而阻碍土地使用者的合理续期，也防止第三方恶意哄抬土地价格的行为。当然,同时也要防范土地使用者凭借其续期优先权开出过低于市场的土地价格。故而,集体经营性建设用地使用权续期问题中的续期优先权是在公正市场价格约束下的优先权,须以市场价格作为标杆,即原土地使用者与欲获得该土地的第三人所提供的价格应在市场价格的正常区间之内,过低或过高于市场价格则有故意破坏市场秩序之嫌,不受法律规范的保护。而之所以为优先续期权设置公正市场价格这一约束条件,是为了在满足土地使用者续期要求的同时也保护土地所有者的利益,尽量在两者利益之间寻找平衡。

公正市场价格约束下的优先续期权具体表现为:当原出让合同期满后,土地所有者自行设定一个出让条件,并应当提前一定期限以特定的方式告知原土地使用者。若有第三人欲与土地所有者建立出让关系,土地所有者可以将第三人提出的条件告知原土地使用者,若原土地使用者也同意按第三人提出的条件继续使用土地,则享有优先续期权;若原土地使用者表示不能按照土地所有者或第三人提出的条件续期或不明确表示续期的意愿,则出让合同期满后的一定期限届满,原土地使用者的优先续期权即告消灭;若原土地使用者认为第三方提出的条件明显超出公正市场价格,可向上级主管部门申诉或请求法院予以裁决。如果土地所有者没有尽到通知的义务,直接与第三人签订新的出让协议,则优先续期权人可以主张该出让协议的无效。

9.2.3　续期价格评估

集体经营性建设用地使用权在续期时,土地使用者应就新期间的土地使用支付土地价格,该土地价格以双方合意为基础,但并非完全由双方当事人自由约定。集体经营性建设用地是一种稀缺资源,按照《价格法》第 18 条的规定,国家有权以适当的措施干预流转价格。若任由双方自由约定土地价格,在农村"熟人社会"建构的关于集体土地产权的非正式制度下,可能出现土地使用者以低价或无偿方式继续利用集体土地的情况,从而造成集体经营性建设用地的浪费,并给集体和其成员利益造成损失。故而集体经营性建设用地续期后的价格应由国家适当干预,使集体土地能够通过价格机制配置给最珍视权利者,从而提高利用效率。

集体建设用地使用权续期后土地价格的形成,可以参考其首次流转的价格。一般来说,集体经营性建设用地使用权首次流转时,国家对地价的干预集中体现在对其最低价的限制上。就如何确定土地流转的最低价,从实践来看,广州、湖北等地直接参照国有建设用地使用权基准地价的一定比例确定集体经营性建设用地使用权的基准地价,如湖北规定"集体建设用地使用权出让价格,不得低于

省人民政府制定的当地国有建设用地使用权出让最低价格标准"①;广州规定
"集体建设用地出让价格不得低于同地类、同类型国有土地基准地价的30%"②。
而重庆、佛山等地则直接由政府为集体经营性建设用地制定单独的基准地价,并
要求流转地价不得低于政府制定的指导地价。③ 湖州德清县集体经营性建设用
地使用权流转试点,则改采基准地价,即"集体经营性建设用地使用权申请出让
前,应实行价格评估,作为集体决策的依据,出让起始价不得低于评估价的
80%"。④ 总体来说,在集体成员对土地利用的民主抉择模式尚未成熟的情况
下,建立统一的价格形成标准,不仅可以在一定程度上避免无偿或低价使用土地
给集体成员造成损失,也能在一定程度上避免在价格问题上的纠纷。

　　基于此,本书建议集体经营性建设用地使用权续期的双方意向达成后,可采
用评估价格作为基准地价,在此基础上再由双方协商最终续期价格。为确保公
平公正,土地所有者应委托有资质的土地估价机构进行价格评估,也可由县级主
管部门委托土地估价机构进行评估,原则上应选择两家(含)以上土地估价机构。
土地价格的评估应考虑容积率、估价期日、土地使用年期、土地开发程度、物业持
有条件以及区域和个别因素等条件的修正。修正体系可参照同用途国有建设用
地基准地价修正体系。双方对估价结果有异议的,可申请上级土地估价师协会
进行技术审裁,也可以另行组织评估。土地所有者可根据评估价适当加价或减
价确定起始价,但不得低于评估价的80%。

9.2.4　行政审核

　　土地所有者与土地使用者经协商达成的协议,须报当地人民政府行政主管
部门审核,由本级人民政府批准,目的在于确保土地所有者与土地使用者所达成
的续期事项不与公共法规、公共利益相冲突。基于规划管理、计划管理之职能,
地方政府主管部门对集体经营性建设用地使用权出让实行行政许可仍属必要。
行政审核采"法无禁止即自由"的理念,即除非该集体经营性建设用地与明确限
定的续期条件相冲突,否则政府就不得对市场主体的行为自由进行干涉,易言
之,如果该集体经营性符合法律规定的条件,地方政府必须予以许可。地方政府
部门的权力仅限于涉及明确限定的公共范畴,对纯粹私法事项,如在法定期限内

① 参见《湖北省农民集体所有建设用地使用权流转管理试行办法》。
② 参见《广州市集体建设用地使用权流转实施办法〈试行〉》。
③ 参见《重庆市农村土地交易所管理暂行办法》,《佛山市南海区集体建设用地使用权流转实施办法》。
④ 参加《德清县农村集体经营性建设用地出让地价管理规定(试行)》

的续期期限、续期次数等则无需要经过行政审核。若赋予地方政府过大范围内的自由续期裁量的权力,一方面可能会破坏市场运行机制与社会公平公正精神,滋生违法腐败和寻租行为的空间,另一方面也会大大提升政府部门的行政成本和执法成本。

经土地所有者的申请,行政主管部门对该集体经营性建设用地相关资料与续期资格进行审核。该集体经营性建设用地应符合以下条件。

①土地权属清晰、无争议,土地所有者已完成集体建设用地所有权确权登记,持有集体建设用地所有权证;

②集体土地所有者同意入市,并完成集体成员代表表决;

③符合国土空间规划、土地利用总体规划和城市规划、村镇建设规划;

④用地项目符合国家产业政策、供地政策、市场准入条件以及环境保护要求,不属国家产业负面清单上明确禁止的项目;

⑤已按土地使用合同约定的用途使用土地,完成约定投资额和开发进度,无擅自改变用途、更改容积率及土地闲置等问题;

⑥无违法用地行为,无司法机关依法裁定查封或其他形式限定土地权利的;

⑦对于符合续期条件的集体经营性建设用地,地方政府主管部门应出具集体建设用地使用权出让许可文件,不符合相关要求的不予核准,退回原农村集体经济组织。

集体土地所有人取得集体建设用地使用权出让许可文件后,应通过协议的方式与土地使用者办理续期,签订新期间的集体经营性建设用地使用权续期合同,由登记机关颁发集体建设用地使用权证书,集体建设用地使用权自登记完成时成立。

9.2.5　地上建筑物的处置

集体经营性建设用地使用权在未实现续期时,集体经营性建设用地使用权由土地所有权人收回。针对地上建筑物,总体而言,地上建筑物存在以下三种处置方式。

①由土地所有者收回地上建筑物、构筑物及其附属设施,并根据收回时地上建筑物、构筑物及其附属设施的经济价值,给予受让人相应补偿;

②由土地所有者无偿收回地上建筑物、构筑物及其附属设施;

③由土地使用者移动或拆除地上建筑物、构筑物及其附属设施,恢复场地平整。

若双方在集体经营性建设用地使用权出让合同中对地上物处理已作约定

的,依约处理。在未作约定的情形下,由双方协商选择。当然,为确保地上物处理的公平性,法律应就两个问题予以明确的规定,除此之外,应以双方的协商结果为准。

一是在因客观因素而无法续期时,土地使用者不应承担失去地上建筑物的经济损失。因土地使用者主动放弃续期或由土地使用者自身违法违约行为导致无法续期,土地所有者则不承担地上建筑物的补偿义务。基于此,集体经营性建设用地续期制度首先要对未实现续期原因的主观性与客观性应所有区分,其中客观因素包括政府因公共利益而需要使用该土地的,以及在使用土地期间因规划和产业政策的改变而无法继续使用土地的这两种情况。土地出让期限届满,土地使用者申请续期,因客观因素而未实现的,应由土地所有者收回地上建筑物,并根据收回时地上建筑物、构筑物及其附属设施的经济价值,给予受让人相应补偿。

若土地使用者在土地期限届满之前没有申请续期的,即主观放弃的,集体建设用地使用权自然由土地所有者无偿收回,同时,地上建筑物由土地所有者无偿收回,土地使用者应当保持地上建筑物、构筑物及其附属设施的正常使用功能,不得人为破坏。地上建筑物、构筑物及其附属设施失去正常使用功能的,出让人可要求土地使用者移动或拆除地上建筑物、构筑物及其附属设施,恢复场地平整。

二是地上建筑物的补偿应采市场评估价值。为防止土地使用者在与土地所有者就地上建筑物补偿金额进行协商的过程中,出现刻意拖延该建设用地的续期程序,索取不合理额外收益,甚至“坐地起价”等违反公平正义的行为,地上建筑物的补偿金额应直接采市场评估价值,以在一定程度上减少不必要的纠纷。

当然,地上建筑物的补偿方式应当是灵活的,需要对双方利益平衡作周全之考量。若土地所有者无力提供经济补偿,或拒绝了土地使用者的补偿要求,则可以采取酌情延长该建设用地使用权存续期限的方式来抵顶补偿费。该延长期限之长短由双方当事人协商确定,不能达成协议的,任何一方可请求法院予以判决。如果土地使用者不愿意延长存续期间,则不得再请求建筑物市价补偿,此时,土地使用者可取回建筑物,但应恢复土地原状。如果未能在土地期间届满 6个月之内取回其建筑物,建筑物则归属土地所有者。如果土地所有者和土地使用者另外达成延长土地存续期间的协议,当然应尊重其协议。

9.3 续期中的纠纷

9.3.1 续期中的违约行为

若集体经营性建设用地首次出让时已明确约定该集体经营性建设用地到期后可续期,土地所有者违反合同约定而拒绝续期的,应对土地所有者的违约行为制定经济赔偿的处罚,如土地所有者应赔付土地使用者 2 倍土地市场价格的违约金。土地所有者仍拒绝赔付的,土地使用者可向法院提起诉讼。

按规定应由土地所有者收回土地的,但土地使用者拒不腾退土地,或拒不办理土地注销手续的,土地所有者可无偿收回地上建筑物,或向法院提起诉讼,申请强制执行收回土地,并要求土地所有者进行经济赔偿。

9.3.2 续期中产生的纠纷

土地使用者对土地所有者集体决议的具体内容存在异议的,如续期条件、土地价格、地上建筑物处理方式或补偿价格等内容,续期制度应为此设置救济机制。具体包括以下途径:①行政调解。基于土地权属的特殊性,在集体土地上就集体经营性建设用地使用权续期合同发生争议或纠纷的,应首先由区县人民政府进行调解和处理。②申请仲裁。集体经营性建设用地使用权得丧变更过程中发生的纠纷,可向自然资源、农业、林业等有关行政主管部门申请调解仲裁。当事人在解决纠纷前或发生后可选择土地仲裁或者诉讼,二者只能选其一,如达成仲裁协议则通过仲裁解决,不能达成协议的通过诉讼解决。③民事诉讼。在不涉及土地权属、非法用地的情况下,当事人双方可以依据合同,就双方有关财产权益或履行合同义务等争议,向法院提起诉讼。综合来说,诉讼作为最重要的方式体现法治和公正的价值目标是必不可少的。而调解、仲裁等非诉讼解决方式具有灵活性、快捷性等特点,其解决纠纷的成本低且效率高的优点,更有利于纠纷的妥善解决和农村的和谐稳定。无论是诉讼还是非诉讼纠纷解决机制都是相辅相成的,需要根据不同纠纷的特点、现实情况和当事人的偏好合理选择。

第 10 章 研究结论和建议

10.1 研究结论

本书以国有土地上住宅建设用地、非住宅建设用地以及集体经营性建设用地的续期制度为研究对象,将其置于中国公有特色地权体系与其续期制度的因果反馈结构分析框架中,同时借鉴域外土地使用权续期的经验,着力揭示当代中国建设用地使用权续期问题背后的法律和政治逻辑,探索不同类型建设用地使用权续期机制的分异性,在此基础上构建了中国城乡建设用地使用权续期制度方案体系。

本书主要研究结论如下:

(1)中国公有地权体系与其续期制度之间存在着因果反馈关系结构。一方面,我国公有地权体系结构的内在规定性对其建设用地使用权续期制度的发展和形成起着决定、约束和塑造的作用,建设用地使用权续期制度是公有地权体系的内在逻辑开展的结果;另一方面,建设用地使用权续期制度又必然是对中国公有地权体系的表达,公有地权体系的内核也将通过续期制度得到再现和巩固,但续期制度的改革与发展又势必推动着中国公有地权体系结构的创新发展。

(2)经过 40 余年的改革和探索,中国公有地权体系形成了独特的理论构造,探索建立了"城乡土地所有权二元分立""土地所有与使用两权分离""土地使用权物债二分""公有土地所有权公私二重性"这四项基本制度。其中,城乡土地所有权分立的二元结构是中国公有地权体系结构的基础,分别在城乡起着维持和保障全社会或特定群众的正义和公共利益的基本作用。由于公有地权制度下的土地所有权不能用于交易,土地使用权经由"两权分离"机制从所有权中分离出来,成为土地交易的权利载体,遂解决了市场经济体制下个人对公有土地的支配与处分难题。"两权分离"的改革过程,也是一个将市场经济条件下的土地利用关系中的一部分界定回归到私人领域,一部分仍置于公共领域,并分别由私法和公法予以调整的过程,由此形成了中国特色的公有土地所有权的公私二重性。沿着大陆法系的财产权制度传统,中国公有土地"两权分离"也形成了"物债二分"的土地产权结构,即一部分土地使用关系纳入债权制度,一部分则纳入物权制度框架下。当代中国建设用地使用权续期就是嵌入这一地权结构体系中的一个重要部件。

(3)英美法系与大陆法系国家和地区的土地使用权均存在续期问题,并形成了不同的续期规则。大陆法系地上权的续期采取"私法自治为主,公权介入为辅"的方式:当事人之间就地上权存续期间届满后的续期事宜已作约定的,依其约定,未作约定时则适用相关推定规则或遵从习惯;同时,地上权的地上物时价补偿以及期限延长请求权等制度又体现了公权力的适度干预。地上权续期后,地上权人在新的期间内通常仍需要承担定期支付地租的义务。地上权的续期期限存在不定之期限与定期之期限两种形式,但一般不可设置永久之期限。就地上建筑物之处理,一般由土地所有权人获得,并按该建筑物的时价予以补偿,或通过酌情延长地上权期限来避免对建筑物的补偿义务。在英美法系中,租赁地产权期限届满后,租赁地产权的续期制度存在两种机制:一是通过双方自由协商达成续期;二是针对特殊用途或续期规模较大的租赁,一般采用法定续期方式实现续期。租赁地产权续期的期限由双方自由约定,但续期期限须以明立,法律不允许设立永久期限的租赁地产权。承租人除了在租赁期间应当支付的租金之外,英美法国家和地区中普遍存在针对续期而收取的额外费用,作为正常地租之外的"额外地租"。

(4)国有建设用地与集体建设用地使用权续期在"意思自治"上存在分异。我国建设用地使用权续期制度设计的一个核心逻辑就是要针对不同类型的建设用地使用权,为其在意思自治续期和法定续期之间寻找公私法交融的平衡位置。本书发现,在国有住宅建设用地、国有非住宅建设用地、集体经营性建设用地这三类建设用地续期制度逻辑中,公法规范介入的广度和深度呈递减状态,而私法规范作用的力度则呈递增状态。即,这三类建设用地使用权的续期的意思自治的广度与深度依次递增,续期的法定性程度则依次递减。我国建设用地使用权续期制度方案设计要遵从这一基本逻辑,相对应的,在续期制度设计的价值取向上,这三类续期制度应秉承从"保护土地使用者的绝对优势地位",到"保护土地使用者的相对优势地位",再到"保护双方相对平等地位"的分异规律。

（5）我国建设用地使用权的续期制度建设存在两种基本范式，即：基于法定机制的自动续期与基于合意机制的申请续期。国有住宅建设用地使用权到期后，采用自动续期的法定续期机制，其要义在于凡符合法定要件的，自动续期的实现不以申请和交付对价为前提，也无须以地上建筑物存在为前提，所有合法的国有住宅建设用地使用权到期之后均自动、统一实现续期。而国有非住宅建设用地与集体经营性建设用地均采用申请续期的合意续期机制，但两种合意续期存在显著区别：国有非住宅建设用地的合意续期中，土地使用者与土地所有权人处于不对等地位，而集体经营性建设用地的合意续期则发生在对等私法主体之间；在合意续期制度的价值取向上，国有非住宅建设用地续期偏向于优先保护土地使用者利益，保障土地使用者的相对优势地位，而集体经营性建设用地的续期则以保持双方利益的相对平衡为基本价值取向。

（6）建设用地使用权的续期具有有期性和有偿性特征。续期的有期性与有偿性是建设用地使用权续期制度的基本内核，也是中国公有地权体系对建设用地使用权的基本约束。就续期的有期性来说，国有住宅建设用地自动续期中，新一个期间应以 70 年为宜；国有非住宅建设用地的使用者则拥有一定的自主选择空间，根据产业发展要求和自身经营状况，在法定最高期限范围内进行申报；而集体经营性建设用地使用者在续期时可与土地所有权人就续期期限作出协商与约定，其期限不应超过同类用途国有建设用地使用权的最高年限。不论是何种类型的建设用地使用权续期，法律都应明确规定其最低期限。

续期的有偿性是指续期生效后，在新的期间内土地使用权人对公有土地的使用理应符合土地有偿使用原则，须支付使用费。针对住宅建设用地使用权续期的有偿性问题，土地有偿使用原则是我国公有地权体系对建设用地使用权的基本约束，同时，杭州市住宅二手房地产市场交易数据的实证研究成果表明市场对有偿续期是所有预期的，但重新缴纳类似于建设用地首次出让时的高昂土地出让金则超出了购房者的心理预期，是可能不被市场所接受的。基于此，住宅建设用地使用权自动续期制度可采用年金制度，具体则设置"房地产税附加"的模式，在房地产税的基础上，针对自动续期后的房地产额外计征房地产税附加；对于国有非住宅建设用地与集体经营性建设用地而言，土地使用者在续期后需要针对新期间的土地使用缴纳对价，即土地出让金，土地出让金以市场评估价值为基础并进行相应的修正，需经过专业机构的评估，并在建设用地续期合同中予以确认。

（7）在续期制度中，地上建筑物的处理方式应遵循需因地制宜地多样化处理原则。就国有住宅建设用地而言，土地使用者因公共利益未能实现续期的，国家应对其地上房产的市场价值进行补偿。而对国有非住宅建设用地,则应在一定程度上尊重双方当事人的意思自治,赋予土地使用者一定的选择权:因所有者方面的原因或公共利益等客观原因未实现续期的,土地使用者可以请求政府对其地上物的价值提供补偿,或自行取回地上物;若因使用者不再需要使用土地而主动放弃续期的或因使用者自身违法违约行为而造成无法续期的,到期后地上物原则上由政府无偿收回。对于集体经营性建设用地的地上物处理问题,双方有约定的情况下依照约定处理;未作约定的,则由双方自行商议,或按照未实现续期原因的主观性与客观性作区分处理。其中,如若政府或集体无法满足地上物的经济补偿时,在不影响公共利益的情况下,政府或集体可以采取酌情延长该建设用地使用权存续期限的方式来抵顶补偿费。

10.2　研究不足

鉴于建设用地使用权的续期问题在实践中的多样性、复杂性、动态性,此项研究将会是一项需要长期进行、并依据个地方实践经验和社会经济发展的需要不断积累和深化的研究课题。本书在以下几个方面还需要进行深入研究:

(1)本书在续期制度类型化研究方面主要针对国有住宅、国有非住宅与集体经营性建设用地的续期问题进行了探索与研究,未将宅基地三权分置等土地产权的续期问题纳入观察视野,建设用地使用权续期制度将随着我国公有地权体系结构改革的不断深化而不断发展。

(2)本书提出的建设用地使用权续期制度体系是一套整体性的制度方案,其中会涉及《土地管理法》《物权法》等相关法律的修订,这些修法和立法建议本书未能涉及,还需要进一步研究和论证。

10.3　研究建议

在当前的社会舆论场上,建设用地使用权续期是一条高压线,稍微展开一点有偿续期的理性讨论,就会被群起挞伐,甚至遭受谩骂和攻击,这是极不正常的舆论生态。政府应当尽快以部门规章的形式,或者至少在部门规范性文件的层次上,对各类建设用地使用权到期问题的处理作出具有效力的规定,正确引导民意的表达及社会舆论走向,为续期制度的科学研究、公民讨论及法律方案最终形成,创造良好的社会环境。

需要注意的是,建设用地使用权续期制度必须作为一个整体进行全局性设计,以形成统一的中国特色建设用地使用权期间届满续期制度体系,不能将各类建设用地的续期割裂开来,也不宜分时分别设计。可以明确的是,建设用地使用权续期制度应采取先总后分、有序推进的策略,并首先完善过渡期政策。

本书建议:

在 2025 年之前,完善过渡期续期政策。根据中央有关精神,贯彻中共中央、国务院《关于完善产权保护制度依法保护产权的意见》,修改原国土资源部《复函》的"两不一正常"政策,在其实施经验的基础上,制定完善过渡期的续期政策,并以行政法规、至少是部门规章的层级来制定。2025 年之前,出台《建设用地使用权期间届满续期的指导意见》,包括对续期的总原则、续期步骤等内容,明确续期总体方向,指导各类用地的续期事宜。

2030 年之前,针对非住宅建设用地和集体经营性建设用地,出台具体的续期办法。2035 年之前,出台《国有住宅建设用地使用权期间届满续期办法》。

参考文献

[1]Adkin, B. W. Copyhold and other land tenures of England [M]. London: Estates Gazette. Ltd. , 1911.

[2]Alchian, A. A. & Demsetz, H. The property right paradigm [J]. The journal of economic history, 1973, 33(1): 16-27.

[3]Arnold, C. A. The reconstruction of property: property as a web of interests [J]. Harvard Environmental Law Review, 2002, 26(2): 281-364.

[4]Baur, F. & Stürner, R. Lehrbuch des Sachenrechts [M]. München: Verlag C. h. Beck, 1992.

[5]Birks, P. The Roman law concept of dominium and the idea of absolute ownership [J]. Acta Juridica, 1985.

[6] Böttcher, R. Praktische Fragen des Erbbaurechts [M]. Köln: RWS Verlag Kommunikationsforum, 5. Auflage, 2006.

[7]Cheshire, G. C. The Modern Law of Real Property [M]. 9th ed. London: Butterworths, 1962.

[8]Chin T. L. , Chau K. W. A Critical Review of Literature on the Hedonic Price Model [J]. International Journal for Housing Science and Its Applications, 2003, 27(2):145-165.

[9]Chiu, S. W. & Wong, S. Repositioning the Hong Kong Government: Social Foundations and Political Challenges [M]. Hong Kong: Hong Kong University Press, 2012.

[10]Cornett, L. & McCallum, D. Renewals vs. Extensions of Lease Terms [EB \ OL]. Mondaq Website, http://www. mondaq. com/canada/x/ 73340/landlord+tenant+leases/Renewals+vs+Extensions+Of+Lease

＋Terms,(2009-01-04),[2019-07-30].

[11]Foster, N. G. & Sule, S. German Legal System and Laws[M]. Oxford: Oxford University Press, 2010.

[12]Fuselier, B. M. Defining and Acquiring Interests in Property [M]. 2 ed. New York: Wolters Kluwer, 2019.

[13]Green, K. Introduction to Land Law [M]. London: Macmillan Education UK, 1997.

[14]Holmes, O. W. The Common Law [M]. Boston: Little Brown, 1923.

[15]Hung, C. T. Introduction to Hongkongology: A tale of two unequal civilizations: China-Hongkong struggles for the making and remaking of Hong Kong and China [R]. Paper presented at the Conference on the 20th Anniversary of Hong Kong SAR, The Education University of Hong Kong, Hong Kong, China, 2017.

[16]Ian, W. The certainty of term requirement in leases: nothing lasts forever [J]. The Cambridge Law Journal, 74(3), 2015: 592-609.

[17]Ingenstau, H. , Ingenstau, Jürgen & Hustedt, V. Kommentar zum Erbbaurecht [M]. Düsseldorf: Werner Neuwied Verlag, 8. Auflage, 2001.

[18]Lai, LWC. The Leasehold System as a Means of Planning by Contract: The Case of Hong Kong [J]. Town Planning Review, 1998, 69(3): 249-275.

[19]Lai, W. Town planning in Hong Kong [M]. Hong Kong: City University of Hong Kong Press, 1997.

[20]Lai, W. Zoning and property rights: a Hong Kong case study [M]. Hong Kong: Digital Editions from Hong Kong University Press, 1998.

[21]Lancaster, K. J. A new approach to consumer theory [J]. Journal of Political Economy, 1966, 74:132-157.

[22]Lawson, F. H. & Rudden B. The Law of Property, Clarendon Law Series [M]. Oxford: Oxford University Press, 2002.

[23]Lely, J. M. & Woodfall, W. Woodfall's Law of Landlord and Tenant: With Full Collection of Precedents and Forms of Procedure: Containing Also a Collection of Leading Propositions [M]. 13th ed. London: H. Sweet & Sons, 1886.

[24]Linde, T. & Richter, R. Erbbaurecht und Erbbauzins[M] . Freiburg:

Aschendorf Rechtsverlag, 3. Auflage, 2001.

[25]Littleton, T. Lyttleton, His treatise of tenures: in French and English [M]. New York : Russell & Russell, 1970.

[26]Maitland, F. W. The constitutional history of England: a course of lectures delivered [M]. Clark: The Lawbook Exchange, 2001.

[27]Milsom, S. F. C. Historical Foundations of the Common Law [M]. Oxford: Butterworth- Heinemann, 2014.

[28]Morgan, K. O. The Oxford History of Britain [M]. Oxford: Oxford University Press, 2010.

[29]Morris, J. Hong Kong [M]. Hong Kong: Vintage, 1997.

[30]Mossoff, A. What is Property? Putting the pieces back together [J]. Arizona Law Review, 2003, 45: 371.

[31]Niehuss, R. B. M. L. Cases and Materials on the Law of Landlord and Tenantby Albert C. Jacobs [J]. Columbia Law Review, 1942, 42(6): 1079-1082.

[32]Nissim, R. Land Administration and Practice in Hong Kong [M]. Hong Kong: Hong Kong University Press, 2010.

[33]Öfele, H. & Winkler, K. Handbuch des Erbbaurechts, München: C. H. BECK, 2008.

[34] Patrick, C. M. Bundled Rights and Reasonable Expectations [M]. Applying the Lucas Categorical Taking Rule to Severed Mineral Property Interests [J]. Vermont Journal of Environment Law, 2010, 11(3): 525 -578.

[35] Peter Birks, The Roman Law Concept of Dominium and the Idea of Absolute Ownership , Acta Juridica 1, 1985.

[36]Pollock, F. & Maitland, F. W. The history of English law before the time of Edward I [M]. Cambridge: University Press, 1968.

[37] Powell, R. Landlord's Refusal of Consent to Assignment Where Statutory Tenancy May Arise [J]. The Modern Law Review, 1949, 12 (2):245-248.

[38] Randolph, W. C. Estimation of Housing Depreciation: Short - term Quality Change and Long-term Vintage Effects [J]. Journal of Urban Economics, 1988, 23(2) : 162-178.

〔39〕Robinson，J. Commercial lease terms and the property cycle〔J〕. Facilities，1999，17(5/6)：177-182.

〔40〕Rosen，S. Hedonic prices and implicit：Product differentiation inpure competition〔J〕. Journal of Political Economy，1974，82：35 -55.

〔41〕Simpson，A. W. B. A history of the Land Law〔M〕. Oxford：Clarendon Press，1986.

〔42〕Singer，J. W. Entitlement. The Paradoxes of Property〔M〕. Yale：Yale University Press，2000.

〔43〕Sirmans G. S.，Macpherson D. A. & Zietz E. N. The Composition of Hedonic Pricing Models〔J〕. Journal of Real Estate Literature，2005，13 (1)：3-43.

〔44〕Sparkes，P. A new land law〔M〕. Oxford：Hart Publishing，1999.

〔45〕Tam，W. Legal Mobilization under Authoritarianism：A Historical - institutionalist Study of Post-colonial Hong Kong〔M〕. ProQuest，2009.

〔46〕Tsai，Jung-Fang. Hong Kong in Chinese history：community and social unrest in the British Colony，1842-1913〔M〕. Columbia University Press，1995.

〔47〕Tsang，Steve. A modern history of Hong Kong〔M〕. London：IB Tauris，2007.

〔48〕W. T. Murphy & Simon Roberts，Understanding Property Law〔M〕，Sweet & Maxwell，3rd ed.，1998.

〔49〕Watson，A. Roman Law & Comparative Law〔M〕. Athens：University of Georgia Press，2010.

〔50〕Welsh，F. & Rao，M. A borrowed place：The history of Hong Kong〔M〕. New York：Kodansha USA Inc，1993.

〔51〕Williams，I. The Certainty of Term Requirement in Leases：Nothing Lasts Forever〔J〕. The Cambridge Law Journal，2015，74(3)：592-609.

〔52〕〔德〕鲍尔·施蒂尔纳.德国物权法(上册)〔M〕.张双根译.北京:法律出版社,2004.

〔53〕〔德〕茨威格特.比较法总论〔M〕.北京:法律出版社,1992.

〔54〕〔德〕卡尔·拉伦茨.德国民法通论〔M〕.王晓晔译.北京:法律出版社,2003.

〔55〕〔德〕曼弗雷德·沃尔夫.物权法〔M〕.吴越,李火雪译.北京:法律出版社,2002.

[56][法]莱翁·狄骥.宪法论(第一卷)——法律规则和国家问题[M].北京:商务印书馆,1959.

[57][罗马]查士丁尼.法学总论——法学阶梯[M].张企泰译.北京:商务印书馆,1989.

[58][美]博登海默.法理学法律哲学与法律方法[M].邓正来译.北京:中国政法大学出版社,1999.

[59][日]稻叶威雄,内田勝一等编.新借地借家法讲座(1)[C],日本评论社,1998:242.//(泽野顺彦执笔部分)转引自:沈宏峰.日本借地权制度研究[M].上海:上海社会科学院出版社,2011.

[60][日]法务省民事局参事官室团.新借地借家法[M].商事法务研究会,1992:47.

[61][日]铃木禄弥,刘得宽.日本私有不动产使用关系法的修改趋势[J].环球法律评论,1991(4):61-65.

[62][日]铃木禄弥.关于不动产物权法的日中比较研究——以立法为中心[A].//渠涛,孙宪忠译.制定科学的民法典——中德民法典立法研讨会文集(第21辑)[C].北京:法律出版社,2003.

[63][日]铃木禄弥.物权法讲义[M].东京:创文社,1976.

[64][日]三潴信三.物权法提要[M].孙芳译.北京:中国政法大学出版社,2005.

[65][日]我妻荣.日本物权法[M].有权亨,李宜芬译.台北:五南图书出版公司,1999.

[66][意]彼得罗·梵得.罗马法教科书[M].黄凤译.北京:中国政法学学出版社,2005.

[67][意]彼德罗·彭梵得著.罗马法科书[M].黄凤译.北京:中国政法大学出版社,1992.

[68][英]劳森,拉登.财产法(第二版).北京:中国大百科全书出版社,1998.

[69]包振宇.日本住宅租赁特别立法研究——以承租人权利保障为中心[J].日本研究,2010(3):92-97.

[70]陈安明.基于主成分分析的住宅项目特征定价模型[J].重庆大学学报(自然科学版),2006,29(6):144-148.

[71]陈本寒,陈超然.住宅建设用地使用权续期问题之探讨[J].烟台大学学报(哲学社会科学版),2017,30(1):25-35.

[72]陈朝壁.罗马法原理[M].台北:台湾商务印书馆,1965.

[73]陈弘毅,陈文敏,李雪箐等.香港法概论[J].香港:三联书店(香港)有限公司,2010:352-353.

[74]陈美西.浅析我国住宅土地使用年限届满后的处理模式[J].大观周刊,2012(48):106-106.

[75]陈荣隆,台湾用益物权之修正[J].辅仁法学,2001(21):199.

[76]陈胜舜.香港地区被迫"割让"和"租借"的历史真象(下)[J].学术研究,1983(3):85-95.

[77]陈锡文.陈锡文改革论集[M].北京:中国发展出版社,2008.

[78]陈箫.土地房屋征收钉子户问题及其治理[D].杭州:浙江大学,2016.

[79]陈小君.后农业税时代农地法制运行实证研究[M].北京:中国政法大学出版社,2009.

[80]陈小君.我国农村土地法律制度变革的思路与框架——十八届三中全会《决定》相关内容解读[J].法学研究,2014(4):3-25.

[81]陈晓筠.论我国他物权制度的构建[J].青海民族大学学报:社会科学版,2004,30(4):124-129.

[82]陈晓敏.大陆法系所有权建构的两种视角——罗马法和中世纪所有权形式考察[J].私法研究,2011,11(2):38-63.

[83]陈飏.非住宅建设用地使用权续期规则的思考[J].中国土地科学,2018,243(06):49-55.

[84]陈耀东.土地使用权与地上物所有权的冲突和解决[J].天津师范大学学报(社会科学版),2002(5):16-22.

[85]陈越鹏.住宅建设用地自动续期的问题与出路[J].中国土地科学,2016,30(10):90-96.

[86]陈志文.关于到期土地使用权续期的讨论[J].中外房地产导报,2002(24):11-11.

[87]程雪阳.宪法视角下的国有土地使用权续期问题[J].理论与改革,2016(6):1-6.

[88]崔建远.物权法[M].北京:中国人民大学出版社,2014.

[89]崔艳蕾,邵达民.民宅商用法律问题分析——兼谈《物权法》第77条的适用[J].当代经济管理,2008,30(3):85-87.

[90]崔永亮.住宅用地使用权自动续期有关问题之探讨——兼评《物权法》第149条[J].国土资源导刊,2007,4(4):71-72.

[91]戴银萍.法定地上权内涵及其对我国的立法借鉴[J].中国土地科学,2000,

14(5)：29.

[92]董安生.民事法律行为[M].北京：中国人民大学出版社,1994.

[93]法律出版社法规中心.物权法律纠纷处理依据与解读[M].北京：法律出版社,2014.

[94]房绍坤.农村集体经营性建设用地入市的几个法律问题[J].烟台大学学报（哲学社会科学版）,2015(3):15-22.

[95]房绍坤.物权法用益物权编[M].北京：中国人民大学出版社,2007.

[96]费孝通.江村经济——中国农民的生活[M].南京：江苏人民出版社,1986.

[97]付颖哲.批租还是年租？——以德国地上权制度为鉴[J].德国研究,2011(1):33-38.

[98]傅晨.农村社区型股份合作制的治理结构——一个交易费用经济学的透视[J].农业经济问题,1999(6):16-20.

[99]港人协会.香港法律18讲[M].香港：香港商务印书馆有限公司,1987.

[100]高富平,黄武双.房地产法学[M].北京：高等教育出版社,2010.

[101]高富平,吴一鸣.英美不动产法：兼与大陆法比较（comparison with civil law）[M].北京：清华大学出版社,2007.

[102]高富平.从实物本位到价值本位——对物权客体的历史考察和法理分析[J].华东政法大学学报,2003(5):3-13.

[103]高富平.建设用地使用权类型化研究——《物权法》建设用地使用权规范之完善[J].北方法学,2012,6(02):5-12.

[104]高富平.平等保护原则和私人物权制度检讨[J].法学,2007(05):28-38.

[105]高富平.土地法学[M].北京：高等教育出版社,2016.

[106]高富平.土地使用权和用益物权[M].北京：法律出版社,2001.

[107]高圣平,刘守英.宅基地使用权初始取得制度研究[J].中国土地科学,2007,21(2):31-37.

[108]高圣平,杨旋.建设用地使用权期限届满后的法律后果[J].法学,2011(10):104-112.

[109]高圣平.《物权法》背景下的《城市房地产管理法》修改——兼及部门法的立法技术[J].中国人民大学学报,2008,22(2):122-129.

[110]高圣平.建设用地使用权期限制度研究——兼评《土地管理法修订案送审稿》第89条[J].政治与法律,2012(5):22-30.

[111]苟正金.论住宅建设用地使用权的自动续期[J].西南民族大学学报（人文社科版）,2015,36(10):87-93.

[112]关涛.我国土地所有权制度对民法典中物权立法的影响[J].法学论坛，2006,21(2):68-75.

[113]管洪彦.农民集体成员权:中国特色的民事权利制度创新[J].法学论坛，2016(2):103-113.

[114]郭文刚,崔新明,温海珍.城市住宅特征价格分析:对杭州市的实证研究[J].经济地理,2006(S1):175-190.

[115]国颂.浅析我国国有土地使用年限届满后的处理[J].企业导报,2009(4):31-32.

[116]韩松,廉高颙.论集体所有权与集体所有制实现的经营形式——从所有制的制度实现与经营实现的区分认识集体所有权的必要性[J].甘肃政法学院学报,2006(1):25-31.

[117]韩松.论农民集体土地所有权的集体成员受益权能[J].当代法学,2014,28(1):50-59.

[118]浩然.财产权预期视角下的建设用地使用权续期问题探讨[J].山东社会科学,2016(11):88-95.

[119]何汉全.土地使用权期满的后续问题研究[J].中国房地产,2004(11):74-76.

[120]贺雪峰.当前城乡二元结构是对农民的保护[J].中州建设,2015(1):73-74.

[121]胡博.关于住宅建设用地使用权期间届满后无偿续期问题的探究[J].经济研究导刊,2014(10):304-305.

[122]胡建淼,蒋红珍.论合意理念在行政领域中的渗透——基础、表现及其支撑系统[J].法学杂志,2004,25(4):15-17.

[123]胡康生.中华人民共和国物权法释义[M].北京:法律出版社,2007.

[124]华鹏.住宅建设用地使用权期满自动续期法律问题探析[J].法制与经济,2017(6).

[125]黄泷一.英美法系的物权法定原则[J].比较法研究,2017(02):88-108.

[126]黄美军.禁止性规范对民事法律行为效力的影响分析[J].决策探索(下半月),2016(11):58-59.

[127]惠大帅.试论如何协调商法的公法性色彩和私法自治理念[J].财经界(学术版),2014(23):37-37.

[128]江平.民法学[M].北京:知识产权出版社,1999.

[129]焦清扬.住宅建设用地使用权期满自动续期法律问题研讨会举行[J].企业与法,2016(3):6-9.

[130]金辉.法学家热议住宅土地使用权续期[N].经济参考时报,2016-04-27

(A008).

[131]靳相木,欧阳亦梵.同名异质的土地使用权续期问题[J].东岳论丛,2017
(6):23-31.

[132]靳相木,欧阳亦梵.住宅建设用地自动续期的逻辑变换及方案形成[J].中
国土地科学,2016,30(2):58-65.

[133]靳相木,王海燕,王永梅等.宅基地"三权分置"的逻辑起点、政策要义及入
法路径[J].中国土地科学,2019(5):9-14.

[134]靳相木.解析征地制度改革的主流思路[J].中国农村经济,2008(2):
11-17.

[135]靳相木.中国农地制度研究[D].泰安:山东农业大学,2002.

[136]李婧怡.对城市国有土地使用权期满问题的探讨[J].国土资源,2012(2):
54-55.

[137]李开国.完善我国建设用地使用权制度的思考[J].中国不动产法研究,
2008(00):3-48.

[138]李显冬.论土地使用权到期后其上房屋所有权的归属[J].国家行政学院学
报,2005(5):35-39.

[139]李宇嘉.土地如何续期,争论之前先请正本清源[N].上海证券报,2016-04-
22(008).

[140]李泽沛,周新铭.香港法律概述[M].北京:法律出版社,1987.

[141]梁慧星,陈华彬.物权法[M].北京:法律出版社,2007.

[142]梁慧星.所有权形式论[J].东岳论丛,1983(2):69-75.

[143]梁慧星.中国物权法草案建议稿[M].北京:社会科学文献出版社,2001.

[144]梁慧星.中国物权法研究[M].北京:法律出版社,1998.

[145]梁慧星.住宅用地续期是否收费应由全国人大决定[N].经济参考报,2016
-05-03.

[146]林炳锋,介鸽.我国住宅建设用地使用权的续期问题分析[J].生态经济(中
文版),2013(7):69-71.

[147]林秋绵,刘维真,郭国任等.国有非公用土地招标设定地上权案件衍生相关
问题之研究[J].财税研究,2015(03),112-135.

[148]林依标,陈权.商品住宅建设用地使用权续期问题再思考[J].中国土地,
2017(1):24-26.

[149]刘洪彬,王秋兵.基于特征价格模型的城市住宅用地出让价格影响因素研
究[J].经济地理,2011(06):130-135.

[150]刘璐,缪宇.试论业主表决权的确定——兼评《建筑物区分所有权司法解释（征求意见稿）》第 7 条[J].政治与法律,2009(2):20-26.

[151]刘守英,周飞舟,邵挺.土地制度改革与转变发展方式[M].北京:中国发展出版社,2012.

[152]刘太刚,龚志文.差别化续期:城市住宅建设用地使用权期限制度的演变、纷争与走向[J].复印报刊资料:公共管理与政策评论,2016,5(2):46-58.

[153]刘太刚.城市住宅建设用地使用权续期的制度设计与抉择——构建带免费续期面积的累进制缴费续期制度[J].求索,2016(7):12-18.

[154]刘正山,戚名琛.对土地批租制度批判意见的批判[J].中国土地,2006(1):23-25.

[155]柳经纬.合同法[M].北京:中国民主法制出版社,2014.

[156]陆剑,陈振涛.集体经营性建设用地入市改革试点的困境与出路[J].南京农业大学学报(社会科学版),2019,19(02):112-122+159.

[157]陆剑.集体经营性建设用地入市的法律规则体系研究[M].北京:法律出版社,2015.

[158]罗豪才.现代行政法制的发展趋势[M].北京:法律出版社,2004.

[159]吕来明.从归属到利用——兼论所有权理论结构的更新[J].法学研究,1991(6):40-44.

[160]吕妍,李淑杰.住宅建设用地使用权期满续期问题的思考[J].国土资源科技管理,2010,27(2):125-128.

[161]马俊驹,梅夏英.财产权制度的历史评析和现实思考[J].中国社会科学,1999(1):90-105.

[162]马俊驹,梅夏英.无形财产的理论和立法问题[J].中国法学,2001(2):102-111.

[163]马天柱.住宅建设用地使用权期满自动续期的若干思考[J].天津商业大学学报,2008,28(2):56-60.

[164]毛璐,汪应宏,申宝钢.土地使用年期的确定方法研究[J].国土资源科技管理,2007,24(3):95-98.

[165]孟勤国.论所有权能的单一性[J].广西大学学报:哲学社会科学版,1988(2):42-46.

[166]南路明,肖志岳.中华人民共和国地产法律制度[M].北京:中国法制出版社,1991.

[167]牛立夫.论我国住宅建设用地使用权的附条件有偿续期[J].海南大学学报

（人文社会科学版）,2012,30(6):82-86.

[168]彭建辉,杨珍惠.集体经营性建设用地入市问题探析[J].中国土地,2014
(11):16-19.

[169]戚兆岳.不动产租赁法律制度研究[M].北京:法律出版社,2009.

[170]綦磊.集体经营性建设用地使用权流转法律问题研究[D].成都:西南政法
大学,2015.

[171]钱乘旦,许洁明.英国通史[M].上海:上海社会科学院出版社,2007.

[172]钱明星.物权法原理[M].北京:北京大学出版社,1994.

[173]秦波,孙亮.容积率和出让方式对地价的影响——基于特征价格模型[J].
中国土地科学,2010(03):72-76.

[174]屈茂辉.用益物权制度研究[M].北京:中国方正出版社,2005.

[175]渠涛.关于住宅建设用地使用权"自动续期"的思考[J].法学家.2017(2):
113-127.

[176]瞿方业.住宅土地应无偿自动续期[J].观察与思考,2009(7):9-9.

[177]全国人大常委会法制工作委员会民法室.《中华人民共和国物权法》条文说
明、立法理由及相关规定[M].北京:北京大学出版社,2007.

[178]全国人大常委会法制工作委员会民法室编.物权法立法背景与观点全集
[M].北京:法律出版社,2007.

[179]冉昊."相对"的所有权——双重所有权的英美法系视角与大陆法系绝对所
有权的解构[J].环球法律评论,2004,26(4):451-459.

[180]任庆恩.中国农村土地权利制度研究[D].南京:南京农业大学,2003.

[181]阮防.法律的价值目标——富有正义、效率的秩序[J].法学,1994(7):5-7.

[182]上海社会科学研究院法学研究所.民法[M].北京:知识出版社,1985.

[183]沈宏峰.日本借地权制度研究[M].上海:上海社会科学院出版社,2011.

[184]宋炳华.住宅建设用地使用权续期之法理分析及完善路径[J].国土资源情
报,2011(8):26-30.

[185]孙良国.住宅建设用地使用权自动续期的法律制度框架[J].社会观察,
2016(12):80-82.

[186]孙宪忠.德国当代物权法[M].北京:法律出版社,1997

[187]孙宪忠.国有土地使用权财产法论[M].北京:中国社会科学出版
社,1993.

[188]孙宪忠.确定我国物权种类以及内容的难点[J].法学研究,2001(1):
50-65.

[189]孙宪忠.为什么住宅土地期满应无条件续期[N].经济参考报,2016-04-25
　　　(008).

[190]孙宪忠.我国土地管理法与物权法的相互作用[J].中国土地科学,1999
　　　(1):2-8.

[191]孙宪忠.消除各种"权"的误解[N].国土资源报,2015-3-11.

[192]孙毅.建设用地使用权宅基地使用权[M].北京:中国法制出版社,2007.

[193]孙煜华.在宪法框架内设定住宅用地使用权续期方案[J].法学评论,2016,
　　　34(06):14-23.

[194]万玲.公共决策中的民意表达与整合[J].探求,2012(05):78-82.

[195]王崇敏.住宅建设用地使用权续期问题探析[J].社会科学,2017(5):88
　　　-96.

[196]王继军.论公法私法的划分与区别[J].山西大学学报(哲学社会科学版),
　　　2006(04):54-60.

[197]王力宾.住房特征价格指数编制方法与实证分析[J].数量经济技术经济研
　　　究,1999(07):37-40.

[198]王立兵.宪政视角下的住宅建设用地使用权期限立法评析[J].北方法学,
　　　2011,05(1):120-125.

[199]王利明,易军.改革开放以来的中国民法[J].中国社会科学,2008,06:134-
　　　147+207.

[200]王利明,尹飞,程啸.中国物权法教程[M].北京:人民法院出版社,2007.

[201]王利明.负面清单管理模式与私法自治[J].中国法学,2014(5):26-40.

[202]王利明.关于我国物权法制订中的若干疑难问题的探讨(上)[J].政法论
　　　坛:中国政法大学学报,1995(5):48-56.

[203]王利明.物权法论[M].北京:中国政法大学出版社,1998.

[204]王利明.住宅建设用地使用权自动续期规则[J].清华法学,2017a(2):46-46.

[205]王利明.住宅用地如何自动续期?[N/OL].学习时报,2017b-03-17.
　　　http://news.ifeng.com/a/20170315/507790540.shtml[2019-07-30].

[206]王林清.国有建设用地使用权出让合同性质辨析[J].现代法学,2018,40
　　　(03):44-56.

[207]王林清.建设用地使用权期限届满法律后果比较观察[J].环球法律评论,
　　　2016(4):75-91.

[208]王宁.土地使用权期满地上建筑物归属的民法调整[J].当代法学,1999
　　　(3):61-62.

[209]王乾熙.集体土地所有权基础构造及其区域分异形式[D].杭州:浙江大学,2018.

[210]王荣珍.民法总论[M].厦门:厦门大学出版社,2012.

[211]王胜明.中华人民共和国物权法解读[M].北京:中国法制出版社,2007.

[212]王铁雄.财产法:走向个人与社会的利益平衡——审视美国财产法理念的变迁路径[J].环球法律评论,2007,29(1):25-35.

[213]王泽利,张学延,马琳.土地使用权续期价格评估案例分析与思考[J].中国房地产估价与经纪,2017(2):47-50.

[214]陶瀛涛.中国近代不同类型城市综合研究[M].成都:四川大学出版社,1998.

[215]魏治勋."规范分析"概念的分析[J].法学论坛,2008(05):59-63.

[216]温世扬,廖焕国.物权法通论[M].北京:人民法院出版社,2005.

[217]温世扬.集体经营性建设用地"同等入市"的法制革新[J].中国法学,2015(4):66-83.

[218]吴次芳,靳相木.中国土地制度改革30年[M].北京:科学出版社,2009.

[219]吴汉东.论财产权体系——兼论民法典中的"财产权总则"[J].中国法学,2005(2):73-83.

[220]吴清辉.公有土地地价或租金作价投资民间产业之研究[R].台湾地区"行政院"经济建设委员会计划处,2001.

[221]夏永祥,成涛林.试论新时期乡镇企业的角色定位[J].现代经济探讨,2004(3).

[222]咸鸿昌.英国土地法律史[M].北京:北京大学出版社,2009.

[223]肖陆军.深圳土地续期的"温和模式"[N/OL].广州日报,2016-4-2,http://www.7wen.net/2406buc6201G0421c6n445285007.html[2019-09-15].

[224]谢邦宇,朱科敏.秩序·公平·效率——市场法律价值目标模式定位[J].法学,1995(4):9-12.

[225]谢伏瞻.中国不动产税制设计[M].北京:中国发展出版社,2006.

[226]谢潇.日本借地关系法制度源流考[J].私法研究,2015,18(02):182-208.

[227]谢潇.日本借地权法要义[M].北京:中国社会科学出版社,2018.

[228]谢小瑶.转型期司法语境中的民意表达——以当下若干公案为分析标本[J].西安电子科技大学学报(社会科学版),2010(04):92-97.

[229]谢在全.民法物权论(上册)[M].北京:中国政法大学出版社,2009.

[230]谢哲胜.民法物权编修正草案(普通地上权)综合评析[J].台湾法学,2008(104):192-203.

[231]徐定辉.地上权期限届满法律规范模式的比较分析[J].云南大学学报:法学版,2006,19(2):60-65.

[232]徐万刚.城乡统一建设用地市场论[M].成都:西南财经大学出版社,2016.

[233]许中缘,夏沁.农村集体土地"三权分置"中政策权利的法律归位[J].烟台大学学报(哲学社会科学版),2017,30(04):25-39.

[234]严金明,陈昊.住宅建设用地使用权续期的思考[J].复印报刊资料:公共管理与政策评论,2016,5(2):59-65.

[235]杨立新."自动续期"的核心价值是一次取得永久使用[J].企业与法,2016(3):10-12.

[236]杨立新.70年期满自动续期后的住宅建设用地使用权[J].东方法学,2016(4):2-10.

[237]杨立新.关于建立大一统的地上权概念和体系的设想[J].河南省政法管理干部学院学报,2007,22(1):93-98.

[238]杨立新.住宅建设用地使用权期满自动续期的核心价值[J].山东大学学报(哲学社会科学版),2016,1(4):27-34.

[239]杨立新.住宅土地使用权到期后,该如何自动续期[J].人民论坛,2017(3):97-99.

[240]杨兴林,黄艳.探索治理"住改商"的出路——以成都市某小区为例[J].法制博览旬刊,2014(12).

[241]姚红.中华人民共和国物权法精解[M].北京:人民出版社,2007.

[242]叶剑平,成立.对土地使用权续期问题的思考[J].中国土地,2016(5):30-34.

[243]尹田.法国物权法[M].北京:法律出版社,1998.

[244]余贵林.住宅用地"自动续期":无实质意义的命题[J].科教文汇,2016(29):189-190.

[245]余凌云.行政契约论(第2版)[M].北京:中国人民大学出版社,2006.

[246]余燕明.温州20年住宅用地使用权到期案例:是否有偿续期引争议-物权法暂未明确[N/OL].2016-04-17,http://house.people.com.cn/n1/2016/0417/c16 4220-28281850.html[2019-09-15].

[247]喻国明.解构民意:一个舆论学者的实证研究[M].北京:华夏出版社,2001.

[248]袁志锋.城市住宅建设用地使用权期满自动续期初探[J].中国地质大学学报(社会科学版),2013(S1):15-18.

[249]詹蕾,杨继瑞.城市土地年租制权属问题探析[J].哈尔滨工业大学学报(社会科学版),2001,3(2):59-62.

[250]张静.浅析我国市场经济下的国家所有权主体的双重结构[J].北方民族大学学报:哲学社会科学版,1995(1):77-81.

[251]张娟锋,刘洪玉,贾生华.集体建设用地使用权市场合法化:中国土地制度创新的战略选择[J].软科学,2010,24(05):1-5.

[252]张磊.历史与现状:我国建设用地使用权难点初探[J].理论界,2010(2):47-48.

[253]张力,庞伟伟.住宅建设用地使用权续期规则相关问题探析[J].法学,2016(7):47-56.

[254]张力.农村地权改革中的集体组织法人化模式[J].农村经济,2009(2):28-32.

[255]张千帆.续期有偿无偿都得给个说法[N].南方都市报,2009-03-27.

[256]张扬.试析土地使用权期满后的地上物所有权——兼评《物权法(草案)》(二次审议稿)第十二章相关规定[J].湖北经济学院学报(人文社会科学版),2005,2(4):128-129.

[257]张义权.台湾地区地上权现况与展望[J].中国土地科学,1997(3):11-14.

[258]张永志.公法私法划分与我国构建社会主义市场经济法律体系的关系[J].法学杂志,1997(5):11-13.

[259]张玉敏.民法[M].北京:高等教育出版社,2007.

[260]张占平,胡丰印.西安市二手房价格影响因素研究[J].技术与创新管理,2008,29(2):209-212.

[261]赵秉志.香港法律制度[M].北京:中国人民公安大学出版社,1997.

[262]赵海怡,李斌."产权"概念的法学辨析——兼大陆法系与英美法系财产法律制度之比较[J].制度经济学研究,2003(2).

[263]郑冠宇,王洪平.财产权平等保护的三个问题[J].山东大学学报(哲学社会科学版),2009(03):79-83.

[264]郑玉波,黄宗乐.民法物权[M].台北:三民书局,2007.

[265]中国社会科学院法学研究所物权法研究课题组.制定中国物权法的基本思路[J].法学研究,1995(3):3-10.

[266]周诚.国有市地年租制产权探索[J].中国土地科学,1999(4):1-4.

[267]周诚.论我国城镇国有土地租赁制[J].管理世界,1995(1).

[268]周其仁.改革的逻辑[M].北京:中信出版社,2013.

[269]朱广新.论住宅建设用地使用权自动续期及其体系效应[J].法商研究,2012,29(2):3-12.

[270]宗庆后.明确住宅建设用地使用权期满后处置办法律规议案.[N/OL].2011-2-28,http://news.sohu.com/20110228/n279572412.shtml,[2019-09-15].

[271]邹海林.住宅土地自动续期是否收费仍待解[N].经济参考报,2016-05-10(008).